中华传统节日溯源

高　静　李　静　刘程杰　著

中国纺织出版社有限公司

内 容 提 要

传统节日的形成是一个民族或国家的历史文化长期积淀凝聚的过程。本书选择春节、元宵节、中和节、清明节、端午节、七夕节、中元节、中秋节、重阳节、腊八节十种主要节日，从起源、文艺感悟、节日习俗、文化内涵四个方面进行介绍，涉及节日溯源、传说、典故、文化内涵及风俗习惯等诸多方面，集趣味性、知识性与文化性于一体，让读者在轻松阅读中了解传统文化，唤醒文化记忆，感受传统的魅力。

图书在版编目（CIP）数据

中华传统节日溯源 / 高静，李静，刘程杰著 . -- 北京：中国纺织出版社有限公司，2020.9
ISBN 978-7-5180-7691-8

Ⅰ . 中… Ⅱ . ①高… ②李… ③刘… Ⅲ . ①节日—风俗习惯—中国—通俗读物 Ⅳ . ① K892.1-49

中国版本图书馆 CIP 数据核字（2020）第 139291 号

责任编辑：王 慧　　责任校对：高 涵　　责任印制：储志伟

中国纺织出版社有限公司出版发行
地址：北京市朝阳区百子湾东里 A407 号楼　邮政编码：100124
销售电话：010—67004422　传真：010—87155801
http://www.c-textilep.com
官方微博 http://weibo.com/2119887771
辽宁盛通印刷有限公司印刷　各地新华书店经销
2020 年 9 月第 1 版第 1 次印刷
开本：170×230　1/16　印张：13.25
字数：186 千字　　定价：58.00 元

让青春与传统文化血脉相联
——《中华传统节日溯源》序

樊　星

高静教授带领她的一拨学生，编写出这本《中华传统节日溯源》，真令人高兴！这不仅是她开展通识教育的可喜收获，而且也出色地回答了一个问题：在传统文化热持续高涨的今天，如何带动青年学子去开展一些既有趣又有实实在在的成果的文化活动。

中国的传统文化极其丰富：有政治文化（从《春秋》到《资治通鉴》)，也有商业文化（从“十大商帮”的种种传说到高阳的《胡雪岩全传》)；有文学艺术（从《诗经》、唐诗宋词、《红楼梦》到昆曲、京剧、《清明上河图》)，还有美食美酒（从“八大菜系”到“十大名酒”)，乃至武侠功夫、养生之道、围棋象棋、茶道香道，以及美不胜收的地域文化、民族风情……所以，中华文明绝不仅仅止于“四大发明”。作为炎黄子孙，我们有必要继续总结、不断研究祖国极其丰富的文化传统。

所以，在近年来的传统文化热中，各种热潮此起彼伏——从央视“百家讲坛热”到“诗词大赛热”，还有荧屏上的“武侠热”“《舌尖上的中国》热”……都体现出大众对传统文化的追捧。在大家争相寻找、重新发现传统文化魅力的新视角、新热点的今天，如何带动青年学子去探讨传统文化的别样魅力？怎样使这样的探讨既充满学术色彩又散发出雅俗共赏的趣味性？在我看来，这本《中华传统节日溯源》就是一个可喜的成果。

中国的节庆文化源远流长，从春节、元宵、清明到端午、中秋，再到七夕、重阳、腊八，加上各民族多种多样的节日（如蒙古族的那达慕、回族的开斋节和古尔邦节、傣族的泼水节、彝族的火把节、藏族的雪顿节、土家族的舍巴日和女儿会……），都是人们热爱生活的完美呈现，也都具有特别的来历。如何让大家在欢度节日的同时也了解节庆文化的来历，知其然也知其所以然，从而把对节庆文化的研究过程与青年学子的探索兴趣结合在一起？这本书的出版就表明：对传统文化的研究是可以与我们的日常生活、求知兴趣水乳交融在一起的。我注意到今天的大学生中，喜欢穿汉服、弹古筝、唱京戏、练书法、写古体诗、用繁体字写作业者大有人在。二十年前南京高考满分作文《赤兔之死》就是用文言文写成的，饮誉一时。2009 年湖北高考满分作文《站在黄花岗陵园的门口》也是一位平时酷爱古典文学的考生以古体诗的体裁一气呵成的，广受好评。这样的成功范例足以表明，传统文化与一部分青年的兴趣爱好是契合无间的。这就是传统文化深深植根于我们日常生活的基础。当我在国外华人开的每一家店铺里都看到供奉的关公神像时，当每逢春节许多家庭还保留着贴春联、给孩子压岁钱的习俗时，当荧屏上那些“古装戏”“武侠片”此起彼伏热播时，当许多历史景观经过修缮成为新的打卡地时，我们都会感受到传统文化与日常生活的紧密联系。由此可见，关于当代生活与传统文化的研究，大有可为。

同时，我也感到，对于传统节日的研究，还可以继续展开。有的节日具有地区性，例如，东南沿海一带的妈祖节。每逢农历三月二十三和九月初九（妈祖的诞生日和忌日），都是妈祖信众的盛大节日。妈祖一生为渔民扶危济困，才成为信众的偶像。再看江南一带，民间还有观荷节，在每年农历六月二十四日（传说这一天是荷花的生日），大家会兴高采烈换上新衣，坐上小船，观赏“接天莲叶无穷碧，映日荷花别样红”的美景。还有东北山区，农历三月十六是山神节，山民们会抬着供品虔诚地进山祭拜山神，祈祷丰收和好运。湖北荆州一带还有“人生节”，是在每年的正月初七。因为民间传说：正月初一造鸡，初二造狗，初三造羊，初四造猪，初五造牛，初六造马，初七造人，所以正月初七这天，民间有一特别的仪式：将鞭炮点燃后，盖上脸盆，听那别样的响声。我猜这可能象征盘古开天地那一声巨响吧。中国民间的节日之多，仪式之丰盛，举世罕见。这也是中国人热爱生活、喜欢热闹、善于自得其乐的一个证明吧。这样乐天、乐群的传统，当然应该保持下来，发扬光大。

预祝高静和她的团队不断取得新的成果，为弘扬传统文化的优良传统做出新贡献！

2020 年 1 月 11 日

前 言

传统节日的形成是一个民族或国家的历史文化长期积淀凝聚的过程。它们反映了民族的传统习惯、道德风尚和宗教观念，寄托着整个民族的憧憬。每一个传统节日故事，都是一次与历史的相遇，都是一次丰富想象力和艺术的熏陶过程。中国传统节日，凝结着中华民族的民族精神和民族情感，承载着中华民族的文化血脉和思想精华，是中华儿女心中永远不能忘怀的极其鲜明的文化符号和文化记忆。

传统节日在中国人的生活中占据着重要位置，是中国人的人情纽带，爱情和亲情，生离和死别，不同的节日中包含着不同的意义。本书可以带领读者了解中国传统文化背后更为深厚的人情、信念，中华文明里的信仰情怀，一起在传统节日里见识中国。

据不完全统计，我国目前有全国性、地方性和民族性的传统节日达200多种，本书选择春节、元宵节、中和节、清明节、端午节、七夕节、中元节、中秋节、重阳节、腊八节十种主要节日，从起源、文艺感悟、节日习俗、文化内涵四个方面进行介绍，涉及节日溯源、传说、典故、文化内涵及风俗习惯等诸多方面，集趣味性、知识性与文化性于一体。节日故事内容生动活泼，保持了中华文化的端庄大气，同时让读者领略了中华文化中特别有意义的瞬间，不仅带读者了解了农耕文明的和谐自然观，也让读者品味到千年的民族文化积淀。

通过《中华传统节日溯源》，读者可以感受原汁原味的节日气氛，体会节日的欢愉和家庭的亲密，在轻松阅读中了解传统文化，唤醒文化记忆，得到中国优秀传统文化的滋养。

编　者

目　录

第一章　春　节

春节是我国最重要的节日。春节在不同的历史时期有着不同的含义。在殷商时期，春节叫“元旦”，指正月初一，从每年的正月朔日子夜算起。在汉代，人们把二十四节气中的“立春”这一天定为春节。南北朝时人们则把整个春季都称为春节。今天，我们把农历正月初一定为春节，是从辛亥革命以后实行的。

第一节　春节的起源

春节是我国历史最为悠久的节日之一，其起源知之者不多，究其原因，主要在于其来源未有定论，本节收集各家学说，囊括了含“年”兽传说在内的各种观点，阐述了春节兴起的地域以及春节的传承与演变。

春节即传统意义上的“过年”，“春节”和“年”的概念，最初的含义来自农业生产周期，与中国人的农业耕种息息相关。古代人把谷物生长的周期称作“年”，《说文·禾部》中记载：“年，谷熟也。”发展到现在，春节可以说是中国人一年中最重要的节日。与西方人、印度人、阿拉伯人等以宗教的重大事迹为节日的传统不同，中国的春节是普天之下黎民百姓的节日，与民族无关，与信仰无关。也许正因为春节与人们的耕作紧密相连，它才能延续如此之久，分量如此之重，影响如此深远。然而说来也怪，普通中国人其实并不了解这个最重要节日的含义及来龙去脉，大家似乎都以为团圆、祈福、喜庆大概就是春节的全部，其实并不尽然。

一、春节与过年

在古代，春节有“元日”“新年”“正旦”“岁首”“三元”等名称，这几类名称所指的具体时间也有所不同。如果要弄清楚春节的起源，必须要先界定它的名称和所指的时间点。现今人们所说的春节，通常指的是“过年”，而何谓“过年”，则必须从“年”的本义入手分析。

（一）春节的名称和时间

不同的朝代对春节有不同的称谓：先秦称“上日”“元日”；汉代称“正日”或“三朝”等；唐宋元明时称“元朔”“新正”“元旦”等；清时称“元旦”“元日”等。现在，春节在民间通俗的说法叫“过年”，而“春节”的名称则是中国近代辛亥革命胜利后才确定的新名称。当时“春节”这一称谓只是在民间流传，并未得到官方认可，直到 1949 年中华人民共和国成立后才被正式定了下来。所以我们现在将公历的 1 月 1 日称为“元旦”，也称“阳历年”，农历的正月初一称为“春节”，也称“阴历年”。

“一日之计在于晨，一年之计在于春”，春节正是位于岁首的节日，它寓意着新的开始。旧时春节是指二十四节气中的“立春”，是迎春的节日，后来因为立春和岁首时间相隔不远，就将二者合二为一了，所以说现代的春节包括了近代以前的立春与岁首两大节日。《尚书大传》这样定义：“正月一日为岁之朝，月之朝，日之朝，故曰：‘三朝’，亦曰：‘三始’。”隋朝杜台卿的《玉烛宝典》中有相近的表达：“正月一日为元日，亦云‘三元’：岁之元，时之元，月之元。”这两本书均指出，春节是一年的开端。早在殷商时期就有了年头岁尾的祭神祭祖活动（腊祭），这可以说与过年的节庆有一定的关联。到了西周初年，已有了一年一度在新旧岁交替之际庆祝丰收和祭祀祖先活动，这应该就是“过年”的雏形。

自古以来，各朝各代关于岁首的时间并不固定，如：夏为正月初一、商为十二月初一、周为十一月初一、秦为十月初一，直至汉武帝时期启用太初历，历代沿用这一历法，才将新年的时间固定于阴历正月初一。春节通常指除夕和正月初一，但实际上，民间普遍意义上的过春节一般是从腊月二十三到正月十五甚至正月月底。

（二）“年”字的本义

“年”字的起源极早，甲骨文中就已经出现，其形有点像“禾”，又有点像“人”，后讹变为“秊”。《说文・禾部》中记载：“年，谷熟也。”可见，年的本义是指谷物的成熟。《尚书・多士》曰：“尔厥有干，有年于兹洛。”《孔颖达传》：“汝其有安事有丰年于此洛邑”。意思是说：现在你们应当好好地住在你们的城里，继续做你们该做的事。你们在洛邑会有安乐会有丰年的。《谷梁传・桓公三年》曰：“有年，五谷皆熟为有年也。”

中国的农民春种秋收，庄稼的成熟需要一定的时间周期，于是中国古代历法很早就把这样一个时间周期定为一年。由此，“年”从谷类成熟之义变成了代表特定时间周期的单位。这个变化有一定的过程，《尔雅・释天》曰：“载，岁也。夏曰岁，商曰祀，周曰年，唐虞曰载。”这就解释了“年”之意义变迁的过程。

（三）“年”的另外两种含义

从古籍上看，“年”字几乎从来未有与“兽”相关的意思。但是“年”兽传说在民间却广为流传，可以说是家喻户晓，这是很有意思的现象。我们固然可以说，年兽传说不是春节起源的正典。但我们必须承认的是，年兽传说一定程度上体现着民间智慧，反映了中国老百姓的某种心理期待。

1. 凶猛之怪物

当年成为一种传说中的兽物之后，它就不单纯是指一个时间概念，它还意味着一种中国传统文化积淀。上文已经指出，春节位于年末岁首的交替之际。“过年”就意味着跨过旧的一年，迎接新的一年，也有熬过“年”兽肆虐之夜的意思。最广为流传的一种说法是“年”是一种凶猛的怪兽，会在大年三十这个夜晚出现，它生性凶猛，如饕餮一般，看见什么就吃掉什么，所以这一夜被称为“除夕”。这里的“除”就是“除去”“消灭”的意思，而“夕”的意思与“年”相似，也是一种令人闻风丧胆的野兽。

老百姓为了驱除这凶猛的怪物，就在除夕之夜采取特定的仪式和行为来应对。例如，守岁，即大年三十这天夜晚，无论大人小孩都不睡觉，一家人围坐在一起度过这个可怕的夜晚。由于对未知怪物“年”或者说“夕”的恐惧，不知道能否安全顺利地熬过这一个夜晚，人们在除夕夜会和家人吃一顿具有“最后的晚餐”意义的丰盛佳肴。在现代科学高度发达的今天，关于“年”和“夕”这类恐怖可怕怪物的概念当然早已消失，但节日的习俗一代代传承下来。直至今天，人们还是会在除夕夜晚一家人团聚，做上一年中最丰盛的一顿晚餐，和家人一起快乐地度过这个美好的夜晚。

除了守岁，放鞭炮的习俗也与驱除凶兽有关。传说有一次“夕”在大年三十这个夜晚进了一个村子肆虐，一位老婆婆意外发现它，便朝着它扔鞭炮，“夕”因害怕噼里啪啦的鞭炮声而躲开。之后，人们便会在每年的除夕夜大放鞭炮，为了驱除凶兽和厄运，迎接美好的新的一年。在大门上贴门神（诸如秦叔宝、尉迟恭等）也具有同样的意义。

2. 吉祥之神兽

与上述“年”的含义不同，有人认为，“年”是中国老百姓心中的吉祥物。古代的中国人对于时间有一种似乎是天然的敬畏之意，而对这个有时间概念之意的“年”，态度也有可能是崇敬的。在古代编年体史书（如《左传》）中，也早已将“年”作为一项重要分类依据，它的重要地位决定了它不太可能取意为邪怪。在远古时代，人们对于天、地、时间这些抽象概念并不能准确地把握，人类本性会令人们产生对未知大自然的一种崇拜，例如图腾崇拜和神话英雄崇拜等。中国古代没有“世纪”的概念，所以年是最大的时间分割单位，自然有着相当的重要性和神圣性。红苇先生就在他的《年的三副面孔》中提出“年”是鳄鱼、植物神和雷神三位一体的神圣象征和代表。“年是由具体的三副面孔出发，走向抽象。植物神、雷神、鳄鱼，这其中蕴含着古人对于标志着时间的年的理解。”

必须指出的是，年作为吉祥物的传说在中国百姓心中的接受程度远远不及凶兽之说。但是凶兽传说在古时候并没有相关的古籍记载，而关于“年”这个字的概念和解释却早有记载。谷物成熟取其丰收之意，这是农耕文明时期中国百姓最为期盼的事情，从这个角度来看，有理由认为“年”是吉祥物。

（四）过年

无论把“年”理解为何种意义，不可否认的是，作为春节之通俗称谓的“过年”是中国人心中最为重要的节庆。人们在春节的辞旧迎新之际，企望与家人团聚，一起总结并告别旧的一年，展望新的一年并许下美好的心愿。这是我们的传统，也是我们现在的习俗，而且还将在未来的中国乃至全世界有中华儿女的地方持续下去。

二、春节的起源的几种说法

（一）年兽说

关于春节起源的年兽传说历来有多个版本，各自说法不一，这里只列举其中一个。

据传说，古时候有一种叫“年”的怪兽，形状怪异而且生性凶猛。每到岁末年初的时候就会出没，吞食牲畜伤害人命。有一年，村民们正扶老携幼上山避难，从村外来了个乞丐模样的老人。这时候全村人都自顾不暇，村里只有一位老婆婆给了这位乞丐老人一些食物，并劝他也赶快上山躲避“年”兽。但是乞丐老人却坚持不走，说是要为老婆婆家守夜。半夜时分“年”兽果然闯进了村子，只见老婆婆的家门上贴着大红纸，屋里烛火通明，突然院内传来“噼噼啪啪”的鞭炮声，“年”兽立即被吓得逃之夭夭。于是人们知道了，原来“年”兽最怕红色、火光和炸响。人们掌握了驱赶“年”兽的方法，从此每年除夕，家家都贴红对联、燃放爆竹，户户烛火通明、守更待岁。第二天一大早，还要走亲串友道喜问好。

其他不同版本的年兽传说都与此故事有一定的共同之处，即都与驱避猛兽有关。所以说，过年之节庆很大程度上是出于人们蒙昧时期的恐惧心态。“年”仍是如今春节的主题词，只是不再具有与“猛兽”相关的意义。分析年兽传说的故事，不难发现它已具备了春节习俗主要的内容和形式。故事里岁末年初的时间、燃放爆竹的行为和祝福的言语都是春节习俗的要素。

（二）庆丰收说

据《中国民间信仰风俗辞典》“春节”词条所记载：“关于春节的由来，或说源于上古社会的腊祭，腊即岁终祭众神之名，因而春节乃是一年农事毕后为报答神的恩赐而来。……春节自古以来就是祝贺丰收的喜庆日子。”《谷梁传》中说“五谷大熟为大年”;《尔雅·释天》说:“年者，禾熟之名，每岁一熟，故以为岁名。”

古代的人们最初没有时间的概念，无法掌握季节的变化规律，处于“山中无甲子，寒暑不知年”的状态，后来由于农耕的需要，才有了“年”与“岁”的观念。最早有时间概念是在新石器时代，后来“年”正式被启用为时间单位则是在周代。商周时期古人已经将一年分为十二个月，如前所述，夏商周分别将一年称为“岁”“祀”和“年”。这三个朝代的岁首时间是不同的，夏代把正月初一为“岁”的开始，商代以十二月初一为“祀”的开始，而周代则是将十一月初一作为新年第一天。现在我们把夏历的正月一日作为岁首，因此阴历也称夏历。“年”最早始于周代，用来表示农作物的生长周期。《说文·禾部》曰:“年，谷熟也。”因此“有年”表示谷物丰收，而“有大年”则表示谷物大丰收，后来年逐渐发展为与“岁”“祀”类似的时间单位，春夏秋冬周而复始，谓之“一年”。因此过年就是古代人们庆祝农业丰收的活动，寄托了人们对谷物丰收和美好生活的憧憬和向往。

（三）腊祭说

春节的起源，有人从历史的角度来看，认为其最早的源头可以追溯到上古时代的“腊祭”。不过有文字记载的年终祭祀习俗源自殷商时期的祭神祭祖活动，主要内容是在岁末年初之际用他们的农、猎收获物来祭祀众神和祖先，感谢诸神上一年的赐予，祈求来年能够五谷丰登，同时伴随着人们为祈求风调雨顺、祛病消灾而举行的祭祀活动，这就是“腊祭”。后来这种活动年复一年，长期延续发展，慢慢地就发展为春节。腊日，即今天的农历十二月初八，俗称“腊八”。据汉代《风俗通义·祭典》记载:“腊者，猎也，言田猎取兽，以祭祀先祖神灵也。”就是说，古时每到“腊日”那天，人们会举行大型的祭祀仪式向祖先和神灵献上自己的收获物，用以感谢他们的恩赐并祈祷来年能有更好的生活。腊日是祭祀百神的日子，因此也有人认为春节是由古时人们祭祖酬神，以期祖先神灵庇佑而举行的祭祀活动演变而来的。

（四）“万年”创建历法说

关于“万年”的神话是一个有趣的小故事，话说在古代某个时候有一位聪颖过人的少年名叫万年，家境贫寒，需要每日进深山里砍柴来维持自我生计。由于那时没有计时器，无法测量具体的时间，从而导致他不知何时出发而又何时返回，这个问题常常困扰着他。在日复一日的砍柴生活中，他慢慢总结经验，力求弄清楚每天日出日落的规律。传说，一次偶然的机会让他意识到可以利用树木的影子来观测时间，经过几天的刻苦钻研，他创造了一种利用倒影来测量每日时刻的仪器。但这种仪器有一个缺陷——无法在阴雨天使用。有一次，万年饮用山泉水的时候，水滴敲打石块的声音突然激发了他的灵感——水滴有规律的滴滴声不正是计量时间的好方法吗？万年就是这样凭借着他自己的创造发明，计算出了一年的长短，并且也记录了特殊时日，例如夏至、冬至。

“万年”为老百姓所熟知并非通过百姓口耳相传的力量，而是因为当时的君主（祖乙）的大力支持。当时，关于时令的问题也困扰着举国上下，万年带着他的发明向国君自荐。尽管当时也有愚昧的大臣向祖乙建议应该以诚心祭天，向上天祈求如何获知一年四季和每日天气的情况，但结果可想而知，都是无用之功。万年的设计在这个时刻起到了明显的作用，被国君大为赏识，并提供财力支持他建设相应的计时测时的仪器，为天下所有的人家造福。最后，万年最终完成了一整套完整的历法——万年历法，并由祖乙以一年的开始为春天的理由将新年的第一天定为“春节”，普天同庆。此后，老百姓们知道了这位伟大的人物（万年），他为百姓的生活带来了巨大的便利，百姓为了感谢他，把春节也就是开年第一天称为“过年”，而在过年的时候我们见到的家家户户墙上的寿星图也是为了纪念“日月寿星”——万年。

（五）神话传说

相传在远古时期，黄帝曾跟蚩尤大战。黄帝最终在农历正月初一那一天战胜了蚩尤，人们就把这一天定为节日，以纪念黄帝的战绩。

（六）巫术说与鬼节说

王娟在《中国的春节》中认为，春节应该源于古代的巫术仪式，这是从关于“年”的传说和春节一系列的仪式活动的角度分析得出的结论。春节期间饮食、祭祀、装饰、娱乐等和种种禁忌，都是由于古时的人们希望借助一些行为、语言或表演等方式来趋吉避凶，表达平安和幸福的心愿。随着时代的发展，春节逐渐失去其巫术的含义而演变成一种集体欢庆的活动。

民间还有一种鬼节之说，认为春节的起源和鬼节有关。春节处在冬去春来之际，古时的人们由于科学知识贫乏、生产力低下，抵御自然灾害的能力较差，在青黄不接之时生计受到严重威胁，甚至有人因为环境恶劣和生活艰苦而丧失生命，这让人们产生恐惧心理，以为是鬼神作祟，在平安度过这一节气之后，大家为表达喜悦就会欢呼庆祝，互相道贺祝福，经过长时间的发展，这种活动成为一种习俗确定下来。徐华龙在《春节源于鬼节考》中从春节前后为祭鬼神的日子、春节饮食、活动和物品等方面分析了春节具有的鬼文化色彩。

（七）时令说

追溯春节的来历，比较科学的说法是岁时节日的出现，古人没有现在的科学仪器，都是通过观察天象、物候来把握时间，三代以前关于年的活动就为人们所掌握。古代中国人以农历来计算时间，因为我国是农业大国，农历把一年分为12个月，一般每三年有两年有闰月，年的划分又有四时、八节、二十四节气之说。四时，就是春、夏、秋、冬四个季节；八节即立春、春分、立夏、夏至、立秋、秋分、立冬、冬至（每一季有两节）；二十四节气，它是古人根据太阳在黄道上的位置变化和地面气候的演变次序划分的，即地球围绕太阳公转的位置，把一年分成24个部分，一个节气大概15天。即立春、雨水、惊蛰、春分、清明、谷雨、立夏、小满、芒种、夏至、小暑、大暑、立秋、处暑、白露、秋分、寒露、霜降、立冬、小雪、大雪、冬至、小寒、大寒。两节气相接的日子为节日，例如春节、元宵节、端午节等。在演变过程中，一些特定的日子被赋予了特别的意义，因此形成了具有中国特色的传统节日。

三、春节起源的地域

重要的传统节日，从起源到初步形成、发展演变到最终确定，都有一定的过程，春节也不例外。而要论及起源，就不得不涉及地域性的讨论。笔者认为，春节的起源和发展与以陕西和河南为中心的黄河流域之古代文化息息相关。

众所周知，距今10000年至4000年前，我国的黄河流域和长江流域都进入了新石器时代。这些地方都出现了聚落和民众，那么为什么认为春节起源于黄河流域？理由有以下两个方面。

（一）从古代历法来看，我国最早的历法诞生于黄河流域

岁时节日首先是建立在古代历法的基础上的，没有历法就无从计时，也就没有岁时节日。历法的制定是历朝历代的大事，甚至可以算是君王的重要功绩。文献中有记载“伏羲作历度”（《周髀算经》）；神农“正节气，审寒温，以为早晚之期，故立历日”（杨泉《物理论》）；黄帝“迎日推筴”（司马迁《史记》），经过推算而预知节气之将来；黄帝之曾孙高辛氏“历日月而迎送之，明鬼神而敬事之”（司马迁《史记》），这里不仅编制历法，还明确了祭祀鬼神之事。夏朝有《夏小正》存世，秦朝《吕氏春秋》中有《十二纪》，《礼记·月令》所用的材料也取自周制。在《十二纪》和《礼记·月令》中，把一年划分成十二个月，一年从孟春开始，到季冬结束，为春节的岁首地位奠定了基础。《月令》记载：“立春之日，天子亲率三公、九卿、诸侯、大夫以迎春于东郊。还返，赏公、卿、诸侯、大夫于朝。命相布德和令，行庆施惠，下及兆民。”此时的春节，大规模的迎春礼，有官民同庆的节庆活动，初步具备春节雏形。

上述早期历法的制定者，其活动范围均在黄河流域，历法推行的地域也主要在黄河流域，由此可知早期的历法是黄河文明的产物，而以之为基础的春节也极有可能自黄河文明孕育产生。

（二）早期的节庆活动集中于黄河流域

从先秦时期到秦汉、魏晋，甚至隋唐至北宋，黄河流域一直是我国的政治中心和文化中心，绝大多数封建王朝均建都于此。因而从文献记载看，黄河流域是我国春节节庆活动最具代表性的地区。西汉汉武帝时期制太初历，新年的第一天被确定在建寅之后，称为“正日”，“正月之旦，谓之正日”，因此又称“正旦”，有相关的庆祝活动。东汉春节的仪式和节庆活动已经颇具规模。《后汉书》载，东汉时“每岁首正月为大朝受贺”“百官受赐宴飨，大作乐”。“大朝”指的是规模最大的朝会，相当于现在的春节团拜会，因参加人数最多，故称“大朝”。东

汉春节，所有在朝官员都要向皇帝朝贺新年，皇帝要赐宴百官，伴有盛大的歌舞表演。汉代还继承了周代的迎春礼，“立春之日，夜漏未尽五刻，京师百官皆衣青衣，郡国县道官下至斗食令史皆服青帻，立青幡，施土牛耕人于门外，以示兆民”，形成相关祭祀、占卜等活动。

魏晋以后，随着中原地区的文化整合，春节习俗进一步发展，逐渐形成了几个重要的时间节点：除夕、元旦、人日、元宵。除夕悬挂桃符，汉代已经流行，初为神荼、郁垒，隋唐又衍生出钟馗、秦叔宝、尉迟敬德。隋唐时期河南还流行守岁，据说隋炀帝除夕守岁，用沉香、檀木点篝火，一夜用尽二百车，火高十余丈，香闻数十里。这种除夕点火守岁的习俗上承先秦的庭燎，下启后世的“点旺火”，直到今天在黄河流域的很多省份都能见到。北宋是春节的成熟期，许多重要的春节习俗都始于宋朝。以“腊八”为例，俗语称“小孩小孩你别馋，过了腊八就是年”，可见，“腊八”是春节前夕的重要节点，甚至被视为“过年”的起点。腊八做腊八粥始见于北宋时期黄河流域的开封，据《东京梦华录》载：“（十二月）初八日，街巷中有僧尼三五人作队念佛。以银、铜、沙罗或好盆器，坐一金铜或木佛像，浸以香水，杨枝洒浴，排门教化。诸大寺作浴佛会，并送七宝五味粥与门徒，谓之腊八粥。”这是关于腊八制作腊八粥的最早记载。

四、春节的历代传承与演变

上述民间传说皆为口耳相传的口头叙说，有着一定的文化价值和意义。有关春节的记述除了口头叙说之外还有详细资料的记载，更为清晰可信。由先秦至今，中国几千年的历史经历了从混沌中萌发，到逐步定型、发展、变异的漫长悠久的过程。

（一）萌发时期

从人类文明发展历史来看，文明的产生来源于劳动，即现实生活所需。从远古时代到新石器时代，人类的进化过程伴随着人类文明的雏形。农耕文明是几千年来中国人民不可分割的重要文明形式，古时候的劳作者为了自我温饱和生存，在日积月累的过程中慢慢意识到时间的意义和价值，从而有了探求时间规律的意识。而这一意识的产生首先来源于耕种，即何时种何时收，如何能够获得足够的农作物和粮食来维持生存。参考《史记》《尔雅》等书籍不难发现，人们会利用风雨等天气来计算不同的时节，而不同的天气温度和情况也会影响这一年的收成。古时候人们对于自然界未知事物有一种敬畏之感，相信一切安排都来源于神，因此，他们相信丰收也一定是神对百姓的眷顾，因此过“年”（谷物大丰收）也是酬神答谢的时刻。这一时期，人们还没有明确的过年的意识，而主要是对于神灵崇拜和谷物丰收喜悦庆贺的结合仪式。

（二）定型时期

“年”的发展进程中，统一的说法认为，春节定型于汉代，但它不是指农历正月初一的年节，而是指二十四节气中的立春节。定型的意义主要是从时间，即具体日期确定这一层面上而言的。先秦时期百姓只是在农忙结束之时休养生息和庆祝一年丰收，而不同地区由于各种地理因素的不同，自然收成的时间和情况皆不相同，也就是说各个不同地区的人的“过年”时间皆不同。而且春秋战国时期小国众多，皆以自我为标准，各设历法，处于较混乱的状态。秦代虽处于大一统的时期，但秦始皇推行暴政，各类繁重的赋税不断压榨百姓，民不聊生。直到汉代的政治大一统，经济稳定发展，推行儒学，无论是政治、经济还是思想文化都处于稳定上升阶段的汉武帝时期一改往常杂乱无章的历法，制定了《太初历》，而此种历法的确立在之后两千多年里一直被使用。当时还设立太学，专门培养为朝廷效力的人才，这为较为完整系统的太初历的产生起到关键性的作用。而至今中国日常所见的各式各样的春节习俗也在汉代时期形成雏形，由于春节的这一天被确立下来，原本不同地区不同时期举办的活动都统一在一天里举行，所以出现了各种有趣的仪式和活动。

（三）发展时期

从魏晋到唐宋这段时期为发展时期。魏晋时期过年的习俗基本延续承接了汉代的体制，汉文化对中国历史的影响可谓深远。汉朝发达的经济和包容并蓄的思想对魏晋甚至可以说中国几千年的历史影响一直存在。当然历史不会一成不变，魏晋时期在汉制的基础上，加上各朝代的民族特色稍加发展。到盛唐时期，中国的经济政治文化具有绝对的优势，过年的各类习俗也丰富了起来。唐朝思想开放，经济发达，百姓安居乐业，节日习俗的娱乐性加强，由最初以酬神为目的的性质转变为百姓自身庆祝节日和娱乐自我的性质，也因此使得春节的习俗由单一走向多元，朝着娱乐娱人的方向迈进一大步。宋元时期延续唐制，贴门神和春联等习俗在形式上更加多元化，打破原有的固定的节日形成，在内容上更加随意和贴近百姓的日常生活。

（四）变异时期

发展至明清时期，封建专制主义走向顶峰，君主的权利无限放大，导致全民一切活动围绕着君主权利而开展。因此，娱乐热闹的氛围逐步走向冷清肃穆的状态。当然，在民间，许多活动依然被保留下来。中国几千年的历史文化底蕴和幅员辽阔的土地使得它成了东亚文化圈主要的文化源头，辐射至日本、韩国、越南等周边国家，汉文化得以以各种形式在不同的国家继续延续，而节日也是其中的一种。

经过岁月的积淀，春节如今早已成为中国老百姓心目中最为重要的节日。不仅仅作为一种假日和节庆存在于日常生活中，更为重要的是它已然成为一种历代传承的精神遗产。

第二节　春节文艺感悟

中国是个历史悠久的农业大国，庆贺丰收的春节历来最受重视。与此同时，中国还是一个诗歌的国度。诗与春节在历代文人雅客笔下常常交叠出现，无数经典作品虽跨越千年历史，依然传承至今，在人们心中激荡出美好感情。

“暮景斜芳殿，年华丽绮宫。寒辞去冬雪，暖带入春风。阶馥舒美素，盘花卷烛红。其欢新故岁，迎送一宵中。”唐代盛世皇帝李世民在他的《守岁》一诗中道出了帝王眼中的春节。夕阳斜照在芳殿，绮宫金碧辉煌，宫苑适逢除夕，一派富丽堂皇的景象。在这冬春交替之际——冰雪消融，寒冷的冬天过去了；暖气回升，温暖的春风带来了美好的春天，正是一种暖洋洋、乐融融的节日气氛。梅花绽开，阵阵飘香，宫廷内外，张灯结彩，光辉灿烂，巨大的红烛点燃了，远远看上去，像一簇簇花团。君臣欢宴饮酒，喜度良宵，迎新年，辞旧岁，通宵歌舞。这是何等盛大而又热烈的节庆场面。而孟浩然的《田家元日》里这样写："昨夜斗回北，今朝岁起东。我年已强壮，无禄尚忧农。桑野就耕父，荷锄随牧童。田家占气候，共说此年丰。"这里写的是农民的春节。斗转星移，岁月不居。昨夜的除夕还是寒冷的冬天，今朝大年初一起床之时便是和煦的春天。已然四十岁的诗人本应出仕，但未曾得到一官半职。虽然如此，他对农事还是非常关心。孟浩然隐于鹿门，不仅结交了大批淳朴善良的农夫野老，同时又直接参与了田事劳作。所以这里展现了一幅典型的田园牧歌图。白天，在田间，诗人和农夫一起扶犁耕作；傍晚，在路上，诗人荷锄伴牧童一道回归村庄。田家元日之际凭借占卜纷纷预言今年是一个丰收年。这里没有描写辞旧迎新的热闹，也没有抒发节日思亲的情感，而是在欢庆之中许下新年的愿望：一是希望农田耕种的丰收，二是诗人企盼即将去长安赴试有一个好的结果。"人家除夕正忙时，我自挑灯拣旧诗。莫笑书生太迂腐，一年功事是文词"（文徵明《除夕》）。读书人的春节则是挑拣一年的诗词。这是忙里偷闲的自娱自乐，也是以诗文为业的读书人辛苦耕耘。这里面既有诗人的自嘲，又有诗人的自喜，确实是一种别样的除夕总结。

"爆竹声中一岁除，春风送暖入屠苏。千门万户曈曈日，总把新桃换旧符。"王安石这首《元日》描写了春节除旧迎新的景象。一片爆竹声送走了旧的一年，饮着醇美的屠苏酒感受到了春天的气息。初升的太阳照耀着千家万户，家家门上的桃符都换成了新的，充满年节的欢乐气氛，富有浓厚的生活气息。以除旧迎新来比喻和歌颂新法的胜利推行，这张民俗风情画之中也体现着诗人新年之际的理想。喜气洋洋的节日气氛，积极向上的节日愿望，使这首诗成为写春节的千古名句。同样积极向上的还有苏东坡："努力尽今夕，少年犹可夸。"苏辙在京师侍奉父亲，苏轼写此诗送给弟弟苏辙，希望兄弟二人异地守岁，共惜年华。还有杨万里的《己丑改元开禧元日》："方知人喜天亦喜，作么钟鸣鸡未鸣。"真是一番普天同庆之景。可并非所有人都是一派欢庆，"病眼少眠非守岁，老心多感又临春。火销灯尽天明后，便是平头六十人。"（白居易《除夜》）这里诗人双眼多病，彻夜难眠，却说并非是为了守岁；他的心已经老了，容易多愁善感，更何况又临近春节。等到灯火燃烧殆尽、天亮后，他便是六十岁的人了。这是一种无奈于一年老似一年的惆怅，一种无尽的惆怅。

佳节团圆是每个人的心愿，但不能回家的人在春节也有一种别样的情感。"旅馆寒灯独不眠，客心何事转凄然。故乡今夜思千里，愁鬓明朝又一年。"（高适《除夜作》）辞旧迎新之际本应唤起人们对春节的很多欢乐的记忆和想象的，然而这首诗中的除夜却是另一种情景。除夕之夜，诗人眼看着外面家家户户灯火通明，老老少少都欢聚一堂，而自己却远离家人，身在他乡不能回去。对照之下，诗人触景生情，眼前的灯光本应该是热的，此刻竟也变得"寒"气袭人了。除夕之夜如此孤寒使人难以入眠，一个孤寂清冷的意境便展现于我们眼前。诗人自称为"客"，又问：竟是什么使我"转凄然"呢？似乎并没有什么事，但诗人又是那么的心事重重。思乡的情绪飘回千万里之外的家，如此凄然中度过了这一年。而白居易《客中守岁在柳家庄》的"畏老偏惊节，防愁预恶春。故园今夜里，应念未归人。"年事已高的诗人十分畏老，每到逢年过节便要"惊心"，此时思乡情厚，直把新春称作"恶春"。诗人不直接表达思乡之情，反而写除夕夜的故乡人正应当思念这个未归之人，此情此景使得思乡之愁更浓了一分。更有戍边人之诗云："去岁荆南梅似雪，今年蓟北雪如梅。共知人事何常定，且喜年华去复来。边镇戍歌连夜动，京城燎火彻明开。遥遥西向长安日，愿上南山寿一杯。"（张说《幽州新岁》）戍边之苦在此也不再是苦，他们在春节守着边疆，之所以能"且喜年华去复来"，皆是因为有着一片忠心的报国之志。此情此志真可谓"报君黄金台上意，提携玉龙为君死"（李贺《雁门太守行》），一片忠心"向长安"，自然忘却了戍边之苦。而南宋爱国诗人文天祥在《除夜》里这样写："乾坤空落落，岁月去堂堂；末路惊风雨，穷边饱雪霜。命随年欲尽，身与世俱忘；无复屠苏梦，挑灯夜未央。"此诗作于元朝至元十八年，即公元 1281 年，这是文天祥平生度过的最后一个除夕夜。这首诗意境恬淡、平和，没有"天地有正气"的豪迈，也没有"留取丹心照汗青"的慷慨，只表现出爱国英雄文天祥想与家人共聚一堂欢饮屠苏酒过新年的愿望。然而这样的愿望无法得到实现，所以这首诗里便透出一种寂寞、悲怆的情绪。如此方知铁骨英雄也有“柔情”的一面，这种因亲情牵扯萌发的“脆弱”，更让我们深刻体味了铮铮男儿的不朽人格。这个人格形象是丰富饱满的，是我们民族精神的象征，是爱国爱家、有情有义之人格的图腾。它万年不朽，颠扑不灭，是激励一辈又一辈中华儿女的英雄典范。

春节之际也不仅有感时伤怀之情，更有“曾经沧海”之后的另外一番新境界。且看赵翼的《除夕》:“烛影摇红焰尚明，寒深知已积琼英。老夫冒冷披衣起，要听雄鸡第一声。”除夕夜的烛光灯影摇摇晃晃，后半夜的寒气越来越深，老夫这时偏要冒着寒冷披着衣裳坐起来，为的是要听那第一声的雄鸡报晓。赵翼此诗真有一种不服老的奇趣。而“萧疏白发不盈颠，守岁围炉竟废眠。剪烛催干消夜酒，倾囊分遍买春钱。听烧爆竹童心在，看换桃符老兴偏。鼓角梅花添一部，五更欢笑拜新年。”（孔尚任《甲午元旦》）也可见一个白发童心的鲜活形象。孔尚任写这首《甲午元旦》时已六十六岁，在家乡曲阜简居。头发花白的诗人在除夕之夜，围炉守岁彻夜未眠，饮酒剪烛倾尽金银，旧年已去，新岁已来。听见的是点爆竹，看到的是换桃符，听乐曲，拜新年，显示出一派欢乐的场景。这首诗写除夕盛景，字里行间跃动着一颗赤诚的童心，充分反映出诗人脱离官场后心情的恬静和愉悦。

中华文化博大精深、源远流长，春节诗词之多，数不胜数。以上几首，已可看出春节盛况之一二，每逢佳节吟咏品味，依稀能体会诗人的感悟。

第三节 春节节日习俗

中国是个地大物博的国家，各个地区的春节习俗也不完全相同，以华中地区为例，探析春节的各类民俗有着典型意义。华中地区的春节民俗文化，既有着与全国各地春节习俗文化共性的一面，也有其独特韵味的一面。本节把春节民俗分为准备期、开展期、延续期三个部分，主要包括祭灶、扫尘、贴春联、包饺子、守岁、放爆竹，拜年、给压岁钱、回娘家、破五、元宵放灯等，从腊月开始一直持续到来年的正月十五，较为全面地展现了春节民俗的概况。

一、节庆准备期

春节作为一个盛大的节日，有着比较漫长的准备期，这是在为一个盛大的节日造势，人们很期待这个节日，民间有“大人盼种田，小孩盼过年”的说法。民间百姓大多清贫，衣食不继，唯年节准备良多，有所期盼，故俗语云：“小孩小孩你别馋，过了腊八就是年。”也就是说，春节的准备期可以从腊月初八开始计算，直到除夕的前一天。这期间人们几乎每天都有一些活动，使得春节充满特殊的仪式感，这也是中国老百姓智慧的体现。民间常流传这样的顺口溜：“腊月二十三，灶王爷上天；二十四，扫房子；二十五，磨豆腐；二十六，去买肉；二十七，杀了鸡；二十八，把面发；二十九，去打酒，三十日，包饺子。”形象生动地描绘了除夕夜之前人们为过年做的准备活动。

（一）腊月初八的腊祭

中国农历腊月初八是我国的传统节日“腊八节”，在这一天人们有熬腊八粥、吃腊八粥的习俗。这个腊八粥的制作是有讲究的，《武林旧事》中记载了宋代杭州腊八粥的配方，寺院、人家都用胡桃、松子、乳蕈、柿、栗等干果来烹制腊八粥。腊八粥的原料为米与果品，米是基本的主料，掺入的果品越多越好，种类越多，熬出来的粥就越香浓。中国人吃东西也讲究其象征意义，所以腊八粥的食料也都是有民俗寓意的，桂圆象征富贵团圆，莲子象征恩爱连心，百合象征百事和睦，核桃表示和和美美，红枣、花生象征着早生贵子，橘脯、栗子象征大吉大利等，人们以此期盼未来生活的美好。

而关于腊八节的来历，民间流传着很多传说。流传最广的是关于朱元璋皇帝喝腊八粥的故事：朱元璋小时候家中贫困，在财主家放牛，他经常挨打受骂，饥肠辘辘。有一次他牵牛过独木桥，老水牛跌到桥下摔折了腿，财主把他关在一间屋里，三天三夜不给饭吃。他饿慌了，发现一个老鼠洞，一挖开发现一个老鼠粮仓，里面有大米、豆子、粟米、红枣等。他就把这些东西煮了一锅粥吃，觉得比什么都香甜。后来，朱元璋打了天下，做了皇帝，吃腻了山珍海味，一天晚上，朱元璋又想起当年这种粥来，传令御厨用各色五谷杂粮煮成粥进奉，大宴群臣，这一天正是农历腊月初八，因而赐名“腊八粥”。

（二）小年祭灶神

如果说腊八是大年的开场锣鼓，那么腊月二十三的小年就是大年的序幕。从小年开始，就进入了过大年的倒计时。腊月二十三，俗称“小年”，是祭灶的日子。民间有“二十三，祭灶官”的说法，指的就是每年腊月二十三或二十四日的祭灶。传说中，灶官（灶王爷）是玉皇大帝亲封的“九天东厨司命灶王府君”，是负责管理各家灶火的天神，“潜伏”在各家的厨房里，“监视”一家人，腊月二十三这天晚间，他要骑马升天，去向玉帝汇报这一家人一年来的善恶。玉帝会根据灶王爷的汇报，决定这一家人来年的吉凶祸福。在他上天之前，老百姓要搞一个祭拜仪式，俗称“送灶”或“辞灶”；等到除夕再把他迎接回来，称“迎灶”。玉皇大帝根据灶王爷的汇报，再将这一家人在新的一年中应该得到的命运交于灶王爷之手，然后由他带回家中。因此，对于一家人来说，灶王爷给玉皇大帝的汇报至关重要，关乎这家人一年的吉凶祸福。“二十三日去，初一五更回”说的就是送、迎灶官之事。一家人先在灶间摆上桌子，供上用饴糖和面做成的糖瓜，主人先向灶王爷敬香、磕头，然后将糖涂在灶王爷嘴的四周。鲁迅先生在《送灶日漫笔》一文中说：“灶君升天的那日，街上还卖着一种糖，有柑子那么大小，在我们那里也有这东西，然而扁的，像一个厚厚的小烙饼。那就是所谓‘胶牙饧’了。本意是在请灶君吃了，粘住他的牙，使他不能调嘴学舌，对玉帝说坏话。”

（三）大扫尘

送走灶王爷之后，人们迎来了“扫尘日”。扫尘就是年终大扫除，北方称“扫房”，南方叫“掸尘”。春节前扫尘，是中华民族的传统习惯。每逢春节来临，家家户户都要打扫环境，清洗各种器具，拆洗被褥窗帘，洒扫庭院，掸拂尘垢，疏浚明渠暗沟。大江南北，到处洋溢着欢欢喜喜搞卫生、干干净净迎新春的气氛。

关于扫尘，古代还有一个有趣而又诡异的故事。传说在远古的时候，人的身上附有一个三尸神，他就像影子一样，跟随着人的行踪，形影不离。有一次，三尸神密报玉皇大帝，说人间有人诅咒天神，预谋造反天庭。玉皇大帝听后大怒，随即降旨迅速查明人间犯乱之事，凡怨忿诸神、亵渎神灵的人家，将其罪行书于屋檐下，再让蜘蛛张网遮掩以做记号。玉皇大帝又命王灵官于除夕之夜下界，凡遇有做记号的人家，满门斩杀，一个不留。三尸神见此计即将得逞，乘隙飞下凡界，不管青红皂白，恶狠狠地在每户人家的屋檐墙角做上记号，好让王灵官来个斩尽杀绝。正当三尸神作恶时，灶君发觉了他的阴谋，大惊失色，急忙找来各家灶王爷商量对策。于是，他们想出了一个好办法，即于腊月二十三日送灶之日起，到除夕接灶前，每户人家必须把房屋打扫得干干净净，哪户不清洁，灶王爷就拒不进宅。大家遵照灶王爷升天前的嘱咐，清扫尘土，掸去蛛网，擦净门窗，把自家的宅院打扫得焕然一新。等到王灵官除夕奉旨下界查看时，发现家家户户窗明几净，灯火辉煌，人们团聚欢乐，人间美好无比。王灵官找不到表明劣迹的记号，心中十分奇怪，便赶回天上，将人间祥和安乐、祈求新年如意的情况禀告玉皇大帝。玉皇大帝听后大为震动，降旨拘押三尸神，下令掌嘴三百，永拘天牢。这次人间劫难多亏灶王爷搭救，才得幸免。为了感激灶王爷为人们除难消灾、赐福祥和，所以民间从送灶后开始，到大年除夕之前，进行扫尘。

（四）置办年货

年货是人们为过年准备的东西，包括食材、祭祀用品、节日用品、衣服等。食材有鸡鸭鱼肉、瓜果蔬菜、糖果零食等，随着人们的生活水平不断提高，食材的种类更加丰富了，祭祀用品主要有香、纸、鞭炮等，装饰用品如红灯笼、春联、年画日历等。除了上面的几种以外，旧时置办新衣服也是必不可少的，但是现在人们平时也可以买到自己喜欢的新衣服，所以不是很重要了。

中国人讲究年年有余，所以会在除夕之前提前准备好各类年货。在以前贫穷的年代，过年的食物里面肉是最多的，很多人家在平日里都买不起肉，所以在过年的时候会多买些肉，潇洒地过年。

“二十五，磨豆腐”，豆腐，在物资匮乏的年代是一种仅次于肉食的“奢侈品”。从泡豆到出豆腐，需要好几个小时，制作的工艺较为复杂。民间有句俗语“赶得上杀猪，赶不上磨豆腐”，意思是磨豆腐要趁早。一到腊月二十五，农村的家家户户排着队磨豆腐。许昌地区的豆腐，用传统的石磨磨制而成，包括浸泡、磨糊、过滤、煮浆、点脑、蹲缸、压榨等多道工序，点脑的时候要添加酸浆水。

酸浆水是上次制作豆腐沥出的汁水，因乳酸菌的作用而变酸。如此制作，磨出的豆腐味道醇厚香甜。

“二十六，割块肉”，按照华中地区的传统年俗，腊月二十六的这一天，家家户户都要准备过年的肉食，因此就有“腊月二十六，杀猪割年肉”的说法。所谓的“杀猪”，是指20世纪50年代以前那些大户人家过年的“备肉”方式。而今人们到集市上“割年肉”，成为寻常百姓家的“备肉”方式。割来的肉用在烧菜、包饺子、做供品等。上集市割肉的日子定在腊月二十六，目的是保持新鲜和便于储藏。正因为在传统农业社会肉类食品也属于“来之不易”之品，只有在过年过节时才能吃到，所以，在腊月二十六割的肉便有了“年肉”的称谓。

“二十七，杀只鸡”，因“鸡”同“吉”同音，含有吉利、吉祥如意的意思。在传说中，公鸡是化身在人间报时辰的吉神，宰杀是为了让它回天庭休息，还向玉皇大帝汇报这家人是否勤劳。所以，腊月二十七这一天就成了约定俗成的宰鸡日。把宰杀的鸡煮熟后剁成两半，抹上咸盐，挂在屋梁下，客人来了时，剁上一小块，又来客了，再剁上一小块。过了正月十五，就把剩余的鸡全部剁了做成菜。按照传统习俗，过年杀鸡是有讲究的，通常要宰杀体形较大的鸡。杀鸡时鸡脖子上的刀口要平整，鸡血沿着刀锋，流入盛有清水的碗里。扯了毛后，不能开膛，只是从腹部后端切开一个口子，掏出内脏。把整只鸡煮熟后，放在一只篮子里，大年初一时，一家之主提着，端上一壶酒，敬天、敬社神、敬土地爷、敬祖宗。

“二十九，灌壶酒”，酒的谐音有“长长久久”的意思，打回来的酒不仅作食用饮品，而且是对全家人的美好祝福。酒水不像肉蛋食品，放久了容易变质，随时都可以去灌。但因旧时代物质贫乏，穷人用来备年货的钱财非常有限，直到最后一天才能灌几两酒，这才有了“二十九，灌壶酒”的说法。

（五）贴春联与贴年画

春联也叫门对、春贴、对联、对子、桃符等，它以工整、对偶、简洁、精巧的文字描绘时代背景，抒发美好愿望，是我国特有的文学形式。每逢春节，无论城市还是农村，家家户户都要精选一幅大红春联贴于门上，为节日增加喜庆气氛。这一习俗起于宋代，明代开始盛行，到了清代，春联的思想性和艺术性都有了很大的提高，梁章钜编写的春联专著《楹联丛话》，对楹联的起源及各类作品的特色都做了论述。

华中地区的百姓和全国绝大多数地区的百姓一样，对春联有着浓厚的情结。在新春即将到来之时，贴春联是期盼来年好运，过春节图个喜庆吉利。这实际上是一种反映人们喜庆心理和渲染气氛的外在手段。贴春联的时候，按中国古代多以“左”为尊的讲法，春联的上联应贴在左边，以看对联人的位置为准就是右边。

在民间人们还喜欢在窗户上贴上各种剪纸窗花，以烘托节日喜庆气氛，集装饰性、欣赏性和实用性于一体。窗花以其特有的概括和夸张手法，把吉祥、美好的愿望表现得淋漓尽致。同时，在屋门上、墙壁上、门楣上贴上大大小小的“福”字。“福”字指福气、福运，寄托了人们对幸福生活的向往，对美好未来的祝愿。有时把“福”字倒过来贴，表示“幸福已到”“福气已到”。有时将“福”字精描细做成各种图案，如寿星、寿桃、鲤鱼跳龙门、五谷丰登、龙凤呈祥等。

春节挂贴年画在城乡很普遍，浓墨重彩的年画给千家万户平添了许多兴旺欢乐的喜庆气氛。年画是我国的一种古老的民间艺术，和春联一样，起源于“门神”。随着木板印刷术的发明和兴起，年画的内容已不仅限于门神之类单调的主题，变得丰富多彩，一些年画作坊中制作精美的《福禄寿三星图》《天官赐福》《五谷丰登》《六畜兴旺》《迎春接福》等色彩斑斓的年画，以满足人们喜庆祈年的美好愿望。比如《老鼠娶亲》年画，描绘了老鼠依照人间的风俗迎娶新娘的有趣场面，在民间流传甚广。

（六）祭奠祖先和祭拜神佛

春节是中国最重要和隆重的节日，在这期间祭祀神灵和祖先是必不可少的一项活动。有年谣称：“腊月二十九，上坟请祖上大供。”对祖先的崇拜在我国由来已久，早在汉代，祭祖就已经是我国春节重要的活动之一了。祭祀祖先时，在祖先的牌位或墓前摆上祭品，焚香，烧纸钱，并按照长幼分别向祖先敬酒，叩头等。近年来，春节期间去黄帝陵祭祀的人络绎不绝，反映了中国人慎终追远的美好传统。除了祭奠祖先，中国祭拜神佛也非常虔诚。祭祀祖先主要是为了缅怀祖先，而祭祀神佛则是为了得到神灵保佑。中国春节主要祭祀灶神、门神、土神、财神等，灶神能保佑人们生活越来越好；门神，可以驱鬼辟邪，保佑平安；土神可以保佑新年有好收成；财神可以保佑人们发大财。

二、节庆开展期

从除夕那天算起，到大年初三，可以说是春节节庆的开展期，也是春节的高潮期。期间人们与家人一起，尽情欢乐，聚首闲聊过去一年的种种趣事，许下新年的愿望。这个辞旧迎新的重要时间段，对中国人来说，具有非凡的意义。

（一）包饺子、放爆竹与守岁

“年三十，包扁食”，扁食，即饺子。饺子起源于东汉时期，为医圣张仲景首创。饺子是一种历史悠久的民间吃食，深受老百姓的欢迎，民间有“好吃不过饺子”的俗语。每逢新春佳节，饺子更是一种应时不可缺少的佳肴。据史料记载：“元旦子时，盛馔同离。如食扁食，名‘角子’，取其更岁交子之义。”新春佳节人们吃饺子寓意吉利，以示辞旧迎新。俗话说，“大寒小寒，吃饺子过年”。到了大年三十的晚上，最重要的活动就是全家老小一起包饺子。在旧时代华中地区的农村，饺子是一种“非日常”的食物，主要用来招待客人或逢年过节时改善生活。包饺子一般是从腊月三十下午开始，而准备工作如剁肉馅儿等则在当日上午进行。除夕的饺子，是伴随着辞旧迎新的鞭炮声下入锅内的。煮除夕的饺子也有讲究。锅里煮饺子时，不能用勺子乱搅动，而要顺着一个方向，贴着锅沿儿搅动。煮好的头一碗饺子先要上供，奉先祖、供诸神，以体现中国传统的孝道，也是一种最为原始的崇拜和祈福，寄托着家人们祈求祖先和神灵护佑，对未来美好生活的向往。到了每年年三十的时候，是新旧两天的更替，更是新旧岁的更替，中国人叫“交子”。这是辞旧迎新的时间界限，在这个时候搞一项仪式来祈求来年的吉祥如意，饺子和“交子”正好谐音，所以人们慢慢形成在春节、大年初一时，在交子这个时刻吃饺子的习俗。

和全国过年的风俗一样，华中地区民间也素有“开门爆竹” 说。爆竹又称

"炮竹""爆仗""爆竿"，是中国特有的东西，最早的爆竹主要用来驱邪，后来逐渐演变为一种群众性娱乐工具，用以增加节日的热闹气氛。中国人春节放爆竹由来已久，据《荆楚岁时记》记载："正月初一，鸡鸣而起，先于庭前爆竹，以辟山臊恶鬼。"人们春节在自己家庭院前放爆竹，主要是为了"辟山臊恶鬼"。据说人们一旦遇到这种鬼就会生一场大病，但这种鬼害怕大的响声，所以人们就在新年之际放爆竹，爆竹响声震天，恶鬼就不敢来了，以此来祈福求平安。人们用噼噼叭叭的爆竹声辞旧迎新，这便是"爆竹声中辞旧岁"。

除夕守岁是最重要的年俗活动之一，守岁之俗由来已久。古时候的守岁有两种含义：年长者守岁为"辞旧岁"，有珍爱光阴的意思；年轻人守岁，祈祷延长父母寿命。自汉代以来，新旧年交替的时刻一般为夜半时分。最早的记载见于西晋周处的《风土志》:除夕之夜，各相与赠送，称为"馈岁";酒食相邀，称为"别岁"；长幼聚饮，祝颂完备，称为"分岁"；全家老少终夜不眠，以待天明，称曰"守岁"。民间俗语曰"一夜连双岁，五更分二天。"除夕之夜，全家团聚在一起，吃过年夜饭，点起蜡烛或油灯，围坐炉旁闲聊，通宵守夜，等着辞旧迎新的时刻，象征着把一切邪恶、瘟疫、疾病赶跑驱走，期待新的一年吉祥如意。唐太宗李世民写有《守岁》诗："寒辞去冬雪，暖带入春风。"直到今天，人们还习惯在除夕之夜守岁迎新。

（二）年夜饭

年夜饭，是年节习俗之一，又称年晚饭、团年饭、团圆饭等，特指年尾除夕的阖家聚餐。吃年夜饭，是春节家家户户最热闹的时候，大年夜，家家美味佳肴，相聚一起酣饮，吃年夜饭将节日气氛推向高潮。

年夜饭源于古代的年终祭祀仪，拜祭神灵与祖先后团圆聚餐。年夜饭是年前的重头戏，不但菜式丰富多彩，而且很讲究意头。吃年夜饭前先拜神祭祖，待拜祭仪式完毕后才开饭。席上一般有鸡（寓意有吉）、鱼（寓年年有余）、蚝豉（寓好市）、发菜（寓发财）、腐竹（寓富足）、莲藕（寓聪明）、生菜（寓生财）、生蒜（寓会计算）等以求吉利。中国人的年夜饭是家人的团圆聚餐，这顿是年尾最丰盛、最重要的一顿晚餐，代表着家庭成员的互敬互爱，这种互敬互爱使一家人之间的关系更为紧密。

中国的春节，“吃”往往会成为大部分人节日期间的主要活动，一家人围坐在热气腾腾的饭桌旁，就是透着那么一股喜庆热闹劲儿，这可以算是中国民间过年的最大特点之一了。“民以食为天”这句话似乎在春节这个传统佳节更加显得入情入理。

（三）作揖拜年与压岁钱

“年初一，来作揖”，正月初一，是农历新年的第一天。爆竹声后，碎红满地，灿若云锦，称为“满堂红”，此时，满街瑞气，喜气洋洋。家中的晚辈要给家中的长辈作揖拜年，长辈要给孩子压岁钱。据说压岁钱的最早起源是为了辟邪，因“祟”与“岁”谐音，晚辈拿到压岁钱就可以平平安安度过一年。最早的压岁钱出现于汉代，也叫厌胜钱，这种钱不是在市面上流通的货币，而是为了佩戴玩赏而专门铸成钱币形状的避邪品。唐代的春节在“立春日”，是宫内互相朝拜的日子，散钱之风盛行，但民间并没有此种习俗。

宋元之后，正月初一取代立春日，称为春节。春日散钱的风俗就演变成为给小孩压岁钱的习俗。清富察敦崇《燕京岁时记》记载压岁钱说：“以彩绳穿钱，编作龙形，置于床脚，谓之压岁钱。尊长之赐小儿者。亦谓压岁钱。”民国以后，则演变为用红纸包一百文铜圆，其寓意为“长命百岁”。20世纪60年代，压岁钱一开始只是糖果，那时多数家庭的经济状况很差，一年内能见到糖的时候并不多，用几块糖替代“压岁钱”就很不错。70年代后期开始，压岁钱真的是“钱”，大约是几毛钱，家长随便塞给孩子说一句“去买鞭炮吧”“去买糖果吧”。随着时代的变化和科技的发展，压岁钱的数额在变大，形式也更加多样。现在中国人给压岁钱的方式除了现金红包，还有微信红包、支付宝红包等等。

（四）回娘家与祭先人

“年初二，迎婿日”，正月初二，是出嫁的女儿回娘家的日子，夫妇同行来娘家，所以俗称“迎婿日”。回娘家时要携带礼品和红包，分给娘家的小孩子们，并且要在娘家吃午饭。女儿先回娘家看望父母之后，接下来可以拜访其他亲朋好友。大年初二回娘家的习俗，提供了一个聚会的机会，让许久未见的姊妹们有了叙旧情、话家常的机会。

“年初三，祭先人”，正月初三，俗称“赤狗日”。赤狗是熛怒之神，是古代谶纬家所谓的五帝之一，即南方之神，主司夏天。因此这天通常不会外出拜年，以避免与人发生口角争执。

三、节后延续期

从正月初四算起，到正月十五的元宵节，甚至是到正月底，都可以说是春节的延续。就像中国传统文艺审美中说的“余味”，中国的春节也绝不会过了大年初一之后便戛然而止。俗话说“正月里是新年”，在这延续期间也有许多重要的习俗。

（一）破五与人日

“年初五，来破五”，正月初五，俗称“破五”节，因民间认为之前诸多禁忌过此日皆可破而得名。这一天承载了人们太多的希望与憧憬，在古代这一天的禁忌特别多，比如这一天必须吃饺子，不能用生米做饭、不准妇女串门等诸多禁忌在过了初五之后即告解除，故而称此日为“破五”。《燕京岁时记》中说：“初五日谓之‘破五’，‘破五’之内不得以生米为炊，妇女不得出门。至初六日，则王妃贵主以及宦官等冠帔往来，互相道贺。新婚女子亦于当日归宁，而诸商亦渐次开张贸易矣。”有的地方还时兴“赶五穷”的风俗。“五穷”也叫作“五鬼”。指“智穷、学穷、文穷、命穷、交穷”等五种穷鬼。唐代韩愈《送穷文》曰：“凡此五鬼，为吾五患。”所以要客客气气地送而走之。民间老百姓是实话实说“赶五穷”“填穷坑”，而且动用爆竹扫帚送出去。这反映了人们普遍希望辞旧迎新、送走旧日的贫穷困苦，迎接新一年的美好生活的传统心理。

“年初七，过人日”，传说女娲创造万物生灵的时候，先造了六畜，后造了人，因此初一到初六都是六畜之日，初七则为人的生日，又被称为“人日节”。依据华中地区的传统习俗，如果这日天晴，则代表人身安适无虞；如果是阴雨或刮风，则预示着将有疾病瘟疫发生。初七又称“七煞日”，许多事情都不宜在这天进行，尤其应避免外出远行。

（二）舞龙舞狮

舞龙舞狮来源于中国古代舞蹈，它是中国春节特有的娱乐活动，现在世界各地有华人的地方都遍布它的踪迹，成为外国人最为熟知的中国习俗之一。龙是中华民族的图腾，它象征着吉祥和至高无上，传说中的龙会兴云作雨，因此最早的龙舞是用来祈雨或者驱虫的。它在汉代已经有了比较完整的形式，《春秋繁露》就有记载人们祈雨时“春舞青龙，夏舞赤龙，秋舞白龙，冬舞黑龙”的情形。经过几千年的发展，舞龙也有着各种各样的形式，现在人们最熟悉的一种是龙灯。龙灯使用的道具是由竹篾编制而成的龙和一颗龙珠，龙身由很多节组合而成，每节相接之处又用绸缎包裹相连起来，每一节的里面都会有一个灯烛，下面连着用来舞动的木棍。表演的时候，一人拿着球形的彩珠“龙珠”在龙头前舞动，后面舞龙的人则表演抢龙珠的动作。此外还有布龙、草龙、水龙等，如广为人知的“二龙戏珠”就是用布龙表演的一项节目。

（三）逛庙会

庙会是宗教文化与岁时风俗相结合的产物，是中国人最为喜爱的民俗活动之一。人们在节日期间在寺庙及其附近集会，并进行祭祀神灵或购物等活动。庙会最早主要是以祭祀神灵、辟邪纳福、祈求平安为主。后来随着时代的发展，庙会逐渐与经济贸易相互融合，附近成了集市贸易的重要场所，这也为庙会增加了更多的娱乐气氛。现在春节逛庙会已经是中华民族重要的年俗之一了。除此之外中国大型的户外娱乐活动还有耍社火、扭秧歌等。

（四）元宵与放灯

“正月十五好热闹，吃罢元宵看花灯。”正月是农历的元月，古人称夜为“宵”，所以称正月十五为元宵节。正月十五日是一年中第一个月圆之夜，也是一元复始、大地回春的夜晚，人们对此加以庆祝，也是庆贺新春的延续。元宵节又被称为“上元节”，按民间传统，在皓月高悬的夜晚，人们要点起万盏彩灯，以示庆贺。

“年三十的烟火，正月十五的灯。”元宵节的灯是春节最为热闹的“压轴戏”。放灯的习俗大约始于东汉，在唐代发展成为盛况空前的灯市。唐玄宗在位期间

（公元 685—762 年）号称开元盛世，长安的灯市规模很大，灯会期是“上元前后各一日”。宋代的元宵灯会，规模和灯饰的奇幻精美都胜过唐代，而且活动更趋于民间化，在十六之后加了两日，明代则延长到由初八到十八整整十天。民间的灯会十分壮观，一直延续到今天。灯在民间有着“光明”与“添丁”的含义，点燃灯火就会照亮前程。

从准备期到开展期，再到延续期，春节的民俗活动持续一个月左右。这段时间是聚会的良机，亲友相聚，其乐融融。热烈的贺岁礼仪，不仅巩固了家族亲人间的关系，增进了家人之间的感情，而且增加了人们对新的一年的期盼。

第四节　春节的文化内涵

春节在传承的过程中一直在演变，如今不仅成为中国人生活中不可或缺的重要组成部分，更成了中华民族传统文化的标识。民间有关“年节”的传说尤为丰富，春节的习俗也是各种各样，其中蕴含着民众自身对于春节习俗及其文化内涵的理解。节庆作为最重要的全社会仪式庆典，是一个国家的民众实现文化认同、身份认同、民族认同的重要契机。在全球文化交流碰撞加剧的背景下，充分了解、正确看待中华民族的传统节日显得尤为重要。

春节的文化内涵非常丰富，很多学者做过深入的阐述。如张慧敏先生指出：“一是辞旧迎新，打上一个人生的结，分开过去和未来。二是祭祀缅怀祖宗之德，承继先人之志，融通天地万物，期盼人生幸福。三是宗亲礼仪往来，安排人生秩序，联络世代亲情，找到人生定位，担负社会责任。四是民间娱乐，扩大社会交往，播撒传统文化，宣泄感情之波，体味生活之乐。”

一、春节习俗中的生命意识

“一要生存，二要繁衍，这是人类发展的基本要求，因此生命意识与繁衍意识也就成为人类发展的基本文化意识。实际上繁衍意识也是生命意识，是生命的无限延续。”当中国人民欢欢喜喜庆祝春节的时候，这其中其实有着一种沉重的生命意识。

生命意识是人类的基本文化意识。从古至今，人类对生命的存在和生命的繁衍从未停止过思考和追求，生命意识不仅是现代人的基本观念和追求，更是在古人的思维中极为凸显的一种意识。具体来说，生命意识是以中国传统哲学为基础的生命观——对生命的存在和长生不老、子孙繁衍、灵魂永生的祈求。

（一）“载”的解释所蕴含的生命意识

春节这一和人们生活密切相关的节日，从其起源就包含着浓厚的生命意识。而春节最初的名称——“载”就蕴涵着古人对生命的理解和对维持生命存在的重视，体现了古人最初的生命意识。

关于“载”,《尔雅·释天》曰“载，岁也。注曰载，始也，取物终更始之义”。载即始，载即岁，载、岁都是始之义。《诗经·豳风》曰“春日载阳”，“载”也是始的意思。“载”“取物终更始之义”，而古人以“观物取象”的方法取法自然，把自然之始亦当作人之始。这是古人对生命和生活的一种体验，与今天人们把春节当作时间上一个新的阶段的开始、当作人生中一个新的开始一样。古人对“载”的解释体现出他们对生命的最初的理解。

（二）祭祀习俗中的生命意识

祭祀是春节民俗的主题，祭祀习俗包括祖先祭祀、祭灶、图腾祭祀等。这些祭祀习俗尽管各不相同，但都体现出一个共同的生命主题，或体现出灵魂永生的信仰，或祈求子孙繁衍、长命百岁，具有鲜明的生命意识。

早在我国周代就有关于祖先祭祀的文字记载，其时的祖先祭祀与原始社会的灵魂崇拜与祖先崇拜密不可分，是原始社会灵魂崇拜和祖先崇拜的遗留和发展。由于历史发展的惯性和继承性，历代春节均有祭祖的习俗。时至今日，每到春节，民间仍保留着祭祀祖先的传统，祭祖是春节民俗中最主要的内容和各种祭祀活动中最重要的活动。祭祖主要有家中祭祖、祖坟祭祖两种方式。祖先祭祀实际上是一种祖先崇拜，它是由灵魂崇拜发展演变而来的，祖先崇拜除了被附加上更多的善的因素和主观愿望之外，其本质仍然是一种灵魂崇拜，灵魂不死是灵魂崇拜和祖先崇拜共同的本质，也是原始思维的基本特征。

总之，祭祀祖先实质上是对已逝祖先的亡灵的祭奠。人们相信祖先的灵魂是永生不死的，通过祭祀就可以得到祖先的庇护。人们脑海中蕴含的灵魂不死的信仰是祭祖仪式从古至今代代相传、历久不衰的根本原因。

（三）门神、年画中的生命意识

1. 门神起源与灵魂永生

门神起源甚早，这和古人的灵魂观有直接关系。古人认为人死后虽然肉体没有了但灵魂依然存在，还会对人造成影响。门神最早就是用来驱鬼防鬼的。《论衡·订鬼》引《山海经》云："立大桃人，门户画神荼、郁垒与虎，悬苇索以御凶魅。"此时的门神并不是买来或画好贴上去的，而是直接画到门上，但其驱鬼的意图很明显。到晋代门神就变成了绘好的神荼、郁垒像，并且出现了门神的说法。晋·梁代《荆楚岁时记》载："正月一日……贴画鸡，或斫镂五采及土鸡与户上，造桃板著户，谓之仙木。绘二神贴户左右，左神荼，右郁垒，俗谓之门神。"此时的门神和现在的一样都是先制作好然后贴在门板上。到了唐代，因为秦叔宝、尉迟敬德是骁勇善战的将军，连鬼都怕他们，所以以二人的形象作为门神像。后来受"钟馗打鬼"故事的影响，人们又把钟馗奉为门神了。不难发现，门神的起源和发展均围绕着御鬼、驱鬼这一主题，其深层次原因是人们心中灵魂永生的观念。

2. 年画中祈求子孙繁衍的生命意识

在此年画主要指民间春节期间张贴的灶王爷、财神爷、天地爷、牛马王爷等神像。现在民间很多地方只有这些还保留着木版印刷的传统，它们还保留着传统年画的风格和特点，也最能体现出年画的传统和特色。在中国民间，每到年三十贴春联的时候要贴年画，贴灶王爷就是所谓的"接灶"。灶王爷像的特点是最上方是本年的阴历日历，上面标注着二十四节气，以供农事参考，往下是灶王爷的神像，旁边各绘一株摇钱树，上面挂满了铜钱神像，再往下是一个聚宝盆，灶王爷端坐在聚宝盆上。

年画的典型特征和意义所在便是摇钱树和聚宝盆。关于摇钱树的记载最早见于《三国志·邴原传》注引《邴原别传》，"尝行而得遗钱，拾以系树枝，此钱既不见取，而系钱者逾多。原问其故，答者谓之社树，原恶其由己而成淫祀，乃辨之，于是里中遂敛其钱以为社供”。最早的摇钱树是社树，因把钱系于其上钱会增多，所以被人们视为摇钱树。“摇钱树”和“聚宝盆”世俗文化的盛行是从宋代开始的。由太阳变成铜钱，钱树座变成聚宝盆是时代发展的必然结果。宋代工商业发达，货币流通比较快，对经济利益的追求是大多数人的选择，所以原本代表生命之神的太阳变成了世俗化的铜钱。这既是原始生命观向货币本位观念的转化，又是太阳同心圆观念向天圆地方的哲学观念的转化。生命意识和商品意识在这里合二为一，生命和金钱紧密相连，金钱意识掩盖了生命意识，但其核心仍然是生命永生的意识观念。

（四）舞龙灯与生命意识的张扬

舞龙灯是中国春节的传统活动，至今每到大年初一和正月十五，民间到处都有舞龙灯活动。舞龙灯的最早起源可追溯到上古时期。传说，早在黄帝时期，在一种“清角”的大型歌舞中，就出现过由人扮演的龙头鸟身的形象，其后又编排了六条蛟龙互相穿插的舞蹈场面。最早文字记载的龙舞，见于汉代张衡的《西京赋》，作者描写了“海鳞变而成龙”的节目，在铺叙中对龙舞做了生动的描绘。舞龙灯的前身应该就是汉代的“鱼龙漫衍”之戏。而据《隋书·音乐志》记载，隋炀帝时类似百戏中龙舞表演的《黄龙变》也非常精彩，“又有大鲸鱼，喷雾翁日，倏忽化成黄龙，长七八丈，耸踊而出，名曰《黄龙变》。又以绳系两柱，相去十丈，遣二倡女对舞绳上，相逢切肩而过，歌舞不辍”。龙舞流行于我国很多地方，作为一种传统，历代都有表演。

舞龙灯作为中国人喜爱的传统活动，至少已经有两千多年历史了。为什么老百姓喜欢舞龙灯呢？这与人们心目中龙的形象密切相关。在后世人们一直把龙作为一种具有神性的动物，把它看作是吉祥的象征。在人们的观念中，龙的象征意义主要有三种，把龙当作祥瑞的象征、把龙当作专制皇权的象征、把龙当作民族文化的象征。

“舞龙”包含“风调雨顺”“国泰民安”的意思，用来“祈年”。龙在民间是一种神——水神，俗称龙王爷，它主管雨水，事关农业的丰歉。民间设有龙王庙，所以每到干旱时节，民间有到龙王庙求雨的习俗。据史料看来，这也不纯粹是一种迷信。甲骨卜辞“其乍作龙于凡田，又有雨”。《淮南子·地形训》曰：“土龙致雨。”如此，龙被古人奉为“吉物”，出现在庆典祭祀中，自然也不足为奇了。我国自古就以农业为本，而要想获得农业丰收就必须风调雨顺，所以人们非常崇拜“龙”的本领。一年之计在于春，人们在一年的开始敬重“龙”就很正常了。春节期间人们喜欢舞龙灯，并且久传不衰，正是出于龙在人们心目中的祥瑞形象和这种深层的心理原因。

二、家庭团圆与集体合作

（一）家庭团圆与亲族和谐

伴随着私有制和阶级的出现，中国原始氏族社会开始解体，其最后一位华夏部落联盟首领禹传位给了自己的儿子启，开始了“父传子，家天下”的王位继承制。后来又由于“分封制”的确立和儒家正统地位的形成，家庭成了中国一个最重要、最基本的单位。从古至今，中国人都是“每逢佳节倍思亲”，在春节的除夕之夜，更是要吃上一顿“团圆饭”，一家的老老少少都团聚在一起。即使是到了繁忙的现代社会，人们还是对“回家过年”充满了期盼，所以每到腊月底正月初便会出现“春运”这一大迁徙的盛况。

到了今天，恐怕没有哪一个节日能像春节这样，让一家人最大限度地聚在一起。无论是古代人的集体守夜、围炉夜话，还是现代人的全家观看“春晚”、走亲访友的拜年，都促进了家庭团圆与亲族关系的和谐，对中国社会及中国人的精神有着重要的意义和深远的影响。

（二）“合作”意识的原始形式

与春节传说遥相呼应的是，从民间传说探析春节文化内涵，也能找到群体的印迹，表现出强烈的群体意识。“团拜”是古代春节的一种习俗，这种民俗现象在周代就有了明确的记载。当时，每到春节期间，从中央到地方，都要汇聚在一起举行盛大的庆祝活动。中央的庆祝活动称为“朝正”，朝即朝贺，正即一年的开始。《左传·文公四年》载：“昔诸侯朝正于王，王宴乐之，于是乎赋《湛露》，则天子当阳，诸侯用命也。”团拜是春节的传统庆贺方式，历史上曾有过很多种类型。从其具体含义来分，有围成一团互行拜礼的团拜，有会聚一起互相祝贺的团拜。后来，随着生产力的提高，社会的不断发展，人们的视野也慢慢变得开阔，但其乐融融的亲族和谐是中国人民不变的向往，如今人们所深信的“家和万事兴”也正是合作意识的一种体现。

三、惩恶扬善——对真善美的终极追求

春节的年俗中包含着一种惩恶扬善的期许，体现着人们对“真善美”的追求。“善与恶”的二元对立在春节传说中表现得淋漓尽致，这充分说明先民们已经有了非常分明的善恶观。从人物形象性格到故事内容结局，都体现了民间“善有善报、恶有恶报”的因果报应思想。从与“年”为代表的一系列恶魔作战的过程中，我们看到了先民们的勇敢、智慧，从中更折射出其战胜困难、战胜自然的决心与信念。

中华民族素有追求真善美的传统，传统的书法、绘画、园林、建筑、服饰等，都可以独具“中国美”。春节来源于生活，而又超越了日常生活，它高度浓缩且立体呈现了中国文化传统。从文化人类学的角度来看，春节文化属于礼俗文化，处处洋溢着和谐美。例如，春节日期的确定就兼顾了太阳和月亮二者的运行情况，追求阴阳调和、天人合一。在节日的选择上取“月日同数”——正月正，这恰恰应了中国“好事成双”的俗语。

在长期的生活中，中华民族不知不觉形成的审美价值取向，又在潜移默化中得以传承。

四、记忆的根——民族共同体的认同

中国地域广阔、人口众多，然而，在每年的同一时刻，超越时间、空间的界限，人们都不约而同地在做着同一件事——欢度春节，仅这种现象本身就值得我们思考。春节民俗及其传说构成了中华民族共同的历史记忆和文化认同基础。

正是包括春节在内的中华传统节日，在每年的特定时候，将全体中国人高度

统一起来——全社会在同一个时刻按照同一种方式行事。通过这种全社会性的公共仪式活动，人们的行为模式和精神认知达到了高度一致，一个民族的历史记忆和文化认同因此而不断得到强化。民族共同体成员的文化心理共识必定会带来社会身份的认同，最后通过文化心理共识和社会身份认同，在国际通行的现代国家体制之下达到国家认同的高度。正如吴叡人先生翻译的《想象的共同体》一书的导读部分所讲的那样:“安德森虽然认为‘民族’是一种现代的‘文化的人造物’，但他并不认为这个‘人造物’是‘虚假意识’的产物。‘想象的共同体’不是虚构的共同体，不是政客操纵的人民的幻影，而是一种与历史文化变迁民间文化论相关，根植于人类深层意识的心理的建构。”难免有人会把古老的春节传说视为先民们的童稚之言，而事实上，它们所讲述的早已超出了内容本身，从某种意义上来说，它们所表达出来的含义触及中华民族历史文化记忆的根。

岁时节日是最能体现民族文化传统生命力的时间点，是一个国家、一个民族、一种文化精髓的重要载体，是共有精神家园的确切域界。如果我们的后辈不再了解民族传统节日的意义，不懂得其中的深邃文化内涵，那么，我们丧失的将不仅仅是一个节日、一种仪式，我们丧失的将是一个民族的文化传统和共有的身份认同。

参考文献

[1] 李英儒 . 春节文化 [M]. 太原：山西古籍出版社，2003.

[2] 刘彩清 . 对“年”兽故事的精神分析 [J]. 贵州民族学院学报,2010(6).

[3] 程裕祯 . 中国文化要略 [M]. 北京：外语教学与研究出版社，2011.

[4] 韩养民，郭兴文 . 节俗史话 [M]. 北京：社会科学出版社，2011.

[5] 杨景震 . 中国传统岁时节日风俗 [M]. 西安：西北大学出版社，2005.

[6] 郭璞 . 尔雅 [M]. 杭州：浙江古籍出版社，2011.

[7] 许慎 . 说文解字 [M]. 北京：中华书局，2004.

[8] 红苇 . 年的三副面孔 [M]. 北京：社会科学文献出版社，2010.

[9] 宋月航，匡野 . 中国人应知的节日与习俗 [M]. 北京：中华书局，

2017.

［10］梁漱溟 . 中国文化要义［M］. 上海：上海世纪出版集团，2005.

［11］王景琳，徐匋 . 中国民间信仰风俗词典［M］. 北京：中国文联出版社，1992.

［12］中国节俗文化丛书委员会 . 中国节俗文化［M］. 北京：外文出版社，2010.

［13］王娟 . 中国的春节［M］. 北京：北京大学出版社，1995.

［14］段宝林 . 中国古代的狂欢节——春节、蜡祭与傩［J］. 中国文化研究，1996（2）.

［15］徐华龙 . 春节源于鬼节考［J］. 浙江学刊 .1997（3）.

［16］高春霞 . 中国文化与生命意识［D］. 兰州大学 .

［17］杜台卿 . 玉烛宝典［M］. 上海：华东师范大学出版社，2017.

［18］司马迁 . 史记［M］. 北京：中华书局，2014.

［19］孟元老 . 东京梦华录［M］. 郑州：中州古籍出版社，2010.

［20］葛云 . 从文字训诂的角度考辨春节起源与年兽传说［J］. 闽江师范学院，2013，34.

［21］范晔 . 后汉书［M］. 北京：中华书局，2012.

［22］钟敬文 . 民间文学概论［M］. 上海：上海文艺出版社，1980.

［23］罗启荣，阳仁煊 . 中国传统节日［M］. 北京：科学普及出版社，1986.

［24］胡朴安 . 中华全国风俗志［M］. 石家庄：河北人民出版社，1986

［25］姜彬 . 中国民间文学大辞典［M］. 上海：上海文艺出版社，1992.

［26］杨琳 . 中国传统节日文化［M］. 北京：宗教文化出版社，2000.

［27］乌丙安 . 民俗文化新论［M］. 沈阳：辽宁大学出版社，2001.

［28］萧放 . 岁时——传统中国民众的时间生活［M］. 北京：中华书局，2002.

［29］黄景春 . 民间传说［M］. 北京：中国社会出版社，2006.

［30］宗懔 . 荆楚岁时记译注［M］. 谭麟，译注 . 荆门：湖北人民出版社，

1985.

［31］萧放．春节习俗与岁时通过仪式［J］．北京师范大学学报：社会科学版，2006（6）．

［32］王霄冰．节日：一种特殊的公共文化空间［J］．河南社会科学，2007（4）．

［33］李志慧，李伟．节日饮食［M］．西安：西北大学出版社，2007.

［34］陈尚古．簪云楼杂说［M］．杭州：浙江古籍出版社，2014：176.

［35］董仲舒．春秋繁露［M］．北京：中华书局，2012：129.

［36］富察敦崇．燕京岁时记［M］．北京：北京出版社，1961：21.

［37］吴自牧．梦粱录［M］．西安：三秦出版社，2004：28.

［38］应助．风俗通义［M］．北京：中华书局，2013：78

［39］乔继堂．细说中国节［M］．北京：九州出版社．2006.

［40］张海英．中国传统节日与文化［M］．太原：书海出版社．2006.

［41］宋兆麟、李露露．中国古代节日文化［M］．北京：文物出版社，1991.

［42］王景琳．中国民间信仰风俗辞典［M］．北京：中国文联公司，1992.

［43］孙希旦．礼记集解［M］．北京：中华书局，1989.

［44］郝铁川．灶王爷、土地爷、城隍爷——中国民间神研究［M］．上海：上海古籍出版社，2003.

［45］厍雅楠．中国传统节日文化的价值及其弘扬［D］．宁波大学硕士学位论文，2012.

［46］萧放．传统节日：一宗重大的民族文化遗产［J］．北京师范大学学报：社会科学版，2005.

［47］王文章，李荣启．中国传统节日的文化内涵［J］．艺术百家，2012（3）．

［48］郭强．传统节日的文化传承——以春节为例［J］．文化软实力研究，2018（3）．

［49］邱馨莹．中国传统节日文化及其弘扬［D］．大连交通大学，2016.

第二章　元宵节

元宵节，又叫上元节、灯节，最早来源于道教的陈规。道教把农历正月十五称为上元节，七月十五称为中元节，十月十五称为下元节。但在古代民间，元宵节实际上是春节喜庆活动的又一个高潮。在这一天里，人们要张灯结彩，进行猜谜活动，还要吃元宵、包饺子。元宵节张灯为戏之俗始于汉朝，到了唐代盛况空前，如杨贵妃的二姐“韩国夫人，置百枝灯树，高八十尺，竖之高山，上元夜点之，百里皆见，光明夺目也”。猜灯谜是随着元宵花灯活动开展起来的一种游戏，在南宋时非常流行，“有以绢灯剪写诗词，时寓讥笑，及画人物，藏头隐语，及旧京诨语，戏弄行人”。古代许多文人都是制谜猜谜专家。流传下来的谜语也有不少是极富特色的艺术珍品。

第一节　元宵节的起源

一、前言

元宵节是我国重要的传统节日，因为习俗、起源等多种因素，又被称为小正月、灯节、上元节、元夕等。它是每年春节过后的第一个重要的传统节日，定在每年农历的正月十五。它以美好的寓意和特殊且丰富的节日活动而备受广大人民群众的喜爱，是春节的延续。中国春节的热闹气息大多会在元宵过后慢慢消散，因此人们通常会在元宵佳节这一天张灯结彩、齐聚一堂，进行狂欢。那么这样一个喜庆、美好、充满狂欢意义的节日到底是何起源呢？目前学术上针对元宵节起源，比较广为人知的有五种说法，分别是西汉祭祀太一神起源说、道教起源说、佛教起源说、灯火祭神起源说、农业祭祀起源说，本节将对这五种起源进行解释和辨析。

二、元宵节起源的几种说法

（一）西汉祭祀太一神起源说

这一说法是学者们比较认可的一种起源说。这种起源说来自于司马迁的《史记·乐书》，据其记载："汉家常以正月上辛祠太一甘泉，以昏时夜祠，到明而终。常有流星经于祠坛上。使僮男僮女七十人俱歌。春歌《青阳》，夏歌《朱明》，秋歌《西皞》，冬歌《玄冥》。世多有，故不论。"后世也常以其为元宵节起源，如宋代洪迈在《容斋随笔·上元张灯》中提到："汉家常以正月上辛祠太一甘泉，以昏时夜祠到明，今人望日夜游观灯是其遗事。"宋代朱弁《曲洧旧闻》也说："上元张灯，自唐时沿袭汉武帝祠太一自昏至明故事。"王三聘的《古今事物考》沿用了这种观点。在多方引用论证以及历史的沉淀作用下，这种说法越来越有影响力，越来越为人们所接受，逐渐便成了目前最有影响力的元宵节起源说之一。

（二）道教起源说

道教作为中国的传统宗教之一，其影响力可谓颇为深远，且因为其宗教性质，我国大多数传统节日都有它的影子，会被它或多或少地影响，元宵节也不例外。元宵节又称上元节，是道教三元节之一。据《岁时广记·卷一》引吕原明《岁时杂记》记载："道家常以正月十五为上元。"且南北朝所出《三元玉京玄都大献经》说："天地水三官考校功过，毫分无失。所言三元者，正月十五日为上元，即天官检勾；七月十五日为中元，即地官检勾；十月十五日为下元，即水官检勾。"清代顾禄《清嘉录》说："遇三元日，士庶拈香，骈集于院观之有神像者……归持灯笼，上御'三官大帝'四字，红黑相间，悬于门首，云可解厄。"南宋吴自牧在《梦粱录》中载"正月十五日元夕节，乃上元天官赐福之辰"，而道教传记《汉天师世家》中言祖天师"汉建武十年正月十五夜生于吴之天目山，黄云覆室，紫气盈庭”。这许许多多的道教经文以及书籍记载都将元宵节和道教进行了紧密的关联。

（三）佛教起源说

佛教作为世界三大宗教之一，在进入中国进行本土化改革后，影响巨大，因此佛教所提出的元宵起源论也颇为人们所认可。据《岁时广记·卷一》引《僧史略·汉法本传》云：“西域十二月三十日，乃中国正月之望，谓之大神农变月。汉明帝令烧灯，以表佛法大明。”唐朝的《大唐西域记》说：“摩竭陀国正月十五日僧俗云集，观佛舍利放光雨花。”宋代高承《事物纪原》说：“西域十二月三十乃汉正月望日，彼地谓之大神变，故汉明令烧灯表佛。”这些记载都证明元宵节赏灯这一习俗最早可以追溯到东汉明帝时期，且在此之后，这一佛教礼仪节日逐渐演变成盛大的民间节日，也就是元宵节。

（四）灯火祭神起源说

这一说法认为元宵节的起源应该上溯到先秦燎天祭祀，燎为燎祭，为古代的祭祀仪式；天，即天神。据《周礼·春官·大宗伯》说：“以禋祀祀昊天上帝，以实柴祀日、月、星、辰。”说明在先秦时期就有着灯火祭祀的习俗，人们用柴火祭祀天神，形成庭燎。这一庭燎在后期发生变种，如明代高谦《四时幽赏录》说：“除夕，唯杭城居民家户架柴燔燎，火光烛天，挝鼓鸣金，放炮起火，谓之松盆。”《帝京景物略》描述除夕“夜以松柏枝杂柴燎院中，曰烧松盆，熰岁也”。而我们之前所提到的关于西汉太一神祭祀的记载，也被认为是对庭燎的承启。由此可得西汉祀太一神活动，上承先秦庭燎祭仪，下启元宵灯节民俗活动，从而证明元宵灯节最初始的源头为先秦庭燎祭仪。

（五）农业祭祀起源说

农业祭祀起源说认为元宵节最初的起源应该与古代农业祭祀有着直接的联系。据 1914 年《和顺县志》中记载：“十五日‘上元节’里巷立社，蒸层糕插连藁谷供神，逐门张灯三夜，以祈丰年。”1929 年《辽州志》中记载：“元宵，里巷门首张灯火，村中多立社，点九曲灯。蒸层糕，插谷穗供神前，祈丰登之意。”通过这些文献记载，我们可以论证元宵节与农业祭祀活动存在内在关联。再者，根据《礼记·月令》“孟春，天子以元日祈谷于上帝”的记载，可以得知春季农业祭祀活动中的“元日祈谷”是在“孟春元日”进行的，但元日具体是哪一天，暂无直接史料进行定论。为此有学者引用《礼记·王制》“元日习射上功，习乡上齿”，确定在元日这天要行乡饮酒礼和射礼，其目的是为了向年长的人表示尊重，同时弘扬“尚武”精神。再根据黄佐《泰泉乡礼》：“凡正月元夕为岁始，腊月大傩为岁终，亦许会饮于社。教读制相戒之词，以见无已太康之义。或令童生歌《七月》之诗一阕，或习士相见礼，或行投壶礼，或行乡射礼。务在雍容揖逊，敦从古雅。须用歌咏劝酬，使人观感，不得酣唱邪曲，演戏杂剧，以导子弟未萌之欲。若为贪图口腹，喧哗较论短长，及科逼贫人财物者，众共斥之。”可以知晓，这一乡礼是“元日习射上功，习乡上齿”的延续，由此可以推断出元日与元夕，也就是元宵节，有着渊源关系。

三、元宵节起源说法浅析

以上五种对于元宵起源的解释，都有一定的依据，但也存在一些疑点，有以下几处可以商榷的地方。

首先是西汉太一神祭祀起源说，关于这一起源说的最直接的证据来自于司马迁的《史记·乐书》，但是据学者韩梅的考究认为，正月上辛据史料来推断应该是正月初一到正月初十中间的一天，而不是正月十五，也就是说从节日时间上来说，太一神祭祀时间与元宵节时间并不相同，两者不应该混为一谈。

其次是道教起源说和佛教起源说，目前能作为直接证据来证明元宵节起源于道教或者佛教的资料，基本上来自于道教经书、佛经之类的文献材料，这类材料的最大问题在于其资料的真实性有待考证，存在一定的伪造和强加附会的可能性。

现代学者提出的灯火祭神，这种起源的论证存在一定的道理，也为当今学术界所认可，但是仍然存在一定缺陷。灯火祭神起源论，它将太一神祭祀起源进行了进一步推演，追溯到了先秦的燎祭，然后从燎祭推导出了庭燎，并引申出庭燎是正月上辛的祭天活动的前身，然而这一推导并未给出直接的证据来论证庭燎是燎祭的变种，其推导缺乏严谨性。

最后则是农业祭祀起源说，这一说法认为元宵节起源于农业祭祀活动，或者与农业祭祀有着直接的联系。无论是从节日时间还是节日的相关寓意来说，目前这一说法应该是比较贴近于元宵节起源的。在元宵节的发展过程中，它由一开始的“元日祈谷”逐渐吸收相近的一些节日庆典，如“太一神祭”等，这些发展使得元宵节从上层阶级逐渐并最终彻底地走向民间，成为打破上下层阶级的纽带。值得注意的是，在这一发展过程中，道教与佛教也为元宵节增添了几分别样的色彩，使得它成为至今流传的最为盛大与热闹的节日之一。

第二节　元宵节文艺感悟

元宵节在春节这个由若干连续性节日组合成的节日系列中，排在最末一个，正如戏剧的结尾部分往往也是高潮一样，元宵节也是春节节日系列结构中处于高潮部分的节日。过了元宵节，春节节庆活动便告结束，新一年的劳作便开始了。正因如此，人们往往在元宵节尽情狂欢。

而谈到元宵，必然少不了文武双全的大诗人辛弃疾，他的一首《青玉案·元夕》将元宵节的盛景和故事展现得淋漓尽致。“东风夜放花千树。更吹落，星如雨。宝马雕车香满路。凤箫声动，玉壶光转，一夜鱼龙舞。”这是何等盛景。一入夜，家家户户张灯结彩连成灯海，街衢作灯市，火树银花，花灯串街走巷，流光溢彩，舞龙耍狮，锣鼓喧天，鞭炮不断，游人如织，不分昼夜，举国若狂。“蛾儿雪柳黄金缕，笑语盈盈暗香去。众里寻他千百度，蓦然回首，那人却在灯火阑珊处。”这是何等的欣喜。狂欢之下，一位佳人，身着美丽的衣裳，带着天真烂漫的笑容与亲友在人群中走过，只留下阵阵暗香以及盈盈笑语。我穿过那火树银花，在人群中无数次寻觅，只为求得佳人身影，但直到那鱼龙舞散、玉壶将落之际，仍未得佳人踪迹。于是我停下脚步，正待放弃时，蓦然回首，只见得佳人于灯火阑珊处笑语盈盈，此情此景，此时此刻，没有哪种喜悦较之更强烈。

“铁关金锁彻夜开”，在古代这种娱乐活动相对匮乏的时代，每年只开一次的宵禁让元宵节显得格外不平凡。“火树银花合，星桥铁锁开。暗沉随马去，明月逐人来。”明灯错落，园林深处映射出璀璨的光芒，有如娇艳的花朵一般；由于四处都可通行，晚上看守城门的官兵们终于不再是那副凶巴巴的模样，所有城门的铁锁也打开了。人潮汹涌，马蹄下尘土飞扬，月光洒遍每个角落。

“三百内人连袖舞，一进天上著词声。”张祜的《正月十五夜灯》热闹的皇宫元宵景象。“六街灯火闹儿童”，元好问的目光则被远处嬉闹的小孩子们吸引住了，小孩是世上最幸福，最无忧的，他们没有任何烦恼可言，只管尽情享受这元宵佳节。

元宵节这天夜里必不可少的便是各式各样的花灯了，花灯的形象各式各样、栩栩如生，常常让人流连忘返。欧阳修在《生查子·元夕》中写到“花市灯如昼”，花灯的灯光将夜晚照亮，宛如白昼，给人们提供了极大的便利。北方的灯比南方的灯多了一样，那便是冰灯。明代唐顺之的《元夕咏冰灯》“正怜火树斗春妍，忽见清辉映夜阑。出海蛟珠犹带水，满堂罗袖欲生寒。烛花不碍空中影，晕气疑从月里看。为语东风暂相借，来宵还得尽余欢”描述的冰灯极具朦胧美。除了灯以外，元宵不得不提的还有一种食俗，即吃元宵，亦称吃汤圆。宋代姜夔曾说道“风雨夜深人散尽，孤灯犹唤卖汤元”，就算是街上的行人都走光了，但是卖元宵的依旧在此摆摊，或许不是因为那点钱财，是因为那种情谊，那种元宵节不吃元宵就不算圆满的情愁。

“金吾不禁夜，玉漏莫相催。”元宵佳节京城取消了宵禁，众人都不舍得让这一天过去，竟将快乐时光的飞逝怪到了玉漏的身上，似是在埋怨那准时的鼓声赶走了时间。但是就算没有鼓声，时间也还是要走，狂欢过后，一切终是要归于平静。

元宵节是一个游玩狂欢的节日，它的底色天然就是欢快和热闹，它是今宵不禁夜的通宵达旦，是玉壶光转、一夜鱼龙舞的彻夜狂欢，是见月不闲坐、无灯不闻观的热闹非凡，它是全民的狂欢、举世的辉煌。

第三节　元宵节节日风俗

元宵节闹花灯的习俗在隋朝前已见于文字记载。据《资治通鉴》一百七十五载:（柳彧）以近世风俗，每正月十五夜，燃灯游戏，奏请禁之。曰:“窃见京邑，爰及外州，每以正月望夜，充街塞陌，聚戏朋游，鸣鼓聒天。燎炬照地。竭资破产，竞此一时。尽室并孥，无问贵贱，男女混杂，缁素不分。秽行因此而成，盗贼由斯而起。因循弊风，曾无先觉，无益于化，实损于民。请颁天下，并即禁断。”

细数元宵节风俗，可谓是花样众多、种类繁杂，特别是各个地方随着时代的演变，再融入当地特色对元宵节习俗进行创造，因此造成了十里不同风、百里不同俗的元宵风俗特点。但是大体来说，元宵节的风俗仍有相当大的趋同性，针对这一特点，本节将从南北两个方面来讨论元宵节独特的风俗习惯。

无论南方还是北方，都有在这一天赏花灯的习俗。而这一全民狂欢习俗的形成则在隋唐时期。唐宋时，节日中最热闹的要数上元节。唐人将正月十五称为上元，七月十五称为中元，十月十五称为下元，合称“三元”。三元中，上元也就我们现在的元宵节，最受重视，也最热闹。

一、南方篇

中国南方，主要是指秦岭—淮河一线以南的地区，东临东海，南临南海，包括江苏大部、安徽大部、浙江、上海、湖北、湖南、江西、福建、云南大部、贵州、四川东部、重庆、陕西南部、广西、广东、香港、澳门、海南、台湾、甘肃最南端、河南的南阳、信阳地区。面积约占全国的25%，人口约占全国的55%，汉族占大多数。少数民族中人口较多的，多居住在西南和中南地区。区内的少数民族有30多个，其人数5000多万，主要分布在桂、云、贵、川、湘、琼等地，人数较多的为壮、苗、彝、土家、布依、侗、白、哈尼、傣、黎等族。

元宵节主要习俗有以下几种。

（一）吃汤圆

元宵节吃元宵是各地必不可少的节日食俗，寄托了人们对未来生活的美好愿望。元宵在南方称“汤圆”“圆子”“浮圆子”“水圆”，由糯米制成。为满足不同人的口味，里面包了各式各样的馅，但是也有人偏爱糯米本身的香甜，什么也不加。

除了汤圆以外，某些地方还有其他的吃食。在东莞还有一种元宵节必吃的食物——香丸，亲戚朋友相互串门时，总会接到主人家的几粒香丸，吃过便表示与人结缘，但是现在却鲜为人知了。而在广西的上林、靖西等地还有吃油团的习俗。食物有别，寓意却一样，也表示团团圆圆。糯米团放入油锅里炸至金黄，再捞出沥干，倒入煮化的红糖，最后撒上炒好的芝麻，简直是人间美味。

（二）赏花灯

作为我国春节、元宵节、中秋节三大灯节之一，元宵当然要玩灯。明徐𤊹《闽中元夕曲》："满城箫鼓沸春风，爆竹声喧凤蜡融；三十万家齐上彩，一时灯影照天红。"记述了当时家家户户张灯悬门、十里街灯、五光十色、红光辉映、喜气洋洋的狂欢场面。早在南宋《武林旧事》中就已经记载过元宵节俗有将小型花灯放入江中漂流玩耍的活动。蛋壳灯、稻草灯、刨花灯、鱼鳞灯、瓜籽灯及各式各样的鸟兽花树灯等，无一不令人赞叹。

在广州、香港等地，元宵夜还要进行树元宵的活动，树同竖，是将灯彩高竖起来的意思。小孩子们在家长的协助下用竹纸扎成模样各异的灯，先挂在短竿中，然后再竖起于高杆上。另外还有放天灯的，也就是我们常说的孔明灯。用纸扎成大型的灯，纸上写着人们的美好祝愿，灯下燃烛，热气上腾，使灯飞扬在空中，作为祈福之用。

另外南方还广泛流传着烧瓦子灯的游戏，在江西、广东、广西等地都有流传。《中华全国风俗志》卷五记，江西"元宵夜，一般孩子于野外拾瓦片，堆成一圆塔形，有多孔。黄昏时于明月下置木柴塔中烧之。俟瓦片烧红，再泼以煤油，火上加油，霎时四野火红，照耀如昼。直至夜深，无人观看，始行泼息，是名烧瓦子灯"。

（三）猜灯谜

灯谜又称文虎，猜灯谜，亦称打虎、弹壁灯。猜灯谜最早出现在宋朝，是元宵节派生出来的一种文字游戏。大家把谜语写在纸条上，贴在五光十色的彩灯上供大家解答。以灯悬谜，所以叫"灯谜"。因为谜语能启迪智慧又饶有兴趣，所以流传过程中深受社会各阶层的喜爱。

画时圆，写时方，有它暖，没它凉（打一个字）

谜底/答案：日

左边不出头，右边不出头，不是不出头，就是不出头。（打字一）

谜底/答案：林

走在上边，坐在下边，挂在当中，埋在两边。（打字一）

谜底/答案：土

正月少初一（打字一）

谜底/答案：肯

（四）舞狮舞龙

舞狮始于魏晋，盛于唐。中国本身没有狮子，在中华文化中，“狮”本来是和“龙”“麒麟”一样都只是神话中的动物。到了汉朝时，才首次有少量真狮子从西域传入，当时的人模仿其外貌、动作至三国时发展成舞狮；南北朝时随佛教兴起而开始盛行。史书中，《汉书·礼乐志》中提到的“象人”，就是指扮演“鱼、虾、狮”的艺人。到了唐朝，舞狮是大型宫廷舞蹈表演的一种，当时的“太平乐”亦称为“五方狮子舞”。白居易的诗中描述狮子舞“假面胡人假面狮，刻木为头丝作尾，金镀眼睛银贴齿，奋迅毛衣摆双耳”，可见当时的舞狮已经和现在的十分相似。人们相信狮子是祥瑞之兽，舞狮能够带来好运，所以每逢庆典活动，都会在阵阵锣鼓鞭炮声中，舞狮助庆，祈求吉利。

“舞龙”最初应是一种祭祀，而非娱乐，成为助庆娱乐应是汉唐以后的事。舞龙时，领舞者手持龙头，数十人举起紧连龙身的木棍，随于其后，整条龙在乐声中沿着指定的路线和队列奔跑，龙就像活了一样。民间以其来祈求风调雨顺、五谷丰登。南方舞龙的特点是南方的龙身比较重，龙头是整条龙最重的部分。南方的龙灯风格在有气势。因为它的重量关系，所以动作上说，没有像北方舞龙般注重技巧，而是注重体力。

引南方龙灯的是拿龙珠的一个人，再加上龙身，通常就要有十个人左右，龙身大约长九米。由于南方的龙灯不追求灵活，所以，龙身可以有二十米、百米，甚至有千米长。龙头大小，亦因应龙身长短而改变。

南方的龙灯动作，通常有盘圈、S弯、龙头越过龙身，等等。以孝感市杨店镇舞龙为例，其龙灯多用竹、木、布、彩纸扎成，南方的龙衣用黄、青、白、赤、黑五色，传说代表金、木、水、火、土五行。龙灯躯体内燃烛，舞龙者依先后顺序，适当缩短各节之间的距离，双手把住龙脚，从首至尾随“龙珠”左右摆动，犹如巨龙前行，声势浩大、场面壮观。每年从腊月开始着手用竹片扎龙灯、龙身、龙尾、织龙衣；用彩纸扎龙头、龙尾，并连接彩龙头、龙身、龙尾组成一条完整的龙灯。整条龙灯有12节（龙身由十个竹灯连接而成，加上龙头和龙尾便是12节），表示一年有12个月份。正月十二晚举行龙灯开光仪式，正月十三出行、上庙、喝彩，每条龙灯穿行窄小的老街进行活动，家家门前摆香案，迎接宾龙。正月十四拜灯，每条龙灯分别在各自湾里叩拜群众，表示新年问候，代表吉祥；正月十五游灯，围观的群众跟随龙灯分别游到各自湾里，晚上十二点全湾男女老少齐上阵，集中在一起烧毁龙灯，称之为送龙灯升天。

（五）敬神

在江苏省江阴市一些乡镇，有在元宵节接灶君的习俗，从正月十三日起，便在灶前挂荷花形灯盏，以示对“灶君”的敬意，同时在屋檐下悬点彩灯，正月十五晚上要在灶上摆设香烛、供果，迎接灶君，祈求保佑。除了迎接灶君以外，还有紫姑。迎紫姑寄托着一个美好的心愿：占卜休咎。而在乡村，女子以卜紫姑来占卜蚕桑的丰歉。

二、北方篇

（一）吃元宵

正月十五吃元宵，“元宵”作为食品，在中国由来已久。宋代，当时明州（现为浙江省宁波市）兴起吃一种新奇的食品。这种食品，最早叫“浮元子”，后称“元宵”，生意人还美其名曰“元宝”。元宵即“汤圆”，以白糖、玫瑰、芝麻、豆沙、黄桂、核桃仁、果仁、枣泥等为馅，用糯米粉包成圆形，可荤可素，风味各异。可汤煮、油炸、蒸食，有团圆美满之意。很多北方城市的汤圆不是包的，而是在糯米粉中“滚”成的，或煮熟或油炸，寓意红红火火、团团圆圆。

（二）放火

据史料记载关于元宵节当日“是日夜晚，灯火汇集，众民赏灯同乐，年幼者玩耍火把，郊（村）外火龙飞舞，漫村遍野煞是壮观”。而在《徐州市志》第五十八卷《民俗》元宵节条中记载：元宵节这天晚上，徐州东南睢宁、古邳一带有“抛扫帚”火把的习俗。元宵节的前几日，孩子们就开始搜集扫帚了。元宵节的晚上，孩子们把扫帚拿到空地，将其点燃，抛向天空，掉下来再抛上去。

（三）闹灯

欢庆热闹的元宵节是中国古代农民为数不多的娱乐节日，而一系列的娱乐习俗，必然少不了闹社火和闹灯。陕北民歌《闹十五》唱道：“初一到十五，十五真热闹。满街的红火带鞭炮。天上月儿圆，地下人声喧，万盏灯火闪呀闪……”元宵节的社火场景和穿着节日盛装的人们，既有“咚咚响”的锣鼓，又有“九曲九转灯火亮”的灯场，连几岁的小娃娃也“一夜不睡觉，欢天喜地跑”。

张灯结彩，是元宵节的一大特色。从史料可见，唐宋时期灯节很长。唐代韦述的《两京新记》：“正月十五夜，敕金吾驰禁，前后各一日以看灯”，由此可见，要放灯三夜。宋太祖乾德五年，诏京都增十七、十八两夜，放灯五夜。到了明代，曾经创造了放灯十日的历史最长纪录。

再以陕北民歌为例，《绣花灯》“正月里来正月正，白二姐开言叫一声春红，闲来无事绣花灯，各样的花灯绣上几种”，描写的是姑娘在闺中绣各色花灯的情形。《十二英雄》歌中提到：“新春正月正，十五玩花灯，白马银枪小小罗成。”《种洋烟》：“正月十五闹红火。”《毛女子观灯》：“唱上一个正月正，毛女子来观灯，大街市上要花灯，灯烟闹哄哄。”这些都表现了元宵节大街小巷张灯结彩，人们相约观灯的情形。

（四）舞龙舞狮

北方的龙灯以龙身来说，龙头比较细小和轻巧，用料可以是传统的纸扎，比较新颖的用轻身的胶质，以便做出更多动作，譬如左右翻腾等。有别于南龙，北龙的动作较多，但龙身不重，故而所要求的体力亦相对降低。北龙的动作，通常都适宜在漆黑环境中进行，所以，制作北龙的物料都是萤光。北龙在世界上比较流行，在中国、马来西亚、新加坡等地方，都经常举办舞龙的龙艺赛事和表演。

北方的舞狮的造型酷似真狮，狮头较为简单，全身披金黄色毛。舞狮者（一般二人舞一头）的裤子、鞋都会披上毛，即使还没舞，看起来也已经是惟妙惟肖的狮子。狮头上有红色的结者，为雄狮，有绿结者为雌性。与南狮着重威猛不同，北方的狮子常表现出灵活的动作，舞动以扑、跌、翻、滚、跳跃、擦痒等动作为主。

（五）闹社火，转九曲

"火塔塔"和"转九曲"是一些北方城市过元宵节的独特习俗。据史料记载《榆林府志》中写道："十五日'元宵'夜，街市遍张灯火，朗如白昼，长少聚观，小儿骑竹马为乐。"《神木县志》："上元，自十四至十六，街户悬灯三夜，放花炮，用石炭垒火塔，众相欢聚。"《米脂县志》："正月十五日元宵，街市遍张灯火、花炮，以石炭垒作幢塔状（名'火塔塔'），朗如白昼。十四、五、六三日，阖邑僧众于十字街前作斋醮，关城外，以高粱秆圈作灯市，娓曲回环，游者如云，俗名转九曲。"

（六）跳秧歌

秧歌起源于耕田劳动，它和古代祭祀农神，祈求丰收、祈福禳灾时所唱的颂歌、禳歌有关，并在发展过程中不断吸收农歌、菱歌、武术、杂技以及戏曲的技艺与形式，从而由一般的演唱发展成为民间歌舞，也是对古代踏歌的一种继承。踏歌，这一古老的舞蹈形式源自民间，远在两千多年前的汉代就已兴起，到了唐代更是风靡盛行，所谓"丰年人乐业，陇上踏歌行"。

总而言之，元宵节节日习俗丰富，南北差异大，但也正因如此，显得元宵节节日习俗十分精彩有趣，虽有其本身的狂欢性质作为底色，但是也是劳动人民通过自身的聪明才智创造出来的。

第四节　元宵节的文化内涵

元宵节作为中国盛大的传统节日之一，于众人来说是一个尽情狂欢、释放自我的节日，更是一个祈福祭祀、满足自我需求的节日。

一、元宵节的狂欢意识

中国有句俗话："正月十五闹元宵。"一个"闹"字构成元宵节最醒目、最独特、最重要的符号表征。从语言学的角度看，"闹"首先意味着一种主动性，是人们有意识地做出的某种行为，并希望借此达到某种目的或者某种程度上的自我满足。从文化学的角度来说，"闹"是一种社会公众行为，一个人的行为举止不足以形成"闹"的局面，那么要达到"闹元宵"，社会中的某个群体或者某个社会阶层的参与也远远不够。只有特定文化语境下的人群整体性地出动，在特定的相对狭小的公共场域内聚集，通过特定的方式实现日常行为的某种倒置，并以此来集体地释放、宣泄内心的情感和欲望，才可以称作是真正意义上的"闹元宵"。如果非要在今天的语词密林里为其找到一个勉强匹配的词，可能就只有"狂欢"了。"狂欢"一词源于西方，有纵情欢乐的聚会之意，是一种群体性的活动，用来形容元宵的盛况再合适不过。元宵的狂欢是在日落之后的夜晚。这一天的百姓们晚上不像往常那样在家休息，却在日落之后来到街上赏花灯、猜灯谜。重复单调的日子会让人感到禁锢，元宵的狂欢便是对这种单调无味的日子的突破。人们在此期间反其道而行之，追求黑夜里的刺激，追求与平常截然不同的生活，元宵节可谓是一个极具叛逆色彩的节日。

二、元宵节的反叛意识

在中国古代，元宵节是对宵禁制度的抵抗。宵禁制度由来已久，同时也是权力的重要表现形式之一。权力将人们的生活世界割裂为两个完全不同的时空，白天可以随意活动的区域随着夜晚的降临而成为禁地。对于民间社会来说，老百姓只能拥有白天，他们的夜晚被剥夺。这种剥夺具有连续性和扩张性，它不是一时一地，而是普天之下，王土所及，子子孙孙无穷匮也。权力控制着人们的身体，也控制着人们的身体赖以存在的时间。权力以此来建立自己的权威。人们向权力低头屈服的主要方式就是承认并接受宵禁的合法性存在。而在元宵节这天，大家可以自由地出行，不受宵禁制度的影响，拥有夜间的自由，也就拥有了狂欢的资本。

同时在古代，官与民处在两个阶级，而皇权更是高高在上不可触碰，皇帝存在的两千多年里，无论他（她）的姓氏符号经过多少次转换，也无论他（她）的血缘族裔是什么，相同的禁忌——对于皇帝的身体的禁忌——除了少数为皇帝提供服务的嫔妃和宫女太监，任何人都不能碰触皇帝的身体，甚至不经许可而凝视皇帝也会成为弥天大罪。皇帝和宫廷生活的真相被厚厚的宫墙和烦琐的礼仪包裹起来，皇帝在他（她）人生的绝大多数时间里生活在人们的想象世界里。

元宵节的到来为人们创造出了把皇帝从神秘莫测的想象空间拉回现实世界的机会。宋徽宗时代，元宵的当晚，皇帝要亲临宣德楼现场看灯。“至二鼓，上乘小辇，幸宣德门，观鳌山。”当时文人描述了人们看到的景象：“宣德楼上，皆垂黄缘帘，中一位乃御座。用黄罗设一彩棚，御龙直执黄盖掌扇，列于帘外……宫嫔嬉笑之声，下闻于外。”这时的皇帝及其神秘的面孔与民间的距离缩小到了只有一层黄色的丝织品遮挡的程度。某种程度上，皇帝的私生活已经与宣德楼下的百戏和花灯表演融为一体，御街两旁拥挤不堪的人群，在观赏宫门前瑰丽壮观的灯山烛海的同时，也在观赏皇帝和宫廷，也只有在元宵这样一个狂欢的日子，人们才有可能打破平日的上限，尽情地投入娱乐。

三、以物质和肉体为中心的生命诉求

元宵节节日期间，占统治地位的理性退避三舍，人们开始用肉体思考。最基本的衣、食等生理欲望的满足成为人们追逐的目标和享用的对象。

在节日活动的中心地带，“周回约五七十步，都下卖鹌鹑馉饳儿、圆子、锤拍、白肠、水晶脍、科头细粉、旋炒栗子、银杏、盐豉汤、鸡段、金橘、橄榄、龙眼、荔枝。诸般市合，团团密摆，准备御前索唤”。吃食此时在元宵节占据了重要的地位。而物质的奢华成为竞相仿效的景观。鳌山灯海、琼阁烟花，属于宫廷的奢侈。普通的官宦人家也以奢华的物质消费为荣。“如清河坊蒋检阅家，奇茶异汤，随索随应，点月色大泡灯，光辉满屋，过者莫不驻足而观。及新开门里牛羊司前，有内侍蒋苑史家，虽曰小小宅院，然装点亭台，悬挂玉栅，异巧华灯，珠帘低下，笙歌并作，游人玩赏，不忍舍去。”其实，奢华并非达官贵人的专利，民间也以奢华为乐事。“又有幽坊静巷好事之家，多设五色琉璃泡灯，更自雅洁，靓妆笑语，望之如神仙。”除此之外，大街上表演的舞队、游玩的妇女无不是佩戴贵重首饰，身穿锦绣盛装，竞相攀比。

四、元宵节中的祈福意识

（一）祈求丰收

元宵节是春节过后的第一个重大节日，而据考察，有学者认为其起源与远古农业时期的元日祈谷有关。由于中国是农耕文明的国家，邦以民为本，民以食为天，老百姓对于福的朴素理解首先是吃饱穿暖，不受饥寒，而实现这一目的的首要条件是“收成好”，因此天子在正春望日这天亲自为农祈谷，同时要进行一系列复杂的祭祀开耕典礼，以表明对农业的重视与祈求农业丰收的美好愿望。

（二）驱邪攘灾

元宵节期间，部分地方有祭门习俗，《荆楚岁时记》：“正月十五日，作豆糜，加油膏其上，以祠门户。先以杨枝插门，随杨枝所指，仍以酒脯饮食乃至豆粥插箸而祭之。”

（三）求子

元宵节的狂欢发生在正月十五月圆之夜，而月本身就是一个丰收的使者。在先民将蛙作为女性子宫的象征之后，人们想象月亮是一只或者月中有一只肚腹浑圆又可以膨大缩小的神蛙，主司生育。于是，月成了生育神。《汉书》中记元后之母李氏梦月入怀而生元后。三国时吴侯孙策也是其母梦月入怀而生。大约成于三国时的《周公解梦书》就有“日月会合妻有子”“吞日月当生贵子”等占梦口诀。正月十五是新年的第一个月圆之夜，历经寒冬之后万物复苏，人们祈求子嗣的愿望更为强烈。《礼记·月令》记："仲春之月……天子亲往，后妃帅九嫔御，乃礼天子所御，带以弓韣，授以弓矢，于高媒之前。"

元宵节作为中华文化中别具一格的瑰宝，其所承载的文化内涵值得我们探讨与研究。而节庆除了带给我们团聚、喜庆等积极的影响之外，更是打破日常生活以及线性时间的结点。在节庆面前，日常生活的宁静被打破从而具有了仪式性。适当的仪式性产生了陌生化的效果，它激励着我们跳脱出生活固有的框架，以一种全新的姿态去面对与审视未来的生活。此外，时间原本的线性与流逝性在节庆面前被解构，它在节庆这里得以以一种轮回的姿态存在，日复一日年复一年，人们对失去时间的把握与纪念不再仅仅依靠冰冷的跳动的数字，还有这些富有各种美好含义的节日。

参考文献

[1] 司马迁. 史记 [M]. 北京：中华书局，1982.

[2] 洪迈. 容斋随笔 [M]. 上海：上海古籍出版社，1996.

[3] 朱弁. 曲洧旧闻 [M]. 北京：中华书局，2002.

[4] 陈元靓. 岁时广记 [M]. 上海：商务印书馆，1937.

[5] 向柏松. 元宵灯节的起源及文化内涵新论 [J]. 中南民族学院学报，2000（4）：32–35.

[6] 韩梅. 元宵节起源新论 [J]. 浙江大学学报：人文社会科学版，2010，40（04）：96–105.

[7] 郑玄，孔颖达. 礼记正义 [M]. 上海：上海古籍出版社，1997.

[8] 黄佐. 泰泉乡礼 [M]. 台北：商务印书馆，1986.

[9] 韩梅. 元宵节太一神祭祀起源说考误 [J]. 中南大学学报，2007（3）：343–345.

[10] 霍向贵. 陕北民歌大全 [M]. 西安：陕西人民出版社，2006：580.

[11] 叶大兵等. 中国风俗辞典 [M]. 上海：上海辞书出版社，1990：16.

[12] 丁世良，赵放. 中国地方志民俗资料汇编—西北卷 [M]. 北京：北京

图书馆出版社，1997：102.

［13］魏徽，令狐德茶．隋书［M］．中华书局，1973：1483–1484.

［14］丁世良、赵放．中国地方志民俗资料汇编—西北卷［M］．北京：北京图书馆出版社 1997：96.

［15］彭恒礼．狂欢的元宵——宋代元宵节的文化研究［J］．洛阳大学学报，2006（03）：93–97.

［16］顾朴光．中国面具史［M］．贵州：贵州民族出版社，1996：251.

［17］孟元老．东京梦华录［M］．邓之诚，注．北京：中华书局，1982.

第三章　中和节

中和节是中华传统节日之一，在唐德宗时期设立，定在农历二月初一。随着历史的演进，中和节与“二月二”春龙节逐渐融合，所以中国民间常常将“中和节”和“龙抬头”混为一个节日。其实最初它们并非是一个节日，两者除在时间、节俗、食物等方面有相同的地方以外，在来历、禁忌、文化精神等方面皆有不同。2011 年 5 月 23 日，中和节经国务院批准列入第三批国家级非物质文化遗产名录。探究古往今来中和节的文化，对当下中国有着重要的意义。

第一节　中和节的起源

一、前言

“二月二，龙抬头，风雨顺，又丰收。大仓满，小囤流，好年景，春开头”。这是民间流传的一句俗话，说的是中和节一日祈福纳新，愿今年风调雨顺、五谷丰登。在北方，二月二，又叫作“龙抬头”，亦称“春龙节”；在南方，叫作“踏青节”，古称“挑菜节”。其实在历史上，起初中和节和春龙节并非同一个节日，随着中和节流转演变到后期，中和节与二月二逐渐相融合，人们统称为中和节。张勃在《先有“二月二”，后有“龙抬头”——二月二的起源、流变及其文化意义》中认为，中和节既是国家政策性的节日，在娱乐活动受到国家允许的情况下，人们会意犹未尽地把活动延续到第二天。中和节与二月二关系密切，王晶晶在《国家与社会视角下的唐宋节日研究》中推断，在中和节后期的沿袭中，二者相融合，节俗不断糅合，既保留了中和节之名，又增添了二月二的节俗。

二、“龙抬头”起源

“二月二，龙抬头”中的龙指的是天上的星宿，这句话的来历与古代天文学对星辰运行的认识和农业节气有关。古人认为世界是天圆地方，天上有指引世界运行规律和象征人命运的星星。春秋以前古人把天上星宿划分为四大分野——青龙、白虎、朱雀、玄武。每一象又分为七大星宿，它们是不同的恒星在宇宙组成的图案。当被称为“龙角”的东宫七宿的第一宿出现在地平线上的时候，正值春天来临，所以，古人就将它作为春天的标志。而此时，恰逢我国农历二月雨水节气前后，由此产生了“二月二，龙抬头”的说法。“二月二”自产生以来就一直传承，尽管其节俗时有变化，但其最早庆祝春天到来、祭祀句芒神、祝愿今年丰收的美好愿景一直没变。《尚书大传》曰：“东方之极，自碣石东至日出榑木之野，帝太皞神句芒司之。”东汉班固《白虎通义》则说：“其神勾芒者，物之始生，其精青龙。芒之为言萌也。”由此可见“二月二”正是迎春和万物生长的象征，百姓都会祭祀句芒以祈丰收。明代杨慎《春雨》有云：“春雨掩柴扉，勾芒力尚微。”清代农歌：“中和节庆龙抬头，春祭勾芒祈丰收。白天耕田忙播种，夜里切草喂牲口。”从这里可以看出，中和节历经岁月慢慢地和“二月二”混为一谈了。带有传奇色彩的句芒神的加入，说明中和节与农事关系密切，并且内容大多是围绕着农耕转的，它是服务于农耕社会的重要节日。在唐代，中和节也是有劝耕文化的。唐德宗鼓励农桑，使知稼穑之艰辛，中和节节庆宴享之余，于东郊躬秉耒耜，行籍田之礼，以表率天下，劝其农耕。无论是唐代人还是更早些时候的古人，无论生存生活条件如何艰苦，都会祭句芒神，向天祈福，以求丰收。

三、中和节的由来

唐代以前并无中和节，据《旧唐书》卷十三《德宗纪》记载：“朕以春方发生，候及仲月，勾萌毕达，天地和同，俾其昭苏，宜助畅茂。自今宜以二月一日为中和节：以代正月晦日，备三令节数，内外官司休假一日。”中和节是在唐德宗贞元五年（公元789年）被颁布成为法定节日，但这并非意味着中和节是横空出世、毫无来由的，它的出现是有其历史文化背景的。中和节的产生与正月晦日有着密不可分的联系，正月晦日可以说是中和节的前身。古代有正月晦日的说法，因为在农历每个月的月末，月亮都会变得隐晦不明，所以每一个月的最后一天都被称为“晦日”，而作为新年第一个月的“晦日”更是倍受重视，就像每年最后一个月的最后一天除夕守岁一样，总是那么神圣而隆重，被称为“晦日”的节也被每个朝代的人们所庆祝。据《魏书》记载：南北朝时“后正月晦，帝出于临洛，粲起于御前再拜曰：‘今年还节美，圣驾出游……’”，从这里可以看出，那时的人们已经把“晦日”作为一个节日在庆祝了。

由《旧唐书》的记载可知，贞元四年九月德宗下诏：“比者卿士内外，左右朕躬，朝夕公门，勤劳庶务。今方隅无事，烝庶小康，其正月晦日、三月三日、九月九日三节日，宜任文武百僚选胜地追赏为乐。”由此开始，正月晦日作为一个节日，与三月三日上巳节和九月九日重阳节拥有相同地位，这也是正月“晦日”首次成为唐朝官方规定的一个节日。吕渭《皇帝移晦日为中和节》也云“皇心不向晦，改节号中和”，可见此节改自正月晦日。唐代也祭句芒，句芒是主管农事之神。《三礼义宗》云：“五行之官也，木正曰句芒者，物始生皆勾屈而芒角，因用为官名。”作为祀农的象征，句芒广为唐代民间所信奉，“村社作中和酒，祭句芒神，聚会宴乐，名为飨勾芒，祈年谷。”而官方则多与司春之神青帝一起配祀，如开元二十六年（公元738年），玄宗亲往东郊迎气，祀青帝，以句芒配，岁星及三辰、七宿从祀，并在东南设句芒坛。然而唐德宗设中和节绝不仅仅只有劝耕那么简单，唐安史之乱可谓是把盛唐拉到了一个岌岌可危的境地，到德宗时国力稍有回升。而德宗是一个很有抱负的君主，很想有所作为，但是当他看到因前人战乱而久久忘却不了那些凄苦回忆的国人时，他意识到，国家的氛围需要改变一下，不但需要劝其农耕，更要让他们回忆起盛唐时期的意气风发，让他们焕发精神，这就需要全民性的动员，需要一个契机。宰相李泌谓“以二月一日为中和节，人家以青囊盛百谷果实，更相馈遗，务极新巧，宫中亦然，谓之献生子”。

于是，德宗自上而下开启了全民性的宴乐，办中和宴，赐诗、赐尺……贞元年间，德宗曾屡次在曲江亭、麟德殿、马璘山池等地宴洽百僚，并赋诗赐之。与京师雍熙的宴集相比，地方州县的欢娱气氛则更为浓烈，梁肃在其《中和节奉陪杜尚书宴集序》详细记载了当时朝夕宴乐，百戏、杂技群舞的场景："火旗在门，雷鼓在庭，合乐既成。大庖既盈，左右无声，旨酒斯行，陈献酬之事，乃酣无算之饮。于是群戏坌入，丝竹杂沓……"中和节成了继春节之后另一个普天同庆的日子，德宗设三令，天下共中和，上至文武百官，下至州县百姓，君臣不疑，百姓也能吟诗饮酒，是让天下有一个宣泄、放松的时机，这起到了让天下人感到沐浴皇恩，巩固帝位的作用。

四、与中和节有关的传说及民俗

原始神话、民间传说是每一个民族和国家在早期都会用来稳固传承的一个法宝。"二月二，龙抬头"相传是天上龙王抬头的日子，从此以后，雨水会逐渐多起来，其缘起原始社会的神话当中。据说，华夏先民把创世英雄伏羲尊为"龙的化身"，把龙当作中华民族文化和精神的象征。《易・说卦传》曰："万物出乎震。震，东方也。"其中的"见龙在田"即指田野里安眠的龙，冬去春来，万物复苏，龙苏醒了，于是，以"龙的传人"自居的子民们便开始了春耕。把农事和龙联系到一起，就是把农耕时代华夏民族赖以生存的技能寄托于象征伟大力量的"龙"。

在我国北方流传着这样一个神话故事：因为武则天当上皇帝，惹恼了玉皇大帝，传谕四海龙王，三年内不得向人间降雨。不久，司管天河的龙王听着民间人家的哭声，看着民不聊生的惨景，担心人间生路断绝，便违抗玉帝的旨意，为人间降雨。玉帝得知后便把龙王打下凡间，压在大山下受罪，山上立碑曰：龙王降雨犯天规，当受人间千秋罪；要想重登灵霄阁，除非金豆开花时。百姓感念龙王的恩德便想尽办法拯救龙王，开始到处找开花的金豆。到了第二年二月初二，人们正在翻晒玉米种子时，想到这玉米就像金豆，炒一炒开了花，就像"金豆开花"。于是便家家户户爆玉米花，并在院子里设案焚香，供上开了花的"金豆"。玉帝一看人间家家户户院里金豆花开放，只好传谕，诏龙王回到天庭，继续给人间兴云布雨。从此之后，民间便形成了每到二月初二这一天家家户户爆玉米花的习俗。

我国北方大部分地区在中和节这天早晨家家户户还会去井边或者河边挑水，回到家里便点灯、烧香、上供。旧时，人们把这种仪式称为“引田龙”。其目的是祈愿雨水普降、消除虫害、五谷丰登。除此之外，民间往往还会举行各种活动纳吉，诸如舞龙、戴龙尾、吃龙鳞，等等，期待在新的一年里在龙的庇佑下再获丰收。古人把无数美好愿景承载于龙，寄托在这“晦日”，雨水渐多之时，“龙的传人”便在这华夏大地上开始了新一轮的耕种和繁衍。

唐德宗时中和节的活动主要是针对社会上层的娱乐活动，普通百姓的参与程度并不高，缺乏群众基础，再加上中和节距春节、元宵、上巳和清明等节日都比较近，而发展历史和影响力度却远不及这些节日，且在唐宪宗时期（公元804年）便停止了节日的宴请活动，因此其影响力日渐衰落。到了明清时期，甚至很多地方的中和节已逐渐被春龙节取代。但是中和节的一些风俗仍然可以在明清时期乃至近代一些节日风俗的记载中寻到踪迹。由此可见，一个节日是否能传承下来与群众的参与度是密切相关的，中和节自创立之初，仅局限于社会上层，没有能够很好地在民间普及，之后因其节日内容一方面没有创新之处，使得人们的新鲜感下降，另一方面与“二月二”的庆祝内容相似，导致中和节影响力逐渐衰微。

第二节　中和节文艺感悟

中和节是中国民间传统节日，日期在农历二月初一。虽然中和节不如春节那般热闹，但是在唐德宗时期也可谓盛极一时。上至朝廷百官的宴饮歌乐，下至文人百姓赠刀播种，既有佳节欢庆，又有祭神春耕，中和节在历史上发挥了巨大的作用。

惊蛰时节，春雷一响，惊动万物，农事转忙。去年冬天在厚厚的雪地里蛰伏的冬虫也都会破土而出，天气渐渐回暖，各地冬雪已融，华夏大地上的万顷良田正等待着家家户户新一年的欢笑与汗水。而这时二月二日到来，在这样一个鼓励农桑的季节，无论是百姓还是文人雅客都是十分轻松愉快的，唐朝著名诗人白居易有诗《二月二日》云："二月二日的新雨晴，草芽菜甲一时生。轻衫细马春年少，十字津头一字行。"这首诗是说二月二日正值雨水节气刚过，田地里的青草和菜种都发芽了。原本是光秃秃一片的田地里冒出了绿油油的新生命。这时诗人也喜气洋洋，正欲踏青驰骋，轻罗素衫、宝剑烈马，在这人生的大好年华里，在这万物伊始、生机勃勃的春天里纵马驰骋，表现出诗人意欲把自己一身的好本领、好才华在年少时报效国家，在斗志昂扬的年纪里一展伟大抱负的胸襟和气魄。

中和节于德宗贞元五年（公元 789 年）正式确立，为何唐德宗李适要设立中和节呢？从德宗在中和佳节时写的诗可以看出来，"至化恒在宥，保和兹息人。推诚抚诸夏，与物长为春。仲月风景暖，禁城花柳新。芳时协金奏，赐宴同群臣。丝竹岂云乐，忠贤惟所亲。庶洽朝野意，旷然天地均"（《中和节赐百官燕集因示所怀》，唐，李适）。德宗这首诗写得十分大气，"至化恒在宥，保和兹息人。"——天地造化永恒变化，无穷无尽，人的命运也是一样的，时有起落，和生活中艰险的磨难不断战斗，那么我们的生命就会像这春天新发的绿芽一样充满希望。"推诚抚诸夏，与物长为春。"——所以，不用惧怕命运的残酷，不用担心生命的无常，心中年少，与物为春。在这二月一日中和节时分，在皇宫里宴饮群臣以对今年有政绩的有志之士给予嘉奖。"仲月风景暖，禁城花柳新。"——风和景明，万物同春，京城里的花花柳柳都露出春色，在这样一个美丽的春色下，若是不邀请臣子好好评鉴实在是说不过去。德宗改正月晦日为中和节，办中和宴同群臣欢度佳节，"芳时协金奏，赐宴同群臣。丝竹岂云乐，忠贤惟所亲。"——觥筹饮酒，赐诗、赐尺，可见德宗设立中和节并非完全是为了玩乐。安史之乱后，唐朝的国力大幅下降，德宗身为一位皇帝，但凡有理想、有抱负的君主都必先谋求内部安定，德宗要让君臣不疑，那么宴会自然是一个很好的交流场合。"庶洽朝野意，旷然天地均"就是中和宴的政治结果了。

唐德宗另一首诗也抒发了其设立中和节的情感和抱负。"东风变梅柳，万汇生春光。中和纪月令，方与天地长。耽乐岂予尚，懿兹时景良。庶遂亭育恩，同致寰海康。君臣永终始，交泰符阴阳。曲沼水新碧，华林桃稍芳。胜赏信多欢，戒之在无荒。”（《中和节赐群臣宴赋七韵》，唐，李适）德宗借中和宴会告诫臣子们自己对大臣们的恩情，“庶遂亭育恩，同致寰海康。君臣永终始，交泰符阴阳”，阴阳相辅，有始有终，戮力同心，再创盛世。德宗的这两首感怀诗让我们更能深层体味到中和节宴背后的故事。

当然，中和佳节虽然为唐官方设立，并最早在宫廷流传，但是经过德宗的大力推广，它在民间已有所普及。在民间，官员百姓、文人雅士也都会参加中和节的活动并以诗记录。描写中和节盛况、称颂中和节或者相互作诗相互馈赠，最著名的当属白居易在贞元十五年所做的《中和节颂（并序）》。“……有诏始以二月上巳日为中和节，自上而下，雷解风动。翌日而颁乎四岳，浃辰而达乎八荒。於戏！中和之时义远矣哉……乃命初吉，肇为中和，中者揆三阳之中，和者酌二气之和，其为称也大矣……”中和节在安史之乱不久后确立，上至皇宫里的宴享曲江、觥筹饮酒、赐诗赐尺，下至百姓年后欢庆、家人团聚、佳节赏月，中和节在唐朝安史之乱后重新让唐人找回昔日繁荣之感。从以胖为美、骄奢无度到节日求憩的生活方式转变，从以武立国到铸剑为犁、弘农务本的思想转变，“中和”已经不单单是代正月晦日，备三令节数，更是德宗为兴国的“中和之法”。白居易意识到了这一点，“中和之时义远矣哉”便是诗人的概括，“自上而下，风解雷动”——中和节从朝廷向民间迅速风靡开来，如风飘洒如雷涌动，振奋了国人精神，从众多的节日活动中，唐人慢慢地找回了昔日的自信。“中者揆三阳之中，和者酌二气之和。”——“中者”乃三阳之中，至阳至刚；“和者”酌二气之和，阴阳相互调和，以达到阴阳平衡。而从中和节设立后的节日活动来看，都是极具庆赏性质的，全国上下都朝气蓬勃，所以中和节才能在阴阳平衡中给唐人以更多力量前进，秉“中和”之意迎接新的一年。

中和节自唐以后，逐渐衰弱，逐渐与春龙节融合，至明清时甚至许多人只知春龙节而不知中和节。因此，在中华浩如烟海的诗词中，关于中和节的诗赋流传至今的也只是沧海一粟。然而从这为数不多的作品中我们亦可以感悟品味良多。

第三节　中和节节日习俗

中和节作为唐代的一个重要的新兴节日，由正月晦日发展而来，在唐德宗李适贞元五年（公元 789 年）正式确立，其后又历经数朝，逐渐衰微，到现在只有山西云丘山等少数几个地方有较为正式的节俗活动。中和节的那些传统习俗仍然彰显着我们坚韧美好的精神。

一、前言

中和节是中国民间传统节日，每逢农历的二月初一，正值春天来临，有关中和节的庆祝活动便也统统展开。中和节作为唐代的法定节日曾在德宗时盛极一时，对德宗巩固统治发挥了巨大的作用，而随着历史的发展，中和节渐渐淡出了国人的视野。其实，中和节的文化精神早已融入我们的血液，虽然现实中并非时时可见，但是我们可以从其发展流变的节俗中来一睹其芳容。由于中和节作为一个法定节日在唐代正式确立并得到大力推广，而在唐德宗之后便被官方弱化乃至销声匿迹，所以，我们关于中和节节俗的考察主要集中在唐代，并在中和节的流变中通过节俗的考察来了解其社会精神和文化意象。

二、“晦日”节俗——缘起

中和节在唐代正式得以确立，因皇帝鼓励全国人民宴享取乐以及庆祝活动规模巨大，让中和节成了一个广为人知的节日。就像前文分析的那样，中和节的产生并非横空出世，其前因后果都是清清楚楚的。唐代中和节起源于正月“晦日”，唐以前并无中和节，据《旧唐书》记载，德宗因欲于初春之时为祭句芒神、宣扬帝力，故改正月“晦日”为中和节，自此，正月九、二月朔、三月上巳合称为三令节，中和节成为法定节日“大行其道”。由此可见，中和节的前身应是正月“晦日”，由于“以晦为节，非佳名色”，所以便取“中和”为节名。正所谓“揆三阳之中；和者，酌二气之和，以畅中气，以播和风”（白居易《中和节颂并序》），侯喜《中和节百辟献农书赋》云："应天地中和之气，备朝廷中和之容，君告成中和之功。"

唐以前的"晦日"的节俗主要是祭祀方面的，官员百姓在过节中除了喝酒感叹庄稼收成，最主要的内心寄托就是充满仪式感的祭祀活动了。南北朝时期也有大量以"晦日"为题材的诗歌流传。例如，北魏卢元明的《晦日泛舟应诏诗》："轻灰吹上管，落蓂飘下蒂。迟迟春色华，皖皖年光丽。"

而每当中和节时，迎神赛社、祭祀龙神、祭祀土地等习俗活动都会齐齐亮相，这些都和古代"晦日"的节日活动不谋而合。二月二日这天，食品也多以龙命名：吃面条称"挑龙头"、吃油炸糕称"吃龙胆"、食煎饼称"揭龙皮"、吃麻花称"啃龙骨"，以示吉庆。"龙"象征着华夏民族坚毅不屈、顽强拼搏、和险恶的大自然既斗争又和谐共生的民族精神，当然，那些伏羲、女娲、龙王的远古传说和神话故事都离不开"龙"，而"龙"把这一切都串联起来，让华夏儿女以"龙的传人"的精神气魄消灭水患、建立国家，开始了世代繁衍，并在生生不息的成长中把"无所不能"的"龙"的精神植根于自己的血脉，真正掌握了自己的命运。

三、官方确立——中和文化下的民俗

（一）以农为本，劝农稼穑

1. 祭句芒

唐安史之乱后，国力大不如从前，此时在位的德宗胸中有一番大志向，限于当下的社会生产力水平，劝民农桑重农务本方为正道。因此，中和节皇帝亲为表率，躬耕于野，代表"全天下"百姓祭祀句芒神，感谢今年的好收成并祈愿来年风调雨顺、五谷丰登。

句芒，是主管农事之神，为唐民间所信奉，相信其能主宰万物生长，农事丰收。《礼记·月令》有云："其帝大晫。其神勾芒。"郑玄注曰："句芒，少皞氏之子曰重，为木官。"朱嘉注："大白皋伏牺，木德之君。句芒，少晫氏之子。曰重，木官之臣，圣神继天立极，先有功德于民，故后王于春祀之。"

2. 中和酒

中和酒也被称为宜春酒，关于中和酒的记载除了德宗诏书中令村社在中和节造中和酒之外，别无记载。中和酒是一种用粮食酿造的低度酒，只有在村社粮食丰足、人们衣食无忧的情况下才会出现余粮酿酒。因此，在中和节酿造中和酒也是对于新一年粮食丰收的希望的寄托。中和时节，谷酒飘香，亲朋好友就着热菜端上专门酿制的中和酒，诉往年农事，祈来年丰收、家庭美满。

3. 献生子

献生子并不仅仅是百官劝皇帝祭句芒才有的活动。在民间，献生子在中和节当天以青囊盛百谷瓜果种互相赠送，这一节俗的实施是为了促进民间百姓互相交换百果蔬菜之种以祈求繁荣农业生产，在根本上体现的仍然是对农业的重视。

（二）节日宴乐

唐人以诗作歌，以酒为乐。唐德宗时正式设中和节，中和佳节自是少不了宴饮。虽然在贞元五年正式设置中和节的诏令中并没有提到有关中和宴的记载，但是在贞元四年的九月诏令中提到了正月晦日时“宜任文武百僚选胜地追赏为乐”，从贞元四年以后的史料记载看，这一风俗为中和节所传承。在贞元五年中和节设置以后的史书记载中，有大量的史料记载中和宴会：贞元六年（公元 790 年）“二月戊辰朔，百僚会宴于曲江亭”。贞元九年、十三年、十七年、十八年、十九年的中和节也见于《旧唐书》分别记载有：“是日中和节，宰相宴于曲江亭”“二月丁巳，赐宰臣、两省供奉官宴于曲江亭”“二月癸巳朔，赐群臣宴于曲江亭”“二月戊子朔，赐群臣宴于马璘之山池”“二月壬午朔，赐宴马璘山池”。这些都显示出中和节设置后中和宴的繁盛。但是并非每年的中和节皇帝都举行中和宴，当国家遭遇灾害遇到凶年或者因为岁俭而停罢中和宴的现象也是存在的，例如贞元十五年和二十年分别因为其年“二月，罢中和节宴会，年凶故也”“二月丙午朔，罢中和节宴，岁俭也”，而停罢中和宴。中和宴以皇帝为主导，但是从贞元九年的中和节开始出现分宴：“宰相宴于曲江亭，诸司随便，自是分宴焉。”由以上史料记载可以知道中和宴以皇帝为主导，君主赐群臣宴，君臣共饮，后来出现了分宴，各诸司可自主举办中和节宴会。

有歌自少不了舞，《新唐书·礼乐志》有明确记载“昭义军节度使王虔休以德宗大辰未有大乐，乃作《继天诞圣乐》以宫为调，帝因而作中和乐舞。”史料中关于中和乐舞的记载已不多见，《唐会要》记载：“大抵以宫为调，表五音之奉君也；以土为德，知五运之居中也。凡二十五遍，法二十四气，而成一岁之功也。不闻沾滞之声，长作中和之乐。”此处说的就是唐代的中和乐舞。通过以上几则史料，可以确定中和乐、中和舞都是德宗皇帝亲自制作确立的。中和乐以王虔休进奉的《继天诞圣乐》为底本，应当是一种轻快、愉悦、明朗的音乐。中和乐舞的出现得益于中和节的确立，在宴会上表演，不仅活跃气氛，而且体现了唐代君臣们对国家繁荣昌盛的美好期盼和愿景。宫廷内歌舞升平，作为全国性的节日，民间自然也是少不了中和节的气息。民间的官吏受欢乐节庆气息的影响，自会吟诗几首。

皇帝移晦日为中和节

唐·吕渭

皇心不向晦，改节号中和。
淑气同风景，嘉名别咏歌。
湔裙移旧俗，赐尺下新科。
历象千年正，酺醵四海多。
花随春令发，鸿度岁阳过。
天地齐休庆，欢声欲荡波。

二月二日

唐·李商隐

二月二日江上行，东风日暖闻吹笙。
花须柳眼各无赖，紫蝶黄蜂俱有情。
万里忆归元亮井，三年从事亚夫营。
新滩莫悟游人意，更作风檐夜雨声。

中和节在德宗时期一度繁盛，形成的中和乐舞现在已不可见，但从明清时期用于祭祀、朝会、宴会的皇家音乐——中和韶乐中可见一斑。因中国古人信奉“治民莫善于礼，移风易俗莫善于乐”，尊雅乐为“华夏正声”，故历朝历代的中央政府均设立专职官员和职能部门负责有关音乐事宜。明初，太祖朱元璋将雅乐更名为中和韶乐，清朝沿用至今。中和韶乐的主要特点是：运用五声音阶；一字一音，保存和延续了先秦雅乐的特征；八音具备；有乐必有歌；突出钟声磬韵，体现“金声玉振”的特色。如今中和韶乐丧失了昔日赖以生存的舞台，演出人员的演出水平也参差不齐，再加上现代人对传统音乐日渐失去兴趣，中和韶乐这样的中华经典曲目需要我们更多的关注。

（三）赐尺赠刀

中和节的节俗中有皇帝赐大臣戚里尺，谓之“裁度”。古人认为根据星象推算，仲春二月是“日夜分，则同度量，钧衡石，角斗甬，正权概”《礼记·月令》。仲春二月，古人根据星象推断出是昼夜平分之时，进而引申出“平”的意向，也就是一个所谓的标准。中和节皇帝赐尺，一方面是希望大臣以治国标准来向皇帝进言施政得失，另一方面也是希望臣子们要严格按照标准来要求自己。皇帝将尺赐给臣子，也包含了对于臣子公平正当行使权利的期待，希望其对皇帝和国家社稷忠正耿直。关于中和节皇帝赐尺的记载至今仍能看到一些，例如白居易曾对其获赐御尺在《中和日谢恩赐尺状》有所记载。在中和节时，皇帝会赐尺给臣子，同时也让官僚们相互之间以刀尺相赠，这是皇帝希望君臣不疑，希望臣子们可以效忠自己、报效国家，全国统一稳定，开创历史新篇章。

四、发展流变

唐德宗时期是中和节最为繁盛的时期，中和节作为官方法定节日被确立并推广后，中和宴、中和乐舞等随之出现，各种祭祀、宴赏活动不断。然而，在德宗去世后不久，宪宗在元和二年（公元 807 年）春正月发布诏令“停中和、重阳两节赐宴，其上巳宴，仍旧赐之”。自从罢中和宴之后，中和节开始慢慢淡出了人们的视线，但是中和乐舞、赐尺等习俗还是保留了下来。而中和节也仍然还是唐朝的法定节日之一，由此可知，唐朝的中和节还是有所保留延续。然而到了宋朝，中和节虽然还存在，但是其程度和规模已远远不能和唐朝时相比。《武林旧事》记载："二月一日，谓之中和节，唐人最重，今惟做假。"由此可见，宋朝时候的中和节只有其名却失其实了，其仅作为一个假日存在。而到了明清时期，则演变为了祭日存在，民间犹有食太阳鸡糕以之为祭日的习俗。清潘荣陛《帝京岁时纪胜》中和节条云："（二月）初一日为中和节，传自唐始……京师于是日以江米为糕，上印金乌圆光，用以祀日，绕街遍巷，叫而买之，曰太阳鸡糕，其祭神云马，题曰太阳星君。焚帛时，将新正各门户张贴之五色挂钱，摘而焚之，曰太阳钱粮，左安门内有太阳宫，都人结侣携觞，往游竞日。"而太阳鸡糕，清富察敦崇《燕京岁时记》记载颇详："二月初一日，市人以米面团成小饼，五枚一层，上贯以寸余小鸡，谓之太阳糕，都人祭日者，买而供之，三五具不等。"

从中和节的确立过程和风俗活动来看，它的产生和发展乃至消亡更多的是受到政治因素的影响。其传播和承袭一直都是自上而下的，所有的活动都是朝廷先行，民间效仿，缺少扎实的群众根基。虽然它的文化内涵很丰富，但是精神内涵却很杂乱、宗旨不明确，既有古人祭祀祈福的传统行为，又因为太多的政治考量加入了过多的新元素导致两者无法完美融合。从短期来看，唐德宗设立中和节一方面是为拉拢臣民，巩固君臣关系，以加强中央集权，巩固统治；另一方面是为了促进以农业为基础的社会经济的发展。从长期来看，中和节很多节庆庆赏性的民俗活动大多都在君臣之间进行，局限于社会上层，没有在民间形成普遍的认同意识。因此群众基础薄弱，导致其无法抵御政治因素的削弱，最终被春龙节、踏青节取代。总而言之，一个节日若是想长久下去，不仅需要有深厚的历史文化、充满仪式感的节日习俗、统治者的鼓励扶持，更需要每一个人参与进来，真正领悟到节日的精神意义，于千千万万代间传承。

第四节　中和节的文化内涵

中和节是中华传统节日之一，最早出现在唐代，唐德宗李适于贞元五年定农历二月一日为“中和节”。中和节以祈求昌盛、重农务本、警示忠直为主要的文化内涵，但自唐朝之后，中和节便有所衰落，至明清之时甚至被“春龙节”所替代。结合唐德宗时期的时代背景，在前人研究整理中和节的文化内涵的基础上进行分析，认为“中和节”的文化内涵与精神价值与《中庸》中的“中和”思想应有内在一致性，深入挖掘这一文化内涵与精神价值对节日研究的相关问题具有重要意义。

一、前言

中和节于唐贞元五年即公元789年始立，其时大唐王朝已历经贞观之治、开元盛世的辉煌，从“安史之乱”后开始由盛转衰。“安史之乱”致使唐玄宗仓皇出逃，长安、洛阳两都陷落，李唐王朝的宗亲、官员遭受屠戮、民不聊生。经此一役，之后唐肃宗李亨虽收复两京、平定了叛乱，但皇室威严、朝廷威信已经严重下降，且唐朝在地方设立的节度使对军队掌控力较高，一度出现地方将领“拥兵自重”的情况。多年的战乱、骤降的国力等使得唐人“仰天大笑出门去，我辈岂是蓬蒿人”的自信与豪迈不复往昔。

“安史之乱”后，历经肃宗、代宗吸取玄宗的教训，励精图治，至德宗时期，唐朝的政治局面相对来说较为稳定、藩镇割据的情况也有所缓和，国力民力也有所恢复。基于此，唐德宗时期一度出现唐朝中兴的迹象。唐德宗李适承祖父、父亲，肃宗、代宗之基业，想要有所作为，重新实现大唐王朝的复兴。要实现大唐王朝的复兴首先要重新唤醒民众的精神，重振大唐雄风。唐德宗从依循历朝历代多有设节日的做法、中和节的具体设置以及节日目的等三方面颁布诏令，设立中和节。

在中和节的设立和实现过程中，时任宰辅李泌的作用不可忽视。李泌自幼聪颖，有神童的美誉，在唐玄宗开元十六年时便获得玄宗李隆基的赏识，“令其待诏翰林，为东宫属官”。后杨国忠嫉贤妒能，李泌愤而归隐。安史之乱爆发后，肃宗李亨又请李泌协助自己平定叛乱。后遭李林甫排挤，李泌再度归隐。唐代宗即位后再度请李泌出山，及至唐德宗时李泌已是四朝元老，可谓德高望重。纵观李泌一生，经历了大唐王朝从“开元盛世”到“安史之乱”由盛转衰的巨大转折，因此李泌宦海浮沉一世，也希望实现大唐王朝的复兴这一政治理想。德宗一经提出设立中和节想要先从精神上唤醒民众，李泌便给出了具体的方案。宋人曾慥在《类说》中引李繁的《邺侯家传》有记载：

德宗曰：“前代三九皆有公会，而上巳与寒食往往同时，来年合是三月二日寒食，乃春无公会矣。欲于二月创置一节，何日而可？”

泌曰：“二月十五日以后虽是花时，与寒食相值，又近晦日，以晦为节，非佳名色。二月一日，正是桃李开时，请以二月一日为中和节。其日赐大臣方镇勋戚尺，谓之裁度。令人家以青囊盛百谷果实相问遗，谓之献生子。酝酒，谓之宜春酒。村闾祭句芒神，祈谷，百僚进农书，以示务本。”

上大悦，即令行之，并与上巳、重阳谓之三令节，中外皆赐钱，寻胜宴会。

从上述记载中可以看出，唐德宗想要在农历二月创置新的节日，宰相李泌认为二月十五之后虽然是百花盛开之时，但却正值寒食期间又靠近晦日，而“晦日”并不是很好的节日名称。因此对于中和节的日期提议为“桃李开时”的农历二月一日。从“赐尺、献生子、酿宜春酒、祭句芒神、祈谷、进农书”等节俗可以概括出唐代中和节有记载可循的文化内涵主要有三方面：一曰节日庆赏；二曰重农务本；三曰警示忠直。

二、节日庆赏、官民同乐

节庆活动是在一定日期内，以特定主题活动方式，约定俗成、世代相传的一种社会活动。其根源产生于人类社会的精神生产活动。在特定的时间和空间中进行的节庆活动，不仅是对日常生活的延续，也是人们重要的情感寄托和精神信仰。中国作为有五千多年历史的文明古国，拥有丰富的传统节日资源，其内容涵盖岁时民俗、生产祭祀、情感寄托、英雄崇拜、宗教信仰、经济贸易、文化交往等各个方面，而其节庆活动也丰富多样。

中和节首先是一个娱乐性的节日，官民宴饮庆祝必不可少。“安史之乱”、藩镇割据的伤痛需要时间治愈，更需要美好的现实经历去冲散。在中和节这一日，上至皇帝，下至群臣百姓都会宴于景胜之处，诗赋歌舞助兴。

三、裁度平量、警示忠直

在日常生活中，人们用尺子度量长短，尺子有着校正裁定的作用。因此，尺子也常常被用来提醒人们把握好做人做事的尺度。

“忠直”为忠诚正直之意，在中华传统文化中一直以来都是为官做人的准则之一。《尚书·伊训》有云“敢有侮圣言，逆忠直，远耆德，比顽童，时谓乱风”。宋代司马光在《与吴相书》也说过“为今之要，在於辅佐之臣，朝夕启沃，唯以亲忠直，纳谏争，广聪明，去雍蔽为先务”。

中和节的节俗中有皇帝赐大臣戚里尺，谓之“裁度”。唐代著名诗人白居易在《中和日谢恩赐尺状》提到中和节得赐“红牙银寸尺各一”。甚至在贞元八年科举考试中有以《中和节诏赐公卿尺》为题的情况，由此可见中和节赐尺以“裁度平量，警示忠直”这一文化内涵的重要性。在中和节时，不仅皇帝会赐尺给臣子，同时官员们相互之间也以刀尺相赠，以清正互勉。

四、以农为重、以民为本

农事在历代封建王朝中都占据着举足轻重的位置，粮食是国家国力民力最重要的根本。《汉书》中郦食其说：“王者以民为天，而民以食为天。”因此唐德宗想要实现大唐王朝的中兴，必须把“以农为重，以民为本”作为中和节重要的文化内涵之一。

《旧唐书·德宗纪》载：“贞元六年二月戊辰朔百僚宴于曲江亭，上赋《中和节群臣踢宴》七韵，是日百僚进《兆人本业》三卷，司农献黍束各一斗。”

农历二月一日中和节，在朝堂之上，百官进农书，并和皇帝前往东郊祭句芒、青神，皇帝也会亲自耕种于野，以示鼓励、以作表率；在民间，百姓自行祭祀句芒，互相赠送以青囊盛百谷瓜果种的“献生子”，体现了中和节“以农为重”的文化内涵。

五、中和节与“中和”思想

《中庸》有云：“喜、怒、哀、乐之未发，谓之中。发而皆中节，谓之和。中也者，天下之大本也。和也者，天下之达道也。致中和，天地位焉，万物育焉。意思是：喜怒哀乐这些情感还没有发生的时候，内心是平静的，称之为“中”；如果情感的发生都能合乎一定的节度，则称之为“和”。“中”是天下万事万物的根本，“和”是天下万事万物运行的大道。如果能够把“中和”的道理推而广之，达到圆满的境界，那么天地万物，都能各安其所，各遂其生了。之后，西汉时思想家董仲舒在《春秋繁露·循天之道》中也认为“中者，天下之所终始也；而和者，天地之所生成也。夫德莫大于和，而道莫正于中”。

唐代白居易在《中和节颂并序》中提到：中者揆三阳之中，和者酌二气之和。其中“三阳”为“青阳、红阳、白阳”分别代表“过去、现在、未来”，“二气”则指“阴与阳”。意思即是：“中”就是把握“过去、现在和未来”；“和”即是调和“阴阳”两面。那么此处的“中和”思想应是：谨记过去，立足当下，展望未来，调和事物的“阴阳”两个极端，以适中的方式行事。

中和节的“中和”思想自确立时契合中国人的心理文化结构，但是“中和”的思想并未贯彻始终。自唐宪宗时期下令取消中和节宴后，中和节的节俗虽仍在继续沿袭，但却开始衰弱。据庞元英的《文昌杂录》可知，中和节仍有一日假期，可见中和节虽不再强制执行，但节俗依旧被流传下来。南宋周密的《武林旧事》记载：“二月一日，谓之‘中和节’。唐人最重，今惟作假，及进单罗御服，百民服单罗公裳而已。二日，宫中排办挑菜御宴。”中和节节俗被遗传下来，但初衷早已改变，在当时沦为人们更换春装的标志。直至民国时期，在某些地区仍然视为节日，《无棣县志》记载“仲春之月朔日为‘中和节’，醵钱会饮，唐时百官为‘金钱会’”。真正了解我们的传统文化，避免极端的行为发生，以“中和”的思想处事，以适中的方式行事，这才是我们应该做到的。

唐德宗谨记大唐王朝昔日的辉煌盛世与急转直下，立足于唐王朝衰弱的当下，希望经过励精图治能够在未来实现唐王朝的再一次复兴。中和节的设立，一方面使臣民"会宴于胜、诗赋歌舞相随"享受节日庆赏；另一方面"警示忠直、重农务本"。中和节为国人找到了一个寄托，找到了一个合理释放、排解的所在。传承和发展中和节不仅具有深远的历史意义，而且在当今实现中华民族伟大复兴的中国梦的伟大征程中更具有重要的现实意义。

参考文献

[1] 魏收．魏书［M］．北京：中华书局，1974.

[2] 李昉．太平御览［M］．北京：中华书局，1960.

[3] 刘昫．旧唐书［M］．北京：中华书局，1975.

[4] 王溥．唐会要［M］．北京：中华书局，1955.

[5] 赵明旸．论唐代中和节的起源、意义及流变［J］．三门峡职业技术学院学报，2015.

[6] 陈勤．历史上的中和节［J］．文史杂谈，1997.

[7] 张双棣．吕氏春秋［M］．北京：中华书局，2007.

[8] 曾慥．类说［M］．上海：上海古籍出版社，1993.

[9] 张勃．从官方建构到民间传统：中和节的故事［J］．民俗研究，2008.

[10] 陈勤．历史上的中和节［J］．文史杂谈，1997.

[11] 陈寅恪．元白诗笺证稿［M］．上海：上海古籍出版社，1978.

[12] 范建华．论节庆文化与节庆产业［J］．学术探索，2011（02）：99-105.

[13] 董根洪．中和：中国传统文化的核心精神［J］．青岛科技大学学报：社会科学版，2010，26（01）：38-43.

[14] 王晶晶．国家与社会视角下的唐宋节日研究［D］．河北师范大学，2015.

[15] 吴晓娟．地方民俗文化精英与传统节日的复兴和重构［D］．山西师范大学，2014.

第四章　清明节

清明本是二十四节气之一，一方面，《历书》上说：“春分后十五日，斗指丁，为清明，时万物皆洁齐而清明，盖时当气清景明，万物皆显因此得名。”清明左右是春耕春种的大好季节。另一方面，清明的前两日为寒食，寒食原本为祭祀之节，由于古人往往把寒食节延续到清明，这样一来，两者就很难分辨了。在二十四节气中，只有清明被民间演变为传统节日。古人在清明这天要禁火寒食，上坟扫墓。“三月清明日，男女扫墓，担提尊榼，轿马后挂楮锭，粲粲然满道也。拜者、酹者、哭者、为墓除草添土者，焚楮锭次，以纸钱置坟头。望中无纸钱，则孤坟矣。哭罢，不归也，趋芳树，择园圃，列坐尽醉。”旧时文人在寒食清明期间，外出踏青，写下不少佳作名篇。杜牧的《清明》诗就是其中优秀的代表。

第一节　清明节的起源

“清明时节雨纷纷”，每到清明，往往就有着如丝如缕的春雨绵绵。总让人们想起贺铸的《青玉案》：“若问闲愁都几许？一川烟草，满城风絮，梅子黄时雨。”看到这样的诗句，怎能还不懂得人心上缭绕的那点忧愁。

清明的忧和愁，不是闲愁，它是实实在在有来由的伤情。在这个生机勃勃的时节，我们可以去踏青、植树、荡秋千、打马球、插柳条，同时也要在生机中去告慰心中深沉的哀思和寄托。

一、清明节的起源之名称与时间

（一）名称

如同二十四节气中的很多节气，清明节的名称与此时的天气物候的特点有关。清明时节，气温转暖，草木繁盛，天气清新明朗，万物欣欣向荣。西汉时期的《淮南子·天文训》中说："加十五日指乙则清明风至，音比仲吕。"《岁时百问》中写道"万物生长此时，皆清洁而明净。故谓之清明。"

（二）时间

清明作为节气名称，早在先秦时期就已出现。《逸周书·时训》曰："清明之日，桐始华。"到了汉武帝太初元年（公元前 104 年），邓平等制定的《太初历》正式确立了"二十四节气"名称，清明作为节气名称逐渐广为民众所接受。

清明作为节日名称，最早出现于唐代，当时其主要是寒食节的组成部分，而后经过发展演变，南宋时期完全取代了寒食节，成了独立的节日。

清明节既是节日又是节气，每年的时间不是固定的，要根据每年的春分点来计算，春分后的十五天是清明节，在阳历 4 月 4 日至 6 日之间，5 日居多。清明节期很长，"有 10 日前 8 日后"及"10 日前 10 日后"两种说法，这近 20 天内均属清明节期内。

二、清明节起源之说法

（一）纪念介子推之说

关于清明节虽也有几种不同的说法，但流传最广、影响最深、最让人信服的莫过于与介子推相关的传说了。介子推是春秋时期晋国人，早年重耳流亡时，经常食不果腹、衣不蔽体。据《韩诗外传》记载，重耳有一年逃到卫国，一个叫作头须的随从偷光了他的资粮，逃入深山。重耳无粮，饥饿难忍。向田夫乞讨，可不但没要来饭，反被农夫们用土块当成饭戏谑了一番。后来重耳都快饿晕过去了，为了让重耳活命，介子推到山沟里，把腿上的肉割了一块，与采摘来的野菜同煮成汤给重耳。当重耳之后知道自己吃的是介子推腿上的肉时，重耳大受感动，声称有朝一日若自己做了君王，要好好报答介子推。介子推和众大臣忠心耿耿随重耳流亡十九年后，在国人内应和秦国的帮助下，重耳归国即位。而介子推，却回到他的家乡夏县裴介村赡养老母亲。重耳历经千辛终于当上了国君，成了中国历史上著名的春秋五霸之一——晋文公。在他封赏大臣时，当年跟随他的臣子都取得了高官厚禄，却独独忘记了介子推。一些大臣为介子推喊不公，这才提醒了晋文公，晋文公醒悟后追悔不已，满城寻找介子推，而介子推却早已不想再做官，于是带着自己的母亲在绵山一山洞中隐居，草衣寒食。此事不久便被晋文公知道了，于是晋文公便亲自前往绵山请他出山。绵山山高路险，树木茂密，找寻两个人谈何容易，有人献计，从三面火烧绵山，逼出介子推。大火烧遍绵山，却没见介子推的身影，火熄后，人们才发现背着老母亲的介子推已坐在一棵老柳树下死了。晋文公见状，痛哭不已。装殓时，从树洞里发现一血书，上写道："割肉奉君尽丹心，但愿主公常清明。"为纪念介子推，晋文公下令将这一天定为"寒食节"。第二年晋文公率众臣登山祭奠，发现老柳树死而复活，便赐老柳树为"清明柳"，并晓谕天下，于是又把寒食节的后一天定为"清明节"。

（二）刘邦祭祖说

秦朝末年，刘邦终于打败项羽赢得天下。刘邦衣锦还乡时，想去双亲的墓上祭拜，却因为连年的战争，使得一座座的坟墓上长满杂草，他无法找到自己父母的坟墓。刘邦非常难过，虽然部下也帮他翻遍所有的墓碑，可是直到黄昏的时候还是没找到他父母的坟墓。最后刘邦从衣袖里拿出纸，撕成许多小碎片，紧紧捏在手上，然后向上苍祷告说："父母在天有灵，我将把这些纸片抛向空中，如果纸片落在一个地方，风都吹不动，就是父母坟墓。"说完刘邦把纸片向空中抛，果然有一片纸片落在一座坟墓上，不论风怎么吹都吹不动，刘邦跑过去仔细瞧一瞧模糊的墓碑，果然看到他父母的名字刻在上面。后来民间的百姓，也和刘邦一样在每年的清明节都到祖先的坟墓祭拜，并且用小土块压几张纸片在坟上，表示这座坟墓是有人祭扫的。这种说法虽带有一定的神话色彩，并无从考证，但这也为扫墓时的习俗提供了解释。

三、清明节与寒食节

起初，清明只是被当作一个节气，提醒着人们这个季节该干什么，二十四节气歌中“春雨惊春清谷天，夏满芒夏暑相连，秋处露秋寒霜降，冬雪雪冬小大寒”中的“清”便是指清明了。但自从晋文公为了纪念介子推将寒食节定于清明前一天后，清明节和寒食节便有了不可分割的联系。在古代，寒食节和清明节是两个不同的节日，但随着时代的发展，清明节逐渐取代了寒食节的地位，演变成为今天我们的中国传统节日及法定假日——清明节。在一些地方，甚至有将清明节称作寒食节的说法。那么，我们先要区分一下寒食节和清明节。

寒食节为清明节前一天，即春分后十四天。寒食节当天不可生火，要把冬季保留下来的火种熄灭了。到了清明，又要重新钻木取火。唐代诗人韦庄的诗“寒食花开千树雪，清明火出万家烟”，描绘的就是寒食和清明两天截然不同的景象。关于寒食节的起源也有两种说法。一种为神灵说，另一种跟清明节一样与介子推有关。

（一）神灵说

这一种说法要追溯到远古时期，在远古时代，我们的祖先发现了火，并用火将食物烧熟，同时，火给我们的祖先带来了光明，还可以用它来驱逐凶恶的猛兽。但是，火也给人类带来了灾难，于是，我们的祖先便认为火是神圣的，负责看管火的使用的神灵是火神。既然是神，那便要祭祀。所以各家所祀之火，每年都要熄灭一次，以表示对神灵的尊敬。新燃起的火成为新火，又称为“改火”。相沿成俗。同时《周礼》中明确记载当时有“司炬”之官，每当仲春季节，气候干燥，不仅人类保存的火种容易引起火灾，而且春雷发生也易引起山火，便有了禁火节，随着时代的演变，成为今日的寒食节。

（二）纪念介子推说

此说法在前文已谈到，在此便不再赘述。为了纪念这位忠臣义士，大家在介子推死难之日不生火做饭，要吃冷食，这一天便被人们称为寒食节。

由以上对比可以看出，寒食节虽与清明节有许多相似之处，但其起源、传说、意义等并不一样，所以不宜混淆。

四、清明节之传承与演变

关于清明节的传承与演变，下文分两个部分讲述，一个是作为节气的清明节，一个是作为节日的清明节。

（一）清明节气的传承

清明作为节气的名称，在先秦时期就已出现，到汉武帝时，逐渐被民众所认识与接受。同二十四节气中的其他节气一样，清明节起到了指导农事、预知气候变化等作用，民间有“清明十天种高粱”“雨水清明紧相连，植树季节在眼前”“清明前后，点瓜种豆”等农谚，作为节气的清明，伴随着一代又一代华夏子孙，走过无数个春夏轮回，见证着人与自然的互动。

（二）清明节日的传承与演变

1. 从寒食节到清明节

与春节、端午节、中秋节并称为中国四大传统节日的清明节，本只是一个节气，它是如何发展到拥有“双重身份”的呢？谈到这个问题，那就需要再说到寒食节，唐代之前，寒食与清明泾渭分明，寒食节主要节俗为禁火、冷食。唐代寒食节出现了新的重要节俗——郊祭，这一节俗的兴起，使得寒食节出现了名实不副的问题。但就文献资料来看，唐代清明只是寒食节的组成部分，即在清明当天改火，清明尚未成为独立节日。这一情形在北宋时期无明显变化。到了南宋，禁火、冷食等习俗的影响力大为衰落，民间更为重视郊祭，而且郊祭一般在清明日，清明显然已取代寒食成为节日。出现这种变化的原因有三：一是寒食习俗兴起于北方，对南方影响力较弱，而南宋经济、文化中心在南方；二是南宋经济发达，民众乐于享受，禁火、冷食习俗失去了社会心理基础；三是南宋时期宗族文化开始兴盛，更为重视祭扫习俗，祭扫取代寒食成了核心节俗，为了名实相副，以清明取代寒食乃是常理。

2. 明清时期的清明节

中国节日风俗在明清两代也出现了变化：一是上层统治者及文人士大夫层的

复古风；二是有些以小农经济为基础的节日风俗被淘汰或淡化；三是游乐性的风俗迅猛发展。经过宋元两代的传承与演变，当薪火不再珍贵的时候，寒食已变得徒有虚名，寒食、上巳逐渐淡出人们的记忆。明清两代，清明节已经是春天唯一的大节了。明清时代，清明节俗已普及到全国，但风俗有异有同。总的来看，清明节南北冷热不一，形成了两种色调。北方人不像以前那么重视清明节，但节日娱乐保留古风，相比而言，南方过清明节就热闹许多，清明节在南方各地发展兴盛开来，这与宋代以后文化中心南移对节日风俗的巨大影响有关。这也是现在南方对清明节的传统保留继承得比较好，习俗风貌呈现多种多样的原因。

3. 现代的清明节

1935 年中华民国政府明定 4 月 5 日为国家法定假日清明节，也叫作民族扫墓节。2007 年 12 月 7 日，国务院第 198 次常务会议通过了修改《全国年节及纪念日放假办法》的决定，其中规定，清明节，放假一天（农历清明当日）。2008 年，清明节正式成为法定节假日，放假一天。

清明节的由来，被大多数人所接受和公认的便是纪念春秋时期晋国有名的忠义之之臣介子推，但类似于《左转》这类书籍中并未有相关的记载。可见，中国大多数节日的由来都带有几分神话色彩，虽有部分文献中记载有关介子推与清明节的关联，但终究无法考证。然而，我们在这些人物故事中读到的却是我们祖先对统治者的期望和对生活的态度。“割肉奉君尽丹心，但愿主公常清明”不仅道出了在皇权统治时期作为臣子应当为君主尽心竭力、克己奉公，同时，也道出了作为一个国家的最高统治者，也要爱民如子、清廉执政。

第二节　清明节文艺感悟

清明节是节气与节日的合体，由来于上古时代的春祭。春秋二祭，古已有之。清明作为一个传统节日，与普通的节气又有所不同，节气仅仅代表着物候变化、时间的推移，同时在农耕时代，还提醒着农民们应该在什么时节做什么事。但当这个节气转变了一个新的身份，变为一个民族所遵循的传统节日后，就意味着它具有了文化内涵和精神寄托。

当然，清明时节正是万物复苏、桃红柳绿的时候，经历了漫长的冬日再看见如此生机勃勃的景象，又有谁可以按捺住心中的欢喜？所以清明节也是踏春、插柳、放风筝、荡秋千、植树的好时节。不仅如此，在古代，蹴鞠、射柳、斗鸡更是不可缺少的娱乐活动。

但纵观关于清明节的诸多作品，清明节古往今来都是一个几家欢喜几家愁的节日。阳春三月，正是春花烂漫之时。草长莺飞，绿草茵茵。在这个季节，池塘里会疏疏落落地点缀着一两点青苔，树荫下传来的几声莺啼会划破漫长的冬日后的寂静。正如晏殊所描绘的："池上碧苔三四点，叶底黄鹂一两声，日长飞絮轻。"这个时候，正是年轻的女子们相约出游的好时节，"巧笑东陵女伴，采桑径里逢迎"，真是一幅美好的踏春图。但清明往往也意味着雨水的到来，飘飘洒洒的细雨，带着沉重的潮湿，一如此刻杜牧的心情"路上行人欲断魂"，那能如何呢？"借问酒家何处有？牧童遥指杏花村"。无可奈何呀，只能借酒浇愁，可自古又有多少人只能是"借酒消愁愁更愁"，还不如学习高翥"人生有酒须当醉，一滴何曾到九泉"。可这各人有各人不同的愁法，就如冯延巳一般，"谁把钿筝移玉柱？穿帘海燕惊飞去。满眼游丝兼落絮，红杏开时，一霎清明雨。浓睡觉来慵不语，惊残好梦无寻处？"卧于六曲阑干之上，伴着杨柳清风，不知是谁将那美妙的筝声换为了玉柱，惊得梁上的燕子乱窜而逃。然而好景不常在，红艳的杏花也经不住清明的纷纷雨水被打落，落入泥土中化为尘土，鸣叫的莺啼扰乱了我那一枕幽梦，可好梦不是有求便有得的，这一帘幽梦又让我去哪里找寻呢？

"燕归花谢，早因循，又过清明。是一般风景，两样心情。"这是纳兰性德在《红窗月》中所写，这句词与李清照的"物是人非事事休，欲语泪先流"有着异曲同工之妙。燕子归来了，早春的花又谢了，清明时节又过，想到我们相遇的情景仿佛昨天才发生，我们的誓言依旧在耳边回响，可是，却让我怎么也不能相信的是如今我们早已阴阳相隔了。人之生死，本为天道常事，可偏偏人是有着七情六欲的啊，可偏偏这个充满了离别忧思的季节，可偏偏你早早地便留下我一个人走了。纳兰性德的词风向来都是以"清丽婉约，哀感顽艳"著称，这首词以"语罢一丝香露，湿银屏”结尾，给我们留下了无限遐想。对于清明节，古代的英雄豪杰也有忍不住戚戚然的时候。比如辛弃疾，这个豪迈的、永不服输的、永远一生热血的男人，面对着海棠花落，匆匆又过的清明，也不得不发出“曲岸持觞，垂杨系马，此地曾经别。楼空人去，旧游飞燕能说”的黯然叹息。

不管是“清明天气，永日愁如醉”，还是“清明节，雨晴天，得意正当年”，对自然来说，阴晴雨雪再正常不过，对人的生活来说，酸甜苦辣也是常态，不妨学习苏东坡的“也无风雨也无晴”，从容乐观，做生活的美食家，酸甜苦辣都欢喜。

第三节　清明节节日习俗

清明节的习俗丰富多彩，它不仅有大家所熟知的扫墓、祭祀先祖这些沉重的习俗，还有踏青、放风筝、插柳、射箭等让人欢乐的传统。因此，这个节日中既有祭扫新坟、生离死别的悲酸泪，又有踏青游玩、品尝美食的欢笑声，是一个富有特色的节日。不同地区有不同的传统习俗，下面分活动习俗和饮食习俗两部分来列举其中的一些习俗。

一、活动习俗

（一）扫墓

清明扫墓，谓之对祖先的“思时之敬”。其实，在秦以前就有了扫墓这一习俗，只是并非在清明时节，故在此之前并未将其作为清明的习俗。清明扫墓到了唐朝开始盛行。《清通礼》中云：“岁，寒食及霜降节，拜扫圹茔，届期素服诣墓，具酒馔及芟剪草木之器，周胝封树，剪除荆草，故称扫墓。”在部分地区，也将祭扫称作“上坟”“插青”。

清明祭扫仪式本应前往墓地进行，但由于家庭条件和地域限制，所以不同地区也存在着不同的差别。清明祭扫的主要目的是为祖先清扫墓地，同时为亡人烧“包袱”。此“包袱”类似于寄往“阴间”的邮包。用来包裹“包袱”的“包袱皮”有两种形式：一种是用木刻版，把周围印上梵文音译的《往生咒》，中间印一莲座牌位，用来写上收钱亡人的名讳，如，“已故张府君讳云山老大人”字样，既是邮包又是牌位。另一种是素包袱皮，不印任何图案，中间只贴一蓝签，写上亡人名讳即可，亦做主牌用。关于包袱里的冥钱，种类很多，此处不一一详列。

在另一些地方，不仅要为祖先烧“包袱”，同时，还要在坟头插上用纸剪的纸花，表示此墓有人祭祀。

（二）插柳/戴柳

据说，插柳的风俗，也是为了纪念“教民稼穑”的农事祖师神农氏。有的地方，人们把柳枝插在屋檐下，以预报天气，古谚有“柳条青，雨蒙蒙；柳条干，晴了天”的说法。黄巢起义时规定，以“清明为期，戴柳为号”。起义失败后，戴柳的习俗渐被淘汰，只有插柳盛行不衰。杨柳有强大的生命力，俗话说：“有心栽花花不开，无心插柳柳成荫。”柳条插土就活，插到哪里，活到哪里，年年插柳，处处成荫。

清明时节，春光明媚，绿树成荫，人人都要插柳，家家户户门口都要插柳。这个习俗究竟从何而来呢？关于清明节有个传说和宋代大词人柳永有关。据说柳永生活放荡，常往来于花街柳巷之中。当时的歌妓无不爱其才华，并以受柳永青睐为荣。但因为生活不轨，柳永一生为仕途所不容，虽中过进士最后却于襄阳贫困而亡。他的墓葬费用都是由仰慕他的歌女集资的。每年清明节，歌女们都到他坟前插柳枝以示纪念，久而久之就成了清明插柳的习俗。其实这个习俗早在唐代就有了。唐人认为三月三在河边祭祀时，头戴柳枝可以摆脱毒虫的伤害。宋元以后，清明节插柳的习俗盛行，人们踏青游玩回来，在家门口插柳以避免虫疫。无论是民间传说还是史籍典章的记载，清明节插柳总是与避免疾疫有关。春节气候变暖，各种病菌开始繁殖，人们在医疗条件差的情况下只能寄希望于摇摇柳枝了。

关于插柳的由来，还有一种说法。原来中国人以清明、七月半和十月朔为三大鬼节，是百鬼出没讨索之时。人们为防止鬼的侵扰迫害而插柳戴柳。柳在人们的心目中有辟邪的功用。受佛教的影响，人们认为柳可以驱鬼，而称之为“鬼怖木”，观世音以柳枝沾水济度众生。北魏贾思勰《齐民要术》里说：“取柳枝著户上，百鬼不入家。”清明既是鬼节，值此柳条发芽时节，人们自然纷纷插柳戴柳以辟邪了。汉人有“折柳赠别”的风俗：“灞桥在长安东，跨水作桥，汉人送客至此桥，折柳赠别。”李白有词云：“年年柳色，灞陵伤别。”古代长安灞桥两岸，堤长十里，一步一柳，由长安东去的人多到此地惜别，折柳枝赠别亲人，因“柳”与“留”谐音，以表示挽留之意。这种习俗最早起源于《诗经·小雅·采薇》里“昔我往矣，杨柳依依”。用离别赠柳来表示难分难离、不忍相别、恋恋不舍的心意。杨柳是春天的标志，在春天中摇曳的杨柳，总是给人以欣欣向荣之感。“折柳赠别”就蕴含着“春常在”的祝愿。古人送行折柳相送，也寓意亲人离别去乡正如离枝的柳条，希望他到新的地方，能很快地生根发芽，好像柳枝之随处可活。它是对友人的一种美好祝愿。古人的诗词中也大量提及折柳赠别之事。唐代权德舆诗:“新知折柳赠。”宋代姜白石诗:“别路恐无青柳枝。”明代郭登诗:“年年长自送行人，折尽边城路旁柳。”清代陈维崧词：“柳条今剩几？待折赠。”人们不但见了杨柳会引起别愁，连听到《折杨柳》曲，也会触动离绪。李白《春夜洛城闻笛》：“此夜曲中闻折柳，何人不起故园情。”其实，柳树可以有多方面的象征意义，古人又赋予柳树种种感情，于是借柳寄情便是情理之中的事了。

（三）荡秋千

这是中国古代清明节习俗。秋千，意即揪着皮绳而迁移。它的历史很古老，最早叫千秋，后为了避忌讳，改之为秋千。古时的秋千多用树丫枝为架，再拴上彩带做成。后来逐步发展为用两根绳索加上踏板的秋千。

（四）放风筝

清代高鼎的《村居》中描绘过一幅孩子们在青青草地上放风筝的画面，“儿童散学归来早，忙趁东风放纸鸢。”诗中的纸鸢便是风筝，也有人称鹞子，《墨子·鲁问》上写道“公输子削竹木以为鹊，成而飞之，三日不下”，《鸿书》上有“公输般变木鸢，以窥宋城”的记载，说明风筝历史悠久，源远流长。经过上千年的演变和发展，无论是工艺造型，还是艺术特色，都充分表现了人们的艺术情趣和美好向往，富有浓郁的民族特色和乡土生活气息。放风筝是清明时节人们喜爱的活动。每逢清明时节，人们不仅白天放，夜间也放。夜里在风筝下拉线上挂上一串串彩色的小灯笼，像闪烁的明星，被称为“神灯”。过去，有的人把风筝放上蓝天后，便剪断牵线，任凭清风把它们送往天涯海角，据说这样能除病消灾，给自己带来好运。

（五）踏青

又叫春游、踏春，古时叫探春、寻春等。三月清明，春回大地，自然界到处呈现一派生机勃勃的景象，正是郊游的大好时光。我国民间长期保持着清明踏青的习惯，尤其在北京和济南，历来有踏青的讲究。每当青草依依、清水涟涟时，人们便脱下长布衫，走出四合院，三五成群到乡野山间赏景散心，一冬的沉闷一下子便烟消云散。明朝王象春在《齐音》中就有《踏青》诗：“三月踏青下院来，春衫阔袖应时载。折花都隔山前雨，直到黄昏未得回。”

（六）植树

清明前后，春阳照临，春雨飞洒，种植树苗成活率高，成长快。因此，自古以来，中国就有清明植树的习惯。有人还把清明节叫作“植树节”。植树风俗一直流传至今。1979 年，全国人大常委会规定，每年 3 月 12 日为中国植树节。这对动员全国各族人民积极开展绿化祖国活动，有着十分重要的意义。

（七）蹴鞠

这是古代清明节时人们喜爱的一种游戏。相传是黄帝发明的，最初目的是用来训练武士。它又名“蹋鞠”“蹴球”“蹴圆”“筑球”“踢圆”等，最早系外包皮革、内实米糠的球。因而“蹴鞠”就是指古人以脚蹴、蹋、踢皮球的活动，类似今日的足球。据史料记载，早在战国时期，汉族民间就流行娱乐性的蹴鞠游戏，而从汉代开始又成为兵家练兵之法，宋代又出现了蹴鞠组织与蹴鞠艺人，清代开始流行冰上蹴鞠。因此，可以说蹴鞠是中国古代流传久远、影响较大的一项体育运动。杜甫《清明》诗中说，“十年蹴鞠将雏远，万里秋千习俗同”，也说明了清明踢球习俗的普遍性。

（八）射柳

射柳是一种练习射箭技巧的游戏。据明朝人的记载，就是将鸽子放在葫芦里，然后将葫芦高挂于柳树上，弯弓射中葫芦，鸽子飞出，以飞鸽飞的高度来判定胜负。

（九）斗鸡

古代清明盛行斗鸡游戏，斗鸡由清明开始，斗到夏至为止。中国最早的斗鸡记录，见于《左传》。到了唐代，斗鸡成风，不仅是民间斗鸡，连皇上也参加斗鸡，如唐玄宗最喜斗鸡。

（十）蚕花会

“蚕花会”是蚕乡一种特有的民俗文化，过去清明节期间，梧桐、乌镇、崇福、洲泉等地都有此项民俗活动。其中以洲泉的马鸣庙和青石的双庙诸的蚕花会最为精彩隆重。马鸣庙位于洲泉镇西，在当地有“庙中之王”之称，每年蚕花会人山人海，活动频繁，有迎蚕神、摇快船、闹台阁、拜香凳、打拳、龙灯、翘高竿、唱戏文等十多项活动。这些活动有的在岸上进行，绝大多数在船上进行，极具水乡特色。

（十一）拔河

拔河为双方各执绳一端进行角力的体育活动。战国时期就有拔河这项活动，不过在那时不叫拔河，而称为“钩强”或“牵钩”，后演变为荆楚一带民间流行的“施钩之戏”。清明时节，正是万物生机勃发的时节，人们熬过了冬日的困倦，适逢清明时节的大好春光，会举行类似的体育活动，帮助人们强健体魄、驱除病害。

二、饮食习俗

（一）青团子

在江南一带，每到清明节，几乎家家都做青团子，一为开胃尝鲜，二为祭祖上供。团子是用一种名叫“浆麦草”的野生植物捣烂后挤压出汁，接着取用这种汁同晾干后的水磨纯糯米粉拌匀揉和，制作团子。馅心是用细腻的糖豆沙制成，在包馅时，放入一小块糖猪油。团坯制好后，将它们入笼蒸熟，出笼时用毛刷在表面刷一层熟菜油。青团子油绿如玉、糯韧绵软、清香扑鼻，吃起来甜而不腻，肥而不腴，是清明时节的最佳小吃。

关于吃青团这个习俗的来历，有这样一个传说。相传有一年清明节，太平天国李秀成得力大将陈太平被清兵追捕，附近耕田的一位农民上前帮忙将陈太平化装成农民模样，和自己一起耕地。没有抓到陈太平，清兵并未善罢甘休，于是在村里添兵设岗，每一个出村人都要接受检查，防止他们给陈太平带吃的东西。

回家后，农民在思索带什么东西给陈太平吃时，一脚踩在一丛艾草上，滑了一跤，爬起来时只见手上、膝盖上都染上绿莹莹的颜色，他顿时计上心头，连忙采了些艾草回家洗净、煮烂、挤汁，揉进糯米粉内，做成一只只米团子。然后把青溜溜的团子放在青菜里，混过村口哨兵的检查。陈太平吃了青团，觉得又香又糯且不粘牙。天黑后，他绕过清兵哨卡安全返回大本营。后来，李秀成下令太平军士兵都要学会做青团以御敌自保。

（二）吃馓子

在我国南北各地，清明节有吃馓子的食俗。“馓子”为一油炸食品，香脆精美，古时叫“寒具”。清明节吃馓子深受世人的喜爱，但是由于南北方的差异，做馓子用的材料也不同。北方馓子以麦面为主料，南方馓子多以米面为主料。馓子色泽黄亮、层叠陈列、轻巧美观、干吃香脆可口，泡过牛奶后入口即化。在少数民族地区，馓子的品种繁多、风味各异，尤以维吾尔族、东乡族和纳西族以及宁夏回族的馓子最为有名。

（三）吃“欢喜团”

在巴蜀一带，清明节有吃“欢喜团”的食俗。以炒米作团，用线穿之，或大或小，各色点染，名曰“欢喜团”。清人《绵城竹枝词》有诗云：“欢喜庵前欢喜团，春郊买食百忧宽。”

（四）吃螺蛳

在南方水乡，清明的食俗是吃螺蛳。蛳有“盘中明珠”之美誉，肉质丰腴细腻、味道鲜美、清淡爽口，堪与法国蜗牛相媲美。清明时节是采食螺蛳的最佳时令，因为此时的螺蛳尚未繁殖，最为丰满、肥美，故有“清明螺，抵只鹅”之说。

（五）吃薄饼

在闽南多数地方，清明节一家人在扫墓后要聚在一起包薄饼吃。薄饼分皮、馅两部分，老厦门人卷薄饼时，一般喜欢在薄饼皮里放点酥了油的海苔、油煎的蛋丝，或抹一点辣酱等，卷后趁热吃更有滋味。

（六）吃荠菜

清明时节，闽东各地无论城乡，大多有吃芥菜的食俗。据说，每年二月二吃了用芥菜和大米混煮的“芥菜饭”可以终年不长疥疮。

（七）画卵

在一些地方，于清明头一夜，把鸡鸭卵煎熟，染成蓝黄杂色，在卵壳上加以雕镂成画，作为冷食礼品赠送。据说吃画卵，在隋唐时盛行全国。

（八）枣糕

枣糕又叫“子推饼”，北方一些地方用酵糟发面，夹枣蒸食。他们还习惯将枣饼制成飞燕形，用柳条串起挂在门上，可以冷食，以纪念介子推不求名利的高尚品质。

（九）蒸朴籽粿

潮汕有一种树叫朴籽树，叶椭圆形，果实如绿豆，味甘甜。传说先人在饥荒年，采此树叶充饥度荒。清明时节，气候转暖，草木荫茂，朴籽树叶满丛嫩绿。后人为不忘过去，便在清明节采此树叶，和米舂捣成粉，发酵配糖，用陶模蒸制成朴籽粿，有梅花型及桃型两种，也有叫碗酵桃的。粿品呈浅绿色，味甚甘甜，据说吃了还可解积热，除疾病。

（十）润饼菜

每到清明时节，泉州人有吃“润饼菜”的食俗。据说，这是古时寒食节食俗之遗风。“润饼菜”的正名应该是春饼。清明吃润饼，不仅是泉州独有的，厦门人也有此风俗。相传开这种吃法之先河的，是明朝总督云贵湖广军务的同安人蔡复一。当时同安属泉州府辖，因此这种吃法便流传开来，在闽南成了家常名品。

（十一）乌稔饭

关于清明食俗，不能不提到畲家的“乌稔饭”，因为闽东是畲族聚居地。每年三月初三，畲族人家家户户煮“乌稔饭”，并馈赠汉族的亲戚朋友，久而久之，当地的汉族人民也有了清明时食“乌稔饭”的习俗。特别是枯荣县民间，每年都须用“乌稔饭”祭祀，可见我国自古以来就是一个民族和睦相处的大家庭。

据畲族民间传说：唐总章二年（公元 669 年），畲族英雄雷万兴率领畲军抗击官兵，被围困山中，时值严冬粮断。畲军只得采摘乌稔果充饥，雷万兴遂于农历三月初三日率众下山，冲出重围。从这以后，每到“三月三”，雷万兴总要召集兵将设宴庆贺那次突围胜利，并命畲军士兵采回乌稔叶，让军厨制成“乌稔饭”，让全军上下饱食一顿，以志纪念。“乌稔饭”的制作方法并不繁杂，将采摘下来的乌稔树叶洗净，放入清水中煮沸，捞掉树叶，然后，将糯米浸泡在乌稔汤中，浸泡 9 小时后捞出，放在蒸煮笼里蒸煮，熟时即可食用。制好的“乌稔饭”，单从外表来看不甚美观，颜色乌黑，然而米香扑鼻，与一般糯米饭相比，别有一番风味。

（十二）枣锢飞燕

宋朝的清明节，除了街市上所卖的稠饧、麦糕、乳酪、乳饼等现成的食品之外，普通人家也自制一种燕子形的面食，称为“枣锢飞燕”，据说是从前用来祭拜介子推的祭品。明朝人还会留下一部分的枣锢飞燕，到了立夏，用油煎给家中的孩童吃，据说吃了以后，可以不蛀夏。

清明节，作为传统节日中不可缺少的一员，尤为受到重视。清明节的活动，不仅仅是为了追思哀悼，同时也是对美好生活的一种向往和希冀。

第四节 清明节的文化内涵

古语云“春分祭日，夏至祭地，秋分祭月，冬至祭天”。清明节自古以来就是人们非常重视的节日，它凝聚着丰富而隽永的内在意蕴，寄寓着炎黄子孙慎终追远、求新求明的观念与追求，作为二十四节气中唯一一个既是节气又是节日的重要日子，其文化内涵更是尤为厚重。

一、清明节本义

清明节中的“清”字既表示时令特征，即天朗气清、惠风和畅、万物复苏、生机勃勃，同时也象征着人要清醒、明白、头脑清楚，心要清，身亦清，为官为民都要清明做事、明白做人。“明”有两大方面，眼要明，心要明。这便是清明的本义。按其本义来说，对于人，要求我们从身体外部至心灵内部都要达到清明的境界。对于自然界，指天地清明，通过天道的五运六气将木气能量推到最高峰的时候，在天给予地充足的雨水进行沐浴和洗礼之后，地龙已经腾飞起来，天地阴阳二气的能量开始升降运动，阴阳能量的交融交汇明显地开始接近。

要达到这样一片清明的景象，需要满足多种条件。首先要节气达到；其次，要求人们慎终追远，缅怀祖先，将自己的根连接起来。任何事物如果离开了根，就无法继续发芽生长。所以，对于清明节这样一个春祭节日，我们不可轻视，毫不夸张地说，这是一个寻根续源的节日，是对祖先表达真挚的恩情，对自然表达感激之情的节日。

二、清明的儒道释精神

（一）儒家：慎终追远，民德归厚

祭祀扫墓是清明的重要习俗，人们在这一天扫墓祭祀祖先。在科学昌明的今日，扫墓祭祖依旧有着重要的意义。

《论语·学而篇》：“曾子曰：‘慎终追远，民德归厚矣。’”意思是曾子说：“谨慎地对待父母的去世，追念久远的祖先，民风自然朴实敦厚。”

我们祭祀祖先，是因为我们是他们的传承，我们缅怀先辈，是因为他们是我们的榜样。我们哀悼祭祀、敬畏历史、尊重生命。清明让我们不忘先人的恩泽，在祭祀追思中，自勉自强、传承家风、不堕家声。荀子说：“君子以为文，小人以为神。以为文则吉，以为神则凶。”君子把鬼神之说当成一种文化，小人把鬼神当成一种灵异的迷信。当成文化是好事，当成迷信就坏事。“举头三尺有神明”，让我们拥有一份敬畏，让我们约束自己，有所为有所不为。

（二）道家：顺应自然，吐故纳新

清明节来源于两个古老的节日——寒食节、上巳节。寒食在清明节的前一两日，相传在寒食这一天，人们禁烟火、食冷食、祭祀祖先。上巳节在农历三月初（如今发展到固定在三月三），与清明的日期也十分接近，这天人们踏青、游玩、佩兰草。

在唐朝的时候，寒食节、上巳节正式归入到清明，三节合一，成为现在人们熟知的清明节。所以，很多地方，清明依然保留了寒食的习俗，食冷食。一年之计在于春。春天是新的开始。此时光照日长，阳气日渐充盈。道家认为，在阳气极盛之时，吃寒食或者辟谷，可以把体内的浊气逼出来，使得身清心明，身心清净。

（三）佛家：祭奠过往，感恩祖先，念念清明，时时当下

祭奠感恩先辈，提倡孝道是清明节所传达的重要精神，佛教为祖先超度古已有之，最早可追溯到南北朝时期。佛教涉及孝道思想的经典很多:《佛说孝子经》，收于《大正藏》第十六册；《佛说盂兰盆经》，收于《大正藏》第十六册，主要讲述目犍连救母之事；佛家讲，无想无念念，不是要一个念头都没有，而是要每个念头都了了分明而不为所动，念头来，能觉察；念头去，能不留。这就是“念念清明”，也就是真正的“静心”，然后才能“时时当下”，归于本心。

清明时节，天朗气清，风和日丽，万物欣欣向荣，人自身也开始愉悦振奋起来。抛却杂念，踏青赏花，活在当下，享受当下，过好当下的每一天。

三、清明节的大众精神文化内涵

（一）清明节是大众情感的一次承载与释放

与很多节日一样，清明节为人们的情感提供了一个载体，节日与平常日子不同的是，节日可以更多地去表达、释放自我，无论是悲还是喜。清明因各种因素，包括清明节日习俗传说、文学作品的提及与描述、清明时节的天气等，给大家的情感的表达与释放提供了一个多元、广阔的空间。

在清明，人们说“庭轩寂寞”，人们叹“兴味萧然似野僧”，人们道：“一年

冷节是清明”，人们想“犹及清明可到家”，思乡之绪，落之笔下。清明节的文化，清明节的精神，就在人们的思绪情感里。

（二）清明既是祭奠也是迎接

清明这几天，能看到很多去扫墓的人，很多地方称之为“上坟”，有的地方上坟要放鞭炮。

清明扫墓祭祖这个习俗，从唐代到如今，一千多年里，影响着无数的炎黄子孙，提醒我们要敬重祖先，不忘过往。表明了我们对待祖先、对待历史的态度，这不只是清明节的一个文化习俗，这也是我们整个民族精神文化的体现。

清明节既有对过往的纪念，也有对未来的期盼迎接。清明节一到，大家去踏青，去感受春的气息，感受万物的勃勃生机；清明节一到，大家去植树，去期盼成长；清明节一到，大家去放风筝，去放飞对未来的期许，去放飞对美好的追寻。清明节一到，也是春耕的好时节，种瓜点豆，开始一段段新的成长。

清明节在中国社会的起源发展，为无数中国人提供了一个镜头，记录着大家的悲欢离合，也见证着社会的发展变化，它所体现的精神文化，即是大家对生命生活的真实看法与体悟。悲伤欢乐都值得记录歌颂，过去未来都应该全心对待。

参考文献

[1] 冯辉丽 . 岁时记：古诗词丽的节气之美 [M] . 南京：江苏凤凰文艺出版社，2016.

[2] 于丹 . 人间有味是清欢 [M] . 武汉：长江文艺出版社，2015.

[3] 刘安 . 淮南子 [M] . 兰州：敦煌文艺出版社，2015.

[4] 付秋婷 . 清明节的民俗文化研究 [C] . 哈尔滨师范大学，2013.

[5] 朱志平 . 从节气到节日："清明" 节日化的时间及其历史逻辑 [J] . 南农业大学学报：社会科学版），2018.

[6] 黄钧，龙华 . 全唐诗 [M] . 张铁燕，点校 . 长沙：岳麓书社，1998：64.

[7] 程岱 . 西吴蚕略 [M] . 学识斋，1868.

[8] 乾隆二十一年钦定 . 钦定大清通礼 [M] . 吉林：吉林出版集团，2005.

[9] 刘侗 . 帝经景物略 [M] . 北京：北京古籍出版社，1983.

[10] 熊梦祥 . 析津志辑佚 [M] . 北京：北京古籍出版社，1983.

[11] 宇文懋昭 . 金志 [M] . 北京：中华书局，1985.

第五章　端午节

农历五月初五是与春节、清明节、中秋节并称中华民族四大传统节日之一的端午节，是中华民族最古老的节日之一，至今已有两千余年的历史。《太平御览》卷三十一引："仲夏端午；端，初也。"元代陈元靓《岁时广记》引《岁时杂记》中说"以五月初一为端一。初二日为端二，数以至五为端五"。这是把五月五日叫作端五（午）的最早记录。除此之外，古代纪月以子、丑、寅、卯、辰、巳、午、未、申、酉、戌、亥十二地支配十二个月，夏历以建寅之月为正月，排下来五月正好是午月，在古代"午"与"五"又可通假，因此"端五"又称"端午"。由于五月初五两个五相重，所以又称"重五"节，又由于古人把午时称为阳辰之时，所以端五又叫"端阳"。

第一节　端午节的起源

提到端午节的来源，人们首先想到的是屈原。其实，早在屈原之前，端午的雏形就已经存在。关于端午节的起源可以说是众说纷纭、莫衷一是，最终归纳起来有两类最基本的说法，一类起源说认为端午节俗主要源自先民避疫祈福的心理诉求，如夏至说、辟邪说、龙图腾祭祀说、祭天祈年说等。另一类起源说认为端午节源自对所敬仰的历史人物的纪念，如纪念屈原、伍子胥、介子推、曹娥、陈临、勾践等。但自秦汉以后，端午以"纪念屈原说"由沅湘渐传至全国，并相沿至今。避疫和纪念也一直成为后世端午节并行的两大主题，两千多年来传承不衰。无论是避疫祈福之说，还是人物纪念之说，都折射出了中华民族求安祈福的价值取向、孝亲尊祖的报本观念和忠君节义的爱国情怀，充分体现了中华民族的传统价值旨趣。

一、人物纪念说

（一）纪念屈原起源说

现如今关于端午节由来最普遍的说法就是纪念两千多年前我国伟大诗人屈原，纪念屈原也成为端午节最重要的一个习俗，同时也是端午节的精神象征。关于屈原，据西汉司马迁的《史记·屈原贾生列传》记载：屈原是战国末期楚国贵族，是楚武王熊通之子屈瑕的后代。他博学多才、学养深厚、擅长辞令，尤其通晓国家治乱的道理，是楚国贵族中难得的人才，因此受到楚怀王的信任，担任左徒这样重要的官职。屈原一心想改变楚国江河日下的局面，积极提倡变法改革，但由于牵扯到一些贵族和大臣们的利益，受到了他们的强烈反对。基于和他同朝的上官大夫靳尚和一伙奸佞小人的离间，昏聩的楚怀王不再信任并且渐渐疏远了屈原，接着又罢免了他，使他无法参政议政。满腹怨愤无处倾泻，于是屈原写出了流传千古的《离骚》。后来屈原又被流放到更远更偏僻的地方，当流放中的屈原得知楚国郢都陷落后，满怀悲愤地写下了著名的《怀沙》，于五月五日抱石投汨罗江而死。江上的渔夫和岸上的百姓听说屈原大夫投江自尽，都纷纷来到江上打捞屈原的尸体，同时拿来粽子鸡蛋投入江中，有些郎中还把雄黄酒倒入江中，以便药昏蛟龙水兽使屈原的尸体免遭伤害。端午节吃粽子等确实与屈原有关，有唐代文秀《端午》为证："节分端午自谁言，万古传闻为屈原。堪笑楚江空渺渺，不能洗得直臣冤。"后人感于他的忠贞，在他投江而亡之日追忆并纪念他，久而久之形成了节日，并逐渐演变成为一种民间传统习俗，至今已有两千多年的历史。

（二）纪念伍子胥起源说

端午节的第二个传说，在江浙一带流传很广，是纪念春秋时期的伍子胥（公元前559—公元前484年）。伍子胥名员，楚国人，父兄均为楚王所杀，后来伍子胥弃暗投明，奔向吴国，助吴伐楚，五战而入楚都郢城。当时楚平王已死，子胥掘墓鞭尸三百，以报杀父兄之仇。吴王阖闾死后，其子夫差继位，吴军士气高昂，百战百胜，越国大败，越王勾践请和，夫差许之。子胥建议，应彻底消灭越国，夫差不听，吴国太宰，受越国贿赂，谗言陷害子胥，夫差信之，赐子胥宝剑，子胥以此死。子胥本为忠良，视死如归，在死前对邻舍人说："我死后，将我眼睛挖出悬挂在吴京之东门上，以看越国军队入城灭吴。"便自刎而死，夫差闻言大怒，令人取子胥之尸体装在皮革里于五月五日投入大江，因此相传端午节亦为纪念伍子胥之日。

（三）纪念孝女曹娥起源说

端午节的第三个传说，是为纪念东汉孝女曹娥（公元130—公元143年）救父投江。曹娥是东汉上虞人，父亲溺于江中，数日不见尸体，当时孝女曹娥年仅十四岁，昼夜沿江号哭。过了十七天，在五月五日也投江，五日后抱出父尸，就此传为神话，继而相传至县府知事，县令度尚为之立碑，让他的弟子邯郸淳作诔辞颂扬。孝女曹娥之墓，在今浙江绍兴，后传曹娥碑为晋王义所书。后人为纪念曹娥的孝节，在曹娥投江之处兴建曹娥庙，她所居住的村镇改名为曹娥镇，曹娥殉父之处定名为曹娥江。

（四）纪念介子推起源说

端午节第四个起源说，是为了纪念介子推。这一说法流行于山西一带，东汉文学艺术家蔡邕在《琴操》中说："介子绥割腓股以啖重耳，重耳复国，子绥独无所得，绥甚怨恨，乃作龙蛇之歌以感之，终不肯出，文公令燔山求之，子绥抱木而烧死，文公令民五月五日不得发火。"文中的介子绥即介子推。蔡邕认为，端午节应是源于对介子推的纪念。当然农历寒食节也是纪念介子推的，大家对此并无异议。至于端午节是否为纪念介子推而设，目前意见各异，因此不作详解。

（五）越王勾践起源说

关于端午起源，也有人认为端午节的起源与越王勾践有关，或者说端午节的起源就是为纪念越王勾践。时至今日，流行在吴越一带的说法是，越王勾践在吴国经受了种种屈辱后回到越国，卧薪尝胆、励精图治，终于把越国治理得民富国强。而他要报仇雪恨，就要拥有一支骁勇善战的水师。训练水师需要很多船只和水兵，是一场规模相当大的训练，自然难掩人耳目，而当时的情势是，勾践被夫差放回来，表面上必须要夹着尾巴做人，才能不引起吴王夫差的猜疑，于是越国人想出一个办法：以龙舟竞渡、娱乐百姓为名，明目张胆地去练。时间就在五月初五，水兵们全部化为竞舟的选手，围观百姓摇旗呐喊、擂鼓助威。一时间，宽阔的河面上千帆竞渡、浪花飞扬，河两岸万众欢呼、欢声雷动。这样既迷惑了吴国，娱乐了百姓，又练就了自己的水师，攻打吴国也有了依托。在后来的战争中，这支水师发挥了关键作用。因此，每年五月初五，吴越地区的老百姓便用举办龙舟竞赛等方式来纪念这个节日。这不仅仅是一个传说，北宋高承编撰的《事物纪原》中明确写道："《越地传》云，竞渡之事，起源于越王勾践，今龙舟是也"。宋代吕原明在《岁时杂记》中记载说："五月五日源于越王勾践，后以为拯屈原。"因此，端午节有越王勾践起源说。

二、避疫祈福说

（一）夏至说

夏至是中国的二十四节气之一，古时又称"夏节""夏至节"，一般为6月的21日或22日。这一天的白昼为最长。《周礼·春官》记载："以夏日至，致地方物魈。"在当时人们的观念中，夏至是阴气上升、阴阳两气开始争斗的时节，所以人们要以祭祀的方式来祛疫避灾。后世也一直沿袭下来，如《后汉书·礼仪志》载："仲夏之月，万物方盛。日夏至，阴气萌作，恐物不茂。其礼：以朱索连荤菜，弥牟朴蛊钟；以桃印长六寸、方三寸，五色书文如法，以施门户，代以所尚为饰。夏后氏金行，作苇茭，言气交也；殷人水德，以螺首，慎其闭塞，使如螺也；周人木德，以桃为更，言气相更也。汉兼用之，故以五月五日，朱索五色印为门户饰，以难止恶气。"受汉代以后阴阳五行观念的影响，夏至日谨慎避忌以求平安，成为民众普遍的心态，西晋时期的周处著《风土记》就有"仲夏端午谓五月五日也，俗重此日，与夏至同"的说法，认为端午节和夏至日是同日，可见端午与夏至日之间有着密切的关系。

（二）辟邪说

自先秦起，人们普遍认为五月是毒月，五日是恶日。相传，这天邪佞当道，五毒并出。《吕氏春秋》记载人们在五月要禁欲、斋戒。《夏小正》云："此日蓄药，以除毒气。"《史记》记载孟尝君在五月五日出生，早先，其父田婴令其母不要生他，认为"五月子者长于户齐，将不利其父母"。宋徽宗赵佶五月初五生，因而从小寄养在宫外。由此可看出，古代以五月初五为恶日，是普遍现象。东汉学者应劭的《风俗通》记载："五月五日以五彩丝系臂者，辟兵及鬼，令不病温。"这样在此日插菖蒲、艾叶以驱鬼，薰苍术、白芷、喝雄黄酒以避疫，系五彩丝以辟邪，就相沿成习了。此外，这一时期天气炎热、湿燥，容易暴发瘟疫等疾病，人们就以祭祀的方式祛除灾病，从而形成了祛禳灾异、以求平安的习俗，所以按照现在的说法，端午应当是个防御疾病的卫生保健日。同时，五月五日与古人顺应时节的养生理念也有密切关系，古代医学家认为五月五日是制药疗病的吉日，如东汉崔寔的《四民月令》云："五月五日取蟾蜍，可合恶疽疮，取东行蝼蛄，治妇难产。"故人们以五月五日为节，目的在于辟邪消灾，以求保健、安宁。

（三）龙图腾祭祀说

图腾就是原始人迷信某种动物或自然物，认为它同氏族有血缘关系，因而用来做本氏族的徽号或标志。古吴越民族就以龙为图腾。著名学者闻一多通过对端午节起源的考察，认为端午风俗中和龙有关的节目很多，龙图腾祭祀与端午节相契合，因此他断言，端午节应是古代吴越民族一个龙图腾团族举行图腾祭祀的节日，是一个"龙的节日"。《太平寰宇记》所引《襄阳风俗记》亦云："屈原五月五日投汨罗江，其妻每投食以祭之。原通梦告妻，所祭食皆为蛟龙所夺。龙畏五丝及竹，故妻以竹为粽，以五色丝缠之，今俗其日皆举五色丝，食粽，言免蛟龙之患。"

（四）祭天祈年说

天人合一是中国传统文化的核心命题之一，传统中国人对天的崇拜由来已久。有学者通过研究认为，端午节应是一种祭天祈年的宗教式祭祀仪式，最初发生于北方，只是在其由北向南的传播过程中，逐渐融入了南方古老的龙舟祭文化，从而形成了端午闹龙舟的民俗事象。

不管历史怎样，今天被更多人认同的是纪念屈原说。屈原与端午节的关系就是这样，名人效应起了一定作用。屈原是中华民族的一位伟大诗人，以自身高洁的人格谱写了伟大诗篇：“长太息以掩涕兮，哀民生之多艰。”忧国忧民，不仅“太息”，而且“掩涕”，这就是爱国精神。“路漫漫其修远兮，吾将上下而求索。”追求真理、矢志不移、求索不懈。“亦余心之所善兮，虽九死其犹未悔。”坚持高洁的人格，不与卑鄙者同流合污，不受恶浊世风习染，坚守节操、宁死不污、身殉理想、九死不悔。这样的诗句经千年传颂，融入到节日的习俗中，参与铸造着中华儿女的民族性格。正因如此，屈原成为端午节文化的核心，屈原精神成了端午节的“节魂”。端午节还被称为“诗人节”，学习屈原的爱国精神成为主题。

第二节　端午节文艺感悟

端午节是我国重要的传统节日之一，随着时代演化，端午节的形式已然变得丰富多样、南北不同，其文化内涵也与时俱进，衍生发展。

无论是流传的纪念屈原还是纪念伍子胥，都是中国古代人民对爱国主义精神的一种表达，爱国主义精神是我国民族精神的支柱，端午节文化的传承不仅是节日的传承，更是中华民族爱国主义精神的传承，它蕴含了中华民族对于爱国主义精神的崇敬，体现了华夏儿女对于爱国文化的认知。比如赛龙舟这一习俗所表达的团结一致、顽强拼搏的精神，就是中华民族精神文明的体现，随着端午节的传承，每一代中国人不仅传承了节日的精髓，更是传承着自古以来的爱国、统一的民族思想。“竞渡”划龙舟也已然是南方端午节的代表，湖南尤盛。

节日当天佩香囊、戴荷包是民间习俗中很重要的一部分，除此之外还有悬挂艾草、撒雄黄酒等用于驱赶虫蚁的习俗。除了香囊荷包，汪曾祺《端午的鸭蛋》中还介绍了打鸭蛋络子，食雄黄酒，画一字虎等习俗。民间还盛行佩戴五色丝线，俗称五彩绳，直到现在在端午节将要来临之际，很多商家也会争相制作贩卖五彩绳，这是由于中国古代崇尚五色，以五色为吉祥色，所以在端午节当日的清晨，大人们都会给自己的孩子戴上五彩绳，直到端午节后第一次洗澡或第一次降雨来袭，才能将五彩绳解下，并且要扔到河里。据说佩戴五彩绳是为了让儿童躲避毒虫的伤害，而扔到河里意味着让河水将疾病冲走，可以保儿童安康。

“百里不同风，十里不同俗”。明清端午节俗在北方主要集中在避毒与游赏上，明代北京从五月初开始，至初五日，家家打扮小闺女，给她们戴上石榴花。出嫁女也各自要回娘家。这天称为“女儿节”。宫廷中自五月初一至十三止，宫眷内城穿五毒艾虎补子蟒衣，门两旁安菖蒲、艾盆，门上悬挂吊屏，上画天师或仙子仙女执剑降五毒的故事。初五日午时，饮朱砂、雄黄、菖蒲酒，吃粽子，吃加蒜过水面。赏石榴花，佩艾叶，合诸药，画治病符，这是宫中的端午。民间端午日，京城人在午时前群入天坛，午后方出，名为“避毒”。除了这种空间的躲避外，人们更多的是积极地防护，饮菖蒲酒，以艾插门，用雄黄涂耳鼻，名为“避虫毒”；家家悬挂五雷符，小儿用五色线做成端午索，系在手腕上；男子戴艾叶，妇女头上簪五毒灵符，五毒符是用纸画制作的蜈蚣、蛇、蝎、虎、蟾等。

尽管时代不断发展，端午节始终是中国人自然观念、生命观念的表达。端午节是中国传统文化发展的缩影，端午节习俗在发展中丰富，在交流中融合。端午节习俗的“源”与“流”包含了中国人的生活态度，端午节习俗传承体现了中国人基于民族、地方传统的自豪感，彰显了中国人的文化自信。

第三节　端午节节日习俗

农历五月初五是我国的传统节日端午节，又称端阳节、午日节、五月节、女儿节、天中节、诗人节、艾节、端五、重午、午日、夏节、龙日等。虽然名称多种多样，但各地人民过节的习俗却大同小异。内容主要有：驱五毒，赛龙舟，吃咸蛋、粽子和时令鲜果，挂艾叶菖蒲，挂钟馗像，佩香囊，荡秋千，女儿回娘家等。这些习俗据说是为了压邪，有些具有一定的科学道理，有的则具有封建色彩，同时还与一些有趣的传说有关。无论如何，这些习俗都显示了人们自古以来对美好生活的愿望和对忠君爱国高洁品质的赞美。

一、现在端午节的习俗

从史籍上看，“端午”二字最早见于晋人周处《风土记》“仲夏端午，烹鹜角黍”。端午节的由来有好几个版本：吃粽子、赛龙舟，纪念屈原；祭伍子胥，迎涛神；图腾祭祀龙的节日；禁欲、斋戒避恶日；端午时近夏至，又定为“中天节”等。其中，以纪念屈原之说影响最为广泛。屈原于五月初五自投汨罗江，死后为蛟龙所困，世人哀之，每逢此日投粽子于江中，以驱蛟龙。端午节除吃粽子、赛龙舟外，民间还有挂菖蒲、薰艾叶、佩带香囊袋、喝雄黄酒等习俗。随着时代变迁，现在的纪念活动也发生了许多变化，但其基本的传承本质始终如初。其活动可概括为如下几类。

（一）节日饮食

粽子的来历与端午节祭祀屈原有关，从查阅的历史记载来看，这个说法最早出自南梁吴均《续齐谐记》：“屈原五月五日投汨罗水，楚人哀之，至此日，以竹筒子贮米投水以祭之。汉建武中，长沙区曲忽见一士人，自云‘三闾大夫’，谓曲曰：‘闻君当见祭，甚善。常年为蛟龙所窃。今若有惠，当以楝叶塞其上，以彩丝缠之，此二物蛟龙所惮。’曲依其言。今五月五日作粽，并带楝叶、五花丝，遗风也。”后来粽子便成了端午节各家各户的主要餐种。有条件的可以自己包粽子，也可以到集市上买现成的。粽子的做法并不复杂，西晋周处在《风土记》中写道：“俗以菰叶裹黍米，以淳浓灰汁煮之令烂熟，于五月五日及夏至啖之。一名粽，一名角黍。”现在，人们外出买一些粽叶和糯米回来，回家自己动手亲自包煮，是一种很有意思的活动。粽子里面有的还包进了红枣和豆沙，象征生活的甜蜜和幸福。节前，亲朋好友之间往往要相互走动一下，送去粽子等时令礼品，表达对对方的生活祝福。吃粽子时，餐桌上也可以摆上雄黄酒。雄黄酒虽然内服也有一定的疗效，但主要以外用为主，现在过节时已较少食用。由于端午节又逢黄鱼的鱼汛期，有些地方也习惯在这个时候吃黄鱼尝鲜。

（二）节日活动

龙舟当初是民间为了祭祀屈原，向江中掷抛粽子等食物用的。龙舟船头呈龙头状，船身被涂上彩色的龙鳞，船尾龙尾高翘，栩栩如生。现在，龙舟不再仅仅是端午节的一种节庆娱乐工具，赛龙舟已经成为一项具有浓郁民族特色的体育竞技运动。每当端午节这一天，南方许多有条件的地方都要举行不同规模的划龙舟比赛，吸引了大批围观盛况的群众。划龙舟，作为我们中华民族传统文化习俗的一个组成部分，还逐渐受到海外国家和地区的青睐，在日本、越南等地，端午节这一天也都往往举办形式多样的划龙舟活动。

（三）节日装饰

端午节期间，居家的门口成为装饰的重点。门边悬挂菖蒲、艾蒿等，可驱邪纳祥。《太平御览》卷三一引述的《玉烛宝典》是这样记载的："五月五日，采艾悬于户上，以禳毒气。"我国很多地方有端午节佩戴饰品的习俗，如佩香囊、戴花环等。晋代的《风土记》中记载："以艾为虎形，或剪彩为小虎，粘以艾叶，内人争相戴之。"今天，在我国西北一些地区，民众口头仍然流传着"端午不戴艾，死去变妖怪"的俗语。在城市现在这一习俗已不太讲究，但随着近年传统文化的"回归热"，许多地方又将这一习俗流传开来，甚至端午节前在城市的集贸市场上经常可见专门出售菖蒲和艾蒿的摊点。在农村，这一习俗延续得较好，端午节这天一大早，人们就起来把头天采集的新鲜菖蒲和艾蒿挂到家门口。有的还点燃菖蒲、艾蒿，用烟来熏蒸室内，以杀虫祛毒。还有的人用这两样东西来煎水净身。除菖蒲和艾蒿外，有的地方还有在门上挂大蒜头的习俗。

二、节日习俗与传说起源

据史料记载，端午节的最早起源是古时候华夏族人对传说的先祖"龙"的祭祀活动。当时的这一天，是人们祭龙祀天最隆重、最盛大的日子。

后来到了战国时期，楚国的著名爱国诗人、政治家屈原，于农历五月初五这一天投汨罗江自尽。楚国的民众十分敬佩屈原的气节，深切同情这位爱国志士的不幸遭遇，纷纷划船下江寻找屈原的遗骨，还向江中投放粽子等食物，避免鱼虾对水下英魂的侵害。久而久之，端午节的节庆活动就和纪念屈原结下了缘分，在这一天吃粽子、赛龙舟也成为节日的一个重要习俗。

和端午节这一天的节俗有关的，还有一些有趣的传说。喝雄黄酒这个传说来自于《白蛇传》，说的是许仙按法海禅师的指点，在端午节这天给白娘子喝雄黄加兑酒水配制而成的雄黄酒，使白娘子现出了蛇的原形。后来这个故事在民间流传开来，人们多了一个在端午节喝雄黄酒的习惯。关于菖蒲和艾蒿的传说是，古时候有个地方民风很坏，惹怒了天王爷，天王爷决定在端午节这一天降灾给这里的人。但这个地方还同时居住着一位善良的妇女，她乐于助人。天王爷不忍心伤害她，事先扮作一个老翁降到那里把这个消息透露给她，叮嘱她在端午节这一天在门前挂起菖蒲和艾蒿以"驱鬼避邪"。结果，这位善良的妇女走家串户，把这件事告诉了所有的人家，家家户户都在门前挂起菖蒲和艾蒿，从而都幸免于难，安然无恙。挂菖蒲和艾蒿的习俗也由此得之。在古代，科技还不发达，人们对雄黄酒、菖蒲和艾蒿等的作用机理并不十分了解，主要是借物达意，来寄托心中美好的愿望。但实际情况是，在农历的五月间，正值春夏节气之交，蚊蝇滋生，各种流行病疫较多，雄黄酒、菖蒲和艾蒿等正好具有祛毒、驱虫的作用，和人们祈求上天保佑平安的愿望不谋而合。

三、节日习俗与元素

（一）端午与水

在端午节，时间极为重要，也具有特殊意义。其中，端午节的水的功能在端午日的午时最有功效，并且这个时间的水被称为午时水。传说午时水能够治病延寿、消毒解热。宋代温革的《琐碎录》云："五月五日午时取井水沐浴，一年疫气不侵，俗采艾柳桃蒲揉水以浴。"南朝梁代宗懔在《荆楚岁时记》里记述："五月俗称恶月，多禁，忌曝床荐席，及忌盖屋，五月五日谓之浴兰节，四民并蹋百草之戏，采艾以为人，悬门户上，以禳毒气，以菖蒲或镂或屑，以泛酒，是日竞渡，采杂药，以五彩丝系臂，名曰辟兵，令人不病瘟。又有条达等织组杂物以相赠遗，取鸲鸽教之语。"

到了隋代，杜公瞻就《荆楚岁时记》作注，其中谈到了端午节，"按《大戴礼记·夏小正》曰：'五月五日，蓄兰为沐浴也。'《楚辞》曰：'浴兰汤兮沐芳华。’今谓之浴兰节，又谓之端午。蹋百草即今人有斗百草之戏也”。杜公瞻认为“浴兰节，又谓之端午”，可以想见端午节中的“浴”的重要性。而在中国古代许多典籍中都记载了端午与“浴”的关系，这些关系自然成为端午节与水关系的证明。唐代韩鄂的《岁华纪丽》认为五月属于“浴兰之月”。宋代吴自牧在《梦粱录》里记载：“五月重五节，又曰浴兰令节。”

今天，在我国广西壮族自治区和越南岱侬族，均保留了端午节用特制的药水沐浴的习俗。“这一天清晨，人们都上山采药。凡是草、藤、灌木叶都采一把，拿回来后放到大锅里煮水，用来洗澡。有的以这种药材缝在口袋里，给小孩佩带，有的妇女还缝制小巧的三角布袋，内装香草，系在自己的裤腰带上”“除了艾叶外，人们也采摘各种树叶回来煮水洗浴，越南岱侬族俗称‘百药浴’，意即尽可能采摘很多种植物叶子回来煮水洗浴。”从上面引述的两则习俗来看，端午节的水是能够祛病消灾的药水，这些药水是带有“灵力”的草药与“午水”结合而成的，用这样的水沐浴自然能够去污除秽。

因为端午节有沐浴的习俗，有的地方称为“沐浴”之节，强调沐浴的功能性，这意味着至今传承的端午节习俗有着源于生命健康祝愿的古老起源，那就是，希望能够避免夏天到来时的病虫灾害和瘟疫的侵扰。禳灾驱邪，成为人们尤其是生活在南方湿热气候地区人们的愿望。

端午节在不同区域流传，端午节与不同地域、族群的人的生活联系起来，这就使端午节传统中的水的习俗出现差异。邻水地区端午节活动在水上，有竞渡、草船送瘟神等。宋朝的范致明著有《岳阳风土记》，在这本著作中，他明确地说端午节的竞渡就是一场送瘟的仪式，“民之有疾病者，多就水际设神盘以祀神，为酒肉以犒棹鼓者，或为草船泛之，谓之送瘟”。缺水地区的端午节活动主要是人员往来以及各类游戏活动。既有划龙舟送瘟神，也有划旱龙舟。从这里可以看出，端午与水的关系主要体现在两个方面，一是以水洗去污秽、灾难和疾病；一是将水作为龙舟竞渡的依托物，帮助龙舟上的人们从甲地到乙地。

（二）端午与装饰

端午节期间，每户人家居家的门口成为装饰的重点。人们认为门边悬挂菖蒲、艾蒿等，可驱邪纳祥。清代顾铁卿的《清嘉录》中记载了端午节期间的各种装饰，“截蒲为剑，割蓬作鞭，副以桃梗蒜头，悬于床户，皆以却鬼”。这里的菖蒲、桃梗、蒜头均是用来驱鬼的。清代范寅在《越谚》中特别提到菖蒲斩除妖魔的力量、艾叶招纳吉祥的运气：“菖蒲作剑，斩八节（方）之妖魔；艾叶为旗，招四时之吉庆。”

第四节　端午节的文化内涵

端午节是中华民族古老而传统的节日，流传两千多年至今依旧盛行。传统节日，剥去其物质载体后，留下的精神内核，才是一个民族最关键的文化基因。在屈原、伍子胥、曹娥之前，端午日的特定习俗早已有之，后人不断丰富端午的文化内涵，将端午与屈原投江、曹娥殉父等元素结合，并不只是为了增添节日的文化习俗，而是将这个民族特有的价值取向、精神追求通过节日的载体，用粽子、龙舟等形式印刻在群体记忆中。正是这些历史人物和节日传说的结合，才使端午节习俗更具有历史文化内涵。

端午节既有一般传统节日的共同特点，比如：有特定的时间、特定的纪念对象、特定的仪式、社交、生活习俗和娱乐活动。同时，端午又有自己独特的文化特征和文化表现形式：纪念屈原等其他历史人物、赛龙舟、吃粽子、插艾蒿、佩香囊、饮雄黄酒等不仅有科学依据，同时，又有悠久的文化渊源。因此，传承端午特定的文化形式，弘扬其精神内涵，对于保护、传承、开发、利用、创新、丰富中国节日文化具有重要的现实意义。

一、孝亲尊祖的报本观念

孝是中国传统伦理道德的核心和基础，是中国传统文化的精华。古人讲“百善孝为本”“百行孝为先”。对尊祖孝道的重视、崇尚，可以说是中国传统文化最为显著的特征之一。孔子提出了“孝悌也者，其为仁之本与”，认为“孝为仁之本”，明确了孝的道德要求的普遍性。孟子进一步强调“事亲，事之本也”，认为尊亲、事亲是人生最大的事情。汉魏隋唐则是孝道实践化的时期，其中最为瞩目的就是“以孝治天下”。成书于秦汉之际的《孝经》集中体现了孝治理论的风貌。正如邓立光先生所说：“《孝经》充分体现了中国传统文化的精神……孝由一身开始，及于家人以至天下，须有至诚无私的敬贯串其中而后为孝之大成。由人人俱有、人人能行的本然敬心与孝心，展现为我中华民族由小我至大我的共同道德准则，并由此凝结为民族的道德纽带，以维系整个民族的生存发展。”

宋代时，封建社会开始步入后期发展阶段，南宋以后，程朱理学发展成为官方意识形态。理学家继承了先秦孝道思想，从“天理”的高度，论证了孝道的先验性和永恒性，认为孝是先天的伦理属性，并从天理的高度对孝道进行了理论阐释，从而使孝道具有了更为成熟和完备的理论形态，对中华民族产生了极为深远的影响。就端午节的起源来讲，关于尊祖敬亲的说法就有几种，如龙图腾祭祀说、纪念曹娥说等。古吴越民族把龙视为自己最原始的祖先，并将龙作为崇拜物象进行祭祀膜拜，是一种尊祖的表现形式。至于曹娥说则是对孝道思想价值的直接彰明，体现了中华民族历久弥新的尊祖敬亲价值旨趣。

二、避疫祈福的价值取向

端午节是季节转换之际的一个重要时令，是时序中的重要关节点。这一时期自然与生态所产生的各种变化对人们的心理影响很大，也正因此，造成了端午起源的避疫祈福的价值向度。比如说端午起源的夏至说、辟邪说、祭天祈年说等，就鲜明折射出了中华民族求安祛祸、祈福避疫的价值旨趣。因为早在商周时期，五月所在的“仲夏之月”是夏季禁忌最多的一个月份，在当时的北方人看来，“是月也，日长至，阴阳争，死生分。君子斋戒，处必掩身，毋躁，止生色，毋或进，薄滋味，毋致和，节嗜欲，定心气。百官刑事毋行，以定晏阴之所成”。后来，五月被视为“恶月”。时人之所以把五月视为“恶月”，是因为当时人们认为五月是“阴阳争生死分”的一个特殊月份，尤其是端午与夏至时节，阴阳二气激烈争锋，暑毒盛行，很容易滋生各种疾病，蛇、蚊虫等动物也于夏至后开始活跃起来，对人体伤害很大。汉朝时就流行着“此日盖屋，令人头秃”“不得曝床荐席”等种种禁忌之说。在南北朝时期的荆楚之地，人们则在端午时采摘艾草、菖蒲挂于门户，臂上还系有被称作“百索”或“长命缕”的五色丝织品，以防瘟疫缠身。唐代时，皇室官宦之家则相互赠送扇子以避瘟禳灾。如今我们看到的有关端午的种种事项，在古代都被赋予了更多辟瘟消灾、保健祈福的意义。

三、忠君节义的爱国情怀

忠孝节义，简称忠义，是古代中国人在政治生活、社会生活与家庭生活中必须遵守的最重要的伦理道德规范。所谓“忠”，本意忠诚，尽心竭力，是真心诚意与人谋事。起初适用范围较广，忠君只是其中的一个方面。两汉以后，最重忠孝，把“忠”变为一种臣对君的单向道德义务。所谓“孝”，就是“善事父母”。所谓“节”，是指气节、节操等，根本内涵是“不失道义”。所谓“义”，是指“合宜”，就是要依照忠孝等道德规范行事。在古代，忠是排在第一位的。孔子曾说：“为人谋而不忠乎？”（《论语·学而》）主张做人要忠信厚道。“忠义”作为一种做人的道德标准，在秦汉以后内容不断延伸并不断发生变化，随着社会的进步，忠义的内容也发生变化。直到宋元时期，变化就更大了。这一时期，中国封建社会步入下坡路，导致了一股推崇古代圣贤英烈的思潮，将中国历史上一大批优秀人物挖掘出来，并为他们建庙祭祀、追封尊号。特别是儒家所倡导的封建道德伦理此时也再次复兴，儒家忠孝节义思想得到了更为广泛的宣扬和传播。

在古代，“忠孝节义”往往是与“爱国”结合在一起的。从某种程度上来说，君主是国家的代表，对于君的忠，便体现了忠于国家利益。正是因为中国自古的忠君爱国传统，从而使爱国主义情怀在历代经久不衰。故而端午节关于人物纪念的起源就比较多，春秋战国时期的介子推、伍子胥、勾践、屈原等都是忠君、报国的爱国主义者。伍子胥是吴国忠臣，因遭奸人诬陷而自杀身亡，酿成悲剧，吴越人民之所以纪念他，一方面是表示对忠臣的同情，同时也是对他的忠君爱国思想的由衷敬意。越王勾践为国忍辱负重、卧薪尝胆，也张扬了崇高的复国爱国精神。介子推则显扬了忠义的巨大力量和精神品格。特别是战国时期的屈原，更是爱国主义的典范。历史最终选择以屈原作为纪念的主要对象，充分体现了中国人传统的爱国主义价值旨趣。这种把对具有崇高精神的人物的纪念融入节日的行为，赋予端午节以更为深远的价值内涵，不但弘扬了爱国主义精神，同时也展示了中华民族传统心理价值选择，体现出了极强的价值张力。

四、积极向上的价值追求

端午节体现了人们积极向上的价值追求。中国传统节日实际上代表中国人的精神追求、价值追求、道德追求。中国的节日向来就有缅怀先贤的传统，通过对先贤的纪念延续自己的文化传统，树立自己的文化价值观，规范自己的行为方式。端午祭祀的人物主要有屈原、曹娥、伍子胥，白娘子、农神等。屈原、伍子胥是直臣，精忠报国；曹娥是孝女；白娘子救许仙，也救百姓；农神是百姓的衣食父母。从端午祭拜的人物看，目前影响最大的还是屈原。据闻一多的《端午考》和《端午的历史教育》所列举的百余条古籍记载及专家考证，端午起源于中国古代吴越之地，远比纪念屈原早得多。但千百年来，屈原的爱国精神和感人诗篇却深入人心。屈原全心爱国，遭奸臣陷害，但他宁折不屈，依然追求自己的理想。《离骚》中一串串闪光的诗句，今天读来依然让人感到心潮澎湃。“彼尧舜之耿介兮，既遵道而得路”“亦余心之所善兮，虽九死其犹未悔”。屈原的伟大在于他高洁的人格，后世的志士仁人无不以屈原为精神高标而身体力行，从而绵延一种血脉、一种传统、一种人格、一种高贵的气节。“竹林七贤”代表人物嵇康宁可被斩首于洛阳东市，也不为司马氏王朝所用，临刑前还当众演奏了他的拿手曲目《广陵散》。东晋诗人陶渊明：“吾不能为五斗米折腰，拳拳事乡里小人邪。”唐朝诗人李白“安能摧眉折腰事权贵，使我不得开心颜”。岳飞以“精忠报国”四字为一生处世的准则，宁可以“莫须有”的罪名死于狱中，也不向奸臣秦桧低头。文天祥被俘乃书《过零丁洋》：“人生自古谁无死，留取丹心照汗青。”因禁四年，经历种种严酷考验，始终不屈，于1283年从容就义，年仅47岁。郑板桥清正为官后因请求赈济农民而得罪豪吏，告疾罢官归，“掷去纱帽不为官”，居扬州以诗书画自适。屈原精神就是孟子讲的“富贵不能淫，贫贱不能移，威武不能屈”的“大丈夫精神”。

五、追求美好生活的愿望

端午体现了人们追求美好生活的愿望。中国人在节日里的许多活动都表达了对风调雨顺、生命健康、社会和谐的强烈期望。端午节采粽叶、包粽子体现了人们对植物的崇拜。有学者认为，粽子与春节的饺子、元宵节的汤圆和冬至节的馄饨等有异曲同工之处，均为内肉外皮，象征阳内阴外、阴阳和合包裹之象，它表达古代中国人祈求端午之后，阴阳调和、风调雨顺的愿望。端午节赛龙舟的习俗除了缅怀屈原，还体现了人们对龙图腾的崇拜。

闻一多先生在《端午考》中说："距屈子投江千余年前，划龙舟之习俗就已存在于吴越水乡一带。目的是通过祭祀图腾——龙，以祈求避免常见的水旱之灾。"祭祀之日便是端午，在水域中竞划刻着龙饰的舟船是"龙祭"的重要内容。"古代吴越民族是以龙为图腾的，为表示他们'龙子'的身份，借以巩固本身的被保护权，所以有断发文身的风尚。"端午节里既有关爱生命的主题，也有尚美的愿望。比如，插艾蒿表面上看是祈福消灾，实有夏至之时驱除蚊虫毒疫之功效。喝雄黄酒、菖蒲酒具有强身健体之作用，民间谚语就有"喝了雄黄酒，百病远远走"。

赛龙舟作为体育比赛，是力量的较量，也是万众一心的标志，参加比赛的人全神贯注、奋勇向前，观看比赛的人呐喊助威，欢呼雀跃；它不仅可以锻炼身体，还可娱乐人们的生活。

佩五彩丝、五色缕、五色缯为的是辟邪驱瘟、保佑安康、延年益寿。五彩、五色中都有五，五象征五方、五行，五行相生相克，阴阳才能平衡，身体才能健康。从审美的角度看，五彩丝、五色缕、五色缯，色彩缤纷，具有装饰点缀作用，又是美的象征，深为广大百姓喜爱。

端午节还有回娘家的习俗。许多地方将端午称为"女儿节"，媳妇回娘家时，要带酒和肉，感谢父母的养育之恩，同时，娘家也要回赠给女儿女婿一些礼物，希望女儿家人丁兴旺，生活美满幸福。

总之，端午节是中国先民顺应自然变化而形成的节日，是中国智慧的结晶。

人们在夏季炎热之时，通过各种手段避暑热、驱蚊虫、防瘟疫，这些生活知识和习俗在传承过程中不断注入许多人文内涵，并在代代相传的过程中不断丰富和发展。

六、发挥端午节的现实作用

今天，我们过端午节，除在物质层面和生活习俗层面继承原有的传统外，更重要的是发挥端午节的现实作用。一是通过端午节铸造中华民族凝聚力。端午节是全世界华人的节日，通过纪念屈原等一系列活动可以培养人们对中国文化的价值认同，增强人们的敬祖意识、亲情意识、家庭观念、爱国精神，从而形成中华民族的向心力。二是通过端午节促进和谐社会建构。端午节体现了人与自身、人与社会、人与自然的和谐理念。赛龙舟、吃粽子、走亲访友、外出游玩不仅使人们亲近自然，身心放松，也使人们增进了亲情、友情，爱情，形成和谐的人际关系。特别是在科技发达，自然环境不断恶化的情况下，端午节可以使人们树立“天人合一”的思想观念，从而更好地尊重自然、保护环境，促进人类可持续发展。

端午节的传统习俗，随着社会的发展，变得丰富多彩，诸如龙舟竞渡、吃粽子、蓄兰沐浴、佩香囊、禁欲、斋戒等。有的已经与时代不相应，有的与科学不相应，自当与时俱进，加以改进，令端午节具有现代特色，乃至更具超绝真实之意义。一个节日能顺着历史长河流传至今，必然承载着无数先人的美好情怀和高尚品德，必然蕴藏着宝贵的中华文化和民族精神。我们在端午节和家人、朋友共享温情的时候，也很有必要追忆那些曾经发生在脚下这片热土上的大忠大义、大孝大贤的伟人伟事，引古人的正气为自己的灵魂注入正能量，能够更加完善自己的人生，更好地将中华民族的优秀文化传承下去。

参考文献

[1] 司马迁 . 史记 [M] . 北京：中华书局，1959.

[2] 李昉，等 . 太平御览 [M] . 北京：中华书局，1959.

［3］司马迁．史记·孟尝君传［M］．北京：中华书局，1959.

［4］司马迁．史记·屈原贾生列传［M］．北京：中华书局，1959.

［5］高承．事物纪原［M］．北京：中华书局，1989.

［6］宗懔．荆楚岁时记［M］．广汉魏丛书本，明万历二十年．

［7］薛理勇．逢年过节［M］．上海：上海文化出版社，2011.

［8］刘德斌，等．节日情韵：中国传统节庆文化［M］．北京：世界知识出版社，2013.

［9］韩贵新．端午旧事［M］．保定：河北大学出版社，2011.

［10］王根林，等，点校．汉魏六朝笔记小说大观［M］．上海：上海古籍出版社，1999.

［11］顾禄．清嘉录［M］．南京：江苏古籍出版社，1999.

［12］范致明．岳阳风土记［M］．郑州：大象出版社，2006.

［13］孔子．论语［M］．北京：中华书局，1980.

［14］邓立光．从《孝经》讲中国传统文化精神［J］．中国文化研究，2006.

［15］闻一多．闻一多全集［M］．武汉：湖北人民出版社，2003.

［16］范晔．后汉书［M］．郑州：中州古籍出版社，1996.

第六章　七夕节

七夕节是我国重要的传统节日之一，又被称为“乞巧节”“巧日”或者“巧节”，因其节期在农历的七月初七，因此也被称为“双七节”“七月七”，又因为七夕节与女子所做的纺织、刺绣等关系很密切，也因此被称为“女儿节”“少女节”或“女节”。民间传说，每年的农历七月初七晚上，牛郎织女会在“天河”相聚，而凡世间的人们，就借这良夕吉时，在庭中摆设香案，向牛郎织女双星乞巧、乞福寿、乞子、祈求有情人可以天长地久。

第一节　七夕节的起源

七夕起源很早，刚开始时只作为一个节令。从历史文献来看，七夕节起源时间至少在三四千年以前，其起源与星象、物候密切相关。

一、两汉之前：七夕节的萌芽和牛郎织女传说的起源

（一）牛郎织女传说起源于远古民众的星辰崇拜

牛郎织女的传说最早起源于远古时代民众对星辰的崇拜，是民众将牵牛星和织女星神化和人格化的结果。人们对星辰的命名，根源于自己的生产生活实践。在远古时代，星象对民众的意义主要在于其授时功能，星象的变化标志着节令的转换和农耕的时序，正如《尧典》中说的“历象日月星辰，敬授人时”，古今中外都是如此。而且，很显然，牵牛、织女二星的命名来源于农耕文明时代的男耕

和女织现象。周人在观测天象时发现银河（古称“天汉”）北滨的三颗星辰，从早上到晚间有七次位置变换，其运动轨道有些像织布时的杼轴，于是，就形象性地称这三颗星辰为“织女”。牵牛星，指的是与织女星隔着银河遥遥相望的星辰。

上古时期，七夕时间的确定来源于织女星位置的变化。织女星是北半球最亮的早型星，在天空很明亮，因此在很早的时候就被人们注意到了。织女星是上古民众眼中的季节标志星，《汉书·律历志》记载“织女之纪，指牵牛之初，以纪日月，故曰星纪”。这充分说明了织女星在天文时间、星纪中发挥的重要作用。牵牛星，与织女星相对，在古代同样标志着天文时间的变化，《礼纬含文嘉》对此也有相关的记载。由此可见，把织女、牵牛联想成有故事的主角与这两颗星辰的天文地位有着密不可分的关系。《礼记·夏小正》：七月“汉案户”，“初昏，织女正东乡”。即当时七月初昏，织女星出现于正东方。七月的月序就是根据织女星出现的位置来确定，在《星经》中描述了相关信息：当织女星初昏出现在正东方向就说明进入秋季，第一次出现就在七月一日。从星纪来说，有新旧更替的说法，而七月一日就具备了星纪岁首的含义。尽管随着后代天文历法的变化，一般民众对古代星纪的具体情形并不太了解，导致了人们对把织女星作为季节标志的记忆变得模糊，但人们潜意识里仍然认为这是一个特殊的时间点，例如把它所在位置作为确定立秋日的参考。可见织女星与牵牛星在上古时就受到人们重视，被看作星纪的标志。

（二）七夕节时间中对数字“七”的崇拜

现在我们一般说七夕节的时间是农历七月初七。但在汉代之前，七夕的时间并不定，大约在七月朔日。而后来把七夕节定为七月初七绝非偶然的现象，这个时间有着特殊的寓意，蕴含了深厚的文化内涵，这起源于民众对数字“七”的一种神秘崇拜。我国古人相信天人感应，认为人与气候、节令相关，按晋人董勋《问礼俗》记载，他们将初七定为“人日”。到了清代，人们沿袭了这个习俗，据顾禄《清嘉录》记载：“俗以七日为人日，八日为谷日，九日为天日，十日为地日，人视此四日之阴晴，占终岁之灾难。”在我国古代，“七”被认为是吉祥神奇的数字，现实生活中有很多关于“七”的描述：人有七窍，一周有七天，乐有七音，人有七情，日常生活七件事，曹植七步成诗，天上七仙女，地上七大洲等。于是，人们认为七月初七是牛郎织女团聚的日子就顺理成章了，因为这天既是人日，又是吉祥数字的叠加。

七夕发生在农历七月初七，这个日子对于女性来说也同样具有特殊的意义。《孔雀东南飞》中也提到“初七”，这里的“初七”指的就是七月初七，每到这个时候，妇女可以相聚月下嬉戏。“初七”成为妇女节日的原因在于古代的阴阳观念，人们认为男为阳，女为阴；在自然数字中，他们认为九为阳，七为阴。对男子的生命用数字九来计数，而对女子，则用数字七来计数。《黄帝内经·素问》曾讲道：“女子七岁，肾气盛，齿更发长。二七，而天葵至，任脉通……七七任脉虚，太冲脉衰少。”古人认为女子生理变化与“七”的关系极大。因此对妇女而言，七夕节具有重要意义，这个节日为妇女提供了游玩、祭祀、社交等活动的契机。“选择月日同数为节期，同样是农业文明中追求对称和谐、不偏不倚、整齐划一的理性观念和心理的驱使和暗示所致。”当然，牛郎织女七夕鹊桥相会的传说也促使了七月初七成为一个女性节日。

（三）文学作品中的牛郎织女传说与七夕节的记载

随着社会生活的发展，人们运用丰富的想象力将天际中的自然现象和人间的实际生活联系到一起，逐渐创造产生了牛郎织女的传说故事。牛郎织女的传说起源很早，具体产生时代已经无法考证，现存最早的相关记载是《诗经·小雅·大东》：“维天有汉，监亦有光。跂彼织女，终日七襄。虽则七襄，不成报章。睆彼牵牛，不以服箱。”这句话描述了织女没有织出布，牵牛不拉车，很显然，此时描绘的织女星与牵牛星主要还是作为星宿出现，并没有出现传说故事中的主要人物、相互关系和相关情节，这时的织女与牵牛并没有产生男女关系。

牵牛和织女发生情感交集最早的文献记载是在战国末期秦朝初年，秦简《日书》“取妻”忌日：“戊申、己酉，牵牛以取（娶）织女，不果，三弃。”简文的大意是：人们在戊申日、己酉日迎娶的话，三年后丈夫将休离妻子。这就证实了，在当时不仅有两人缔结婚姻的传说流传，而且牛郎织女受河汉阻挠而无法相聚的传说结局也影响到了人们的民俗生活，逐渐形成影响男婚女嫁的时间禁忌。这也可能是用牵牛、织女的传说来强化民间的七月初禁婚嫁的忌讳习俗。

据《物原》记载："楚怀王初置七夕"，有可能七夕在战国时就存在了。从上文引《日书》的材料来看，战国时虽然存在七夕相关习俗，但直到汉代才正式将七月初七定为七夕节。在秦初，牵牛和织女的悲剧结局说明七夕在当时仍然是一个禁忌日。《古诗十九首》描写的就是这一情形："迢迢牵牛星，皎皎河汉女。纤纤擢素手，札札弄机杼。终日不成章，泣涕零如雨。河汉清且浅，相去复几许？盈盈一水间，脉脉不得语。"甚至在西汉中期以前，我们也能从当时的巫术中看出民间仍然把牛郎织女的故事看成是对时日的忌讳。《淮南万毕术》记载了"赤布在户，妇人留连。取妇人月事布，七月七日烧为灰，置楣上，即不复去。勿令妇人知"的巫术，说明当时的人们仍将七月初七看成是一个别离的日子。

二、两汉时期：七夕节的形成

在两汉时期，七夕节最主要的乞巧之俗产生了，七夕节俗得到了发展，同时，牛郎织女的传说相比两汉之前得到了进一步的发展，七夕节在此时逐渐形成。

（一）两汉时期七夕节俗的发展

汉代对于七夕的发展来说是个关键时期，这个时期，七夕从天文点转向岁时节日，七夕节的部分节俗也在这段时期形成。

七夕的主要节俗乞巧之俗产生于汉代。如《西京杂记》载："汉彩女常以七月七日穿七孔针于开襟楼，俱以习之。"传说汉高祖时期宫中一名宫女出宫嫁人后常讲述，每到七月初七，宫中众人都会庆祝节庆，歌舞相伴，大家用五色线相羁，称之为"相连爱"。从上述记载看，这里所讲的"穿七孔针"其实就是后世的"乞巧"；而用五色线结"相连爱"寓意着七夕象征爱情。

斗巧的习俗同样起源于汉代宫中的游戏。据描述，在七夕这一天，宫中的宫女们会聚集在开襟楼上，大家一起学习穿七孔针来乞巧。其中一个叫徐婕妤的宫女能够把生的莲藕雕刻成各种各样的奇花异鸟呈献给皇上，皇上看见了很喜欢，在晚上的时候就把这些东西放置于宫中的桌角上，要求宫女们摸黑寻找，这种游戏就叫‘斗巧’。流传最广的乞巧游戏是“对月穿针”“穿针乞巧”，这种游戏是要求女子比赛穿针，她们用彩线穿七孔针，谁穿得越快，就意味着谁能乞到的巧越多。

“七月七，晒棉衣”的习俗也开始于汉代。据记载，汉宫中太液池的西边就是汉武帝的曝衣阁，他在七月七日这天会命宫女上楼晒衣物。关于汉代七夕节习俗的记载尽管有些零碎，但也足以看出，七夕节中最主要的民俗活动——乞巧已经产生，七夕节已经具备了节日的特质。

（二）两汉时期牛郎织女传说的发展

西汉初期，织女星、牵牛星已经被人们看成两位神话人物的象征，甚至塑有他们面面相对的塑像。班固《西都赋》和李善注引《汉宫阙疏》的记载明确指出，昆明湖畔两侧就塑有牵牛、织女像，他们被分隔在昆明湖两岸。在这些记载中，传说故事中的两位主角牵牛和织女已从虚无缥缈的天上来到了人间，成了有形可见的人物，后来传说故事中的主角牛郎和织女在这里已初见雏形。

在汉武帝时期，不仅牛郎织女关系更进一步，同时也有七月初七汉武帝与西王母多次聚会的传说，这表明了七月初七已是人神共游的良辰吉日。七夕由分离禁忌逐渐演变到男女的良宵欢会，由凶时恶日转变为良辰吉日，这本身也是七夕民俗的一大升华，为推动七夕成为传统民俗节日提供了精神助力。在汉武帝西王母的传说中出现了青鸟，它为两人引领探路，这又为汉代将喜鹊融入牛郎织女传说提供了依据。汉代民间普遍认为喜鹊是一种非常重感情的动物，汉代也有巫术“取鹊一雄一雌，燔之四通道，丙寅日，与人共饮酒，置脑酒中，则相思也”。因此喜鹊的引路、相思等特质为喜鹊相聚搭桥的演变提供了依据。

到了东汉，牛郎织女的故事传述的范围更大了，从写成于东汉末的《古诗十九首·迢迢牵牛星》可以看出，当时牛郎和织女的故事基本已经定型了。这首诗清楚地描述了一个完整的故事，整首诗充满了美丽的河汉女（织女）对牛郎的深切思念，对不能与爱人相聚的无尽悲哀。从诗中描绘的画面中我们可以看到，在东汉时，民间既明确表明了牛郎和织女有恋爱关系，也说明了是银河阻碍他们相会团圆。有关牛郎织女于鹊桥相会的传说记载也在这个时期出现。如《岁华纪丽》记载，在七夕节那天喜鹊会搭成鹊桥帮助织女渡河，而喜鹊在那天头上没毛也是因为搭桥渡织女，织女在它们头上踩踏的缘故。以上的诗篇和记载反映的牛郎织女的传说故事更加完整。在东汉，牛郎织女的传说故事还被人们用作绘画和雕刻的重要题材，在河南南阳就发现了“一块东汉画像石的右上方刻着河鼓三星，其下是持鞭牵牛的牛郎，牛郎左下方是头挽高髻跽坐的织女”。

织女牵牛的悲剧结局发展演变为牛郎织女七夕鹊桥相聚的喜剧结局，从表面看是故事的情节发生了变化，但从更深层次上看，这种变化表达了人们对情感的一种追求，无论社会怎样限制人们的现实规范，也不能遏制人们对美好人生、幸福生活的向往和追求。

三、两汉之后：七夕节的发展

两汉后，七夕节经过了魏晋南北朝时期七夕节俗与牛郎织女传说的融合，唐宋时期的盛行发展一直到元明清的成熟的过程，终于成了我国最重要的民间传统节日之一，其内容丰富多彩。

（一）魏晋南北朝时期，七夕节与牛郎织女传说逐渐交汇

汉代是七夕节的形成阶段，魏晋南北朝时期，牛郎织女的故事情节进一步完善，并与七夕节俗相互融合，七夕节成为普遍的节日，其活动也日益丰富，它所附着的牛郎织女的传说故事得到广泛传播。

七夕原有的禁忌意义在此时已完全消失，七月初七成为了欣赏天庭欢聚、乞求人间幸福的吉日。《玉烛宝典·七月孟秋》原注：“七月俗重是日。其夜洒扫于庭，露施几筵，设酒脯时果，散香粉于筵上，荧重为稻，祈请于河鼓织女，言此二星神当会。”这则记载明确表明了牛郎织女于七夕相会，这样就将七夕节和牛郎织女的传说相联系，逐渐固定下来，形成了深入人心的爱情故事。

魏晋南北朝是我国历史上一个大动乱的时期，百姓长期处于战乱之中，追求幸福而安定的生活的愿望在现实生活中难以实现，于是便向传说中的人物去乞求。因此在这一时期，七夕节不仅继承发展了已有的“乞巧”习俗，还添加了乞求富贵、乞求长寿、乞求生子的习俗。同时，由于人们对牛郎织女之间坚贞的爱

情的向往和追求，七夕节成为人们的情感依托。

在此时有大量关于七夕节俗的记载，宋孝武帝的《七夕》诗，梁简文帝《七夕穿针》诗等都有这方面的记载。而汉代的登楼晒衣习俗到魏晋时演变成为晒书习俗。《世说》曰："郝隆七月七日见邻人皆晒衣服，隆乃仰，出腹卧，云：'晒书。'"另有阮咸先生看见邻里在七夕曝衣，而他家徒四壁却也翻出自己的粗布破裤晾出来。这显示出七夕习俗在民间的影响极大。

七夕食俗也形成于魏晋南北朝，相关最早的记载是晋周处《风土记》：七月七日是个好日子，这天的饮食也不同于以往，北人会吃汤饼。汤饼又称"不托"，是一种经水煮过后的面块等简单的食物。唐宋时期，七夕食饼又出现了变化，《唐六典》记载："七月七日加斫饼，并于常食之。"南宋时期，人们在这天主要吃精细的千层饼和油酥饼等。人们在七夕节吃饼有其文化内涵：其一，饼是圆状，古人认为"圆，阳物也"，阳物有辟邪的功能，吃阳物可以求吉利；其二，圆还暗示在七夕之夜牛郎织女鹊桥相会，有团圆之意。古人把七夕饼叫做"巧饼"。

（二）唐宋时期，七夕节受到重视

唐代长安盛行各种七夕节俗活动。陈鸿《长恨歌传》中记载："秦人风俗，是夜（指七夕）张锦绣，陈饮食，树瓜果，焚香于庭，好为乞巧。"同时说了这种活动在宫廷中表现尤为突出。唐玄宗甚至在宫中建了一座乞巧楼。王仁裕《开元天宝遗事》载：唐玄宗与杨贵妃"每至七月七日夜，时宫女辈陈瓜花酒撰列于庭中，求恩于牵牛织女星也。又各捉蜘蛛闭于小盒中，至晓开视蛛网稀密，以为得巧之候。密者言巧多，稀者言巧少。民间亦效之"。宫中的妃嫔宫女们各用九孔针、五色线在月下进行穿针比赛，先穿过的为得巧。同时还有音乐演奏，欢乐达旦。崔颢诗云："长安城中月如练，家家此夜持针线。仙裙玉佩空自知. 天上人间不相见。"这首诗就是对当时长安七夕盛况的真实写照。我们从中可以看出，长安城中，从宫廷到民间都盛行七夕乞巧活动。

宋代以后，农耕文明进一步发展，从朝廷到民间，牛郎、织女成了祭祀的神灵，祭祀盛行推动了七夕节的发展。七夕节俗活动变得更加丰富了，除了保存历代流传下来的求灵巧、水浮针、看巧芽、拜魁星等，还出现了《天河配》《长生殿》等节令戏，七夕节成了民众娱乐放松的节日。宋代罗烨、金盈之编辑的《醉翁谈录》说："七夕，潘楼前买卖乞巧物。自七月一日，车马嗔咽，至七夕前三日，车马不通行，相次壅遏，不复得出，至夜方散。"由此，我们能够得知当时七夕节热闹非凡的场景。太平兴国三年（公元978年），宋太宗下了一道鼓励人们欢庆七夕的诏书。宋代七夕是一个很隆重的传统节日，当时的许多文人如周密、吴自牧等的著作中都有相关的记载。此时也涌现出很多颂扬牛郎织女的诗文。例如：唐代白居易和杜牧都做了名为《七夕》的诗，北宋秦观作了《鹊桥仙》等，这些都是赞颂七夕的著名篇章。

（三）元明清时期，七夕节的成熟

七夕节在元代多被称为女儿节，《析津志》中对七夕节这天在市中、朝中、宫中等热闹庆祝节日的场景做了详细的记载。在宋元时期七夕各种习俗非常兴盛，并一直流传至后世。

明清时期，七夕已经是重要的民间节庆，节俗活动丰富多彩。据记载，明代七夕时，民间"女子以碗水暴月下，各自投小针浮之水面，徐视水底月影，或散如花、动如云、细如线、粗如椎，因此卜女之巧"。清朝时叫"掷花针"，主要用松针来卜巧，此俗一直保留到近代。据《清嘉录》记载，人们在庭中或露台上陈设香烛和各种果实，对牛郎织女二星进行膜拜以此来乞巧。

明清时期，七夕有吃"结缘豆"的食俗，《漳州府志》记载了用熟豆相亲来证明有缘，并结缘的习俗。清朝时期，江西七夕节有吃"油饼"，喝"巧水"的习俗。清代时在陕西省兴平县，七夕节时，年轻女子陈上水果、酒、豆芽等，祈求织女赐巧。在陕西临潼县，七夕时，有女孩的家庭要用瓜桃枣梨等来进奉。福建《金门岁节》也记载七夕这天要吃同心饼。广东七夕又有相互赠送龙眼、槟榔来结缘的习俗。

第二节　七夕节文艺感悟

唐代国家统一、经济繁荣、国力强盛、政治开明、文化发达，对外交流频繁，社会充满活力，呈现出一派生机盎然的景象，是中国封建社会的鼎盛期。此时知识分子思想活跃、视野开阔，为诗歌的高度繁荣提供了必要条件。唐代是诗歌发展的黄金时期，宋元明清时代用“盛唐气象”这一个文学批评的专门术语来评价这一时期，它概括了大唐诗歌的总体风貌特征：意境开阔、形象鲜明、情韵悠长。上自帝王将相，下至黎民百姓，在相对安定的生活环境下，自然会有丰富的精神追求。所以许多风俗和节日习俗在唐代获得了长足发展。唐代是古代文学史上的重要阶段。唐玄宗曾建“乞巧楼”，据五代王仁裕《开元天宝逸事》记载：“七夕，宫中以锦结成楼殿，高百尺，上可以胜数十人，陈以瓜果酒炙，设坐具，以祀牛女二星，妃嫔各以九孔针五色线向月穿之，过者为得巧之侯。动清商之曲，宴乐达旦。土民之家皆效之。”可见皇宫中的七夕节日场面的热闹与气派。百姓在七夕晚上聚在院中，摆上瓜果，或穿针乞巧，蛛网结丝卜巧，或乞富乞寿，希望在七夕之夜实现愿望。

文人则借助笔墨，或记述七夕的习俗活动，或借七夕或牛郎织女传说抒发感慨。在唐代，七夕不仅仅是少女的节日，全家老小都可以参与乞巧活动，正如崔颖诗句所说：“长安城中月如练，家家此夜持针线。”可以想象当时的热闹景象。除乞巧外，乞富、乞寿、乞子等也成为唐人七夕习俗活动的重要内容。唐代文人则将牛郎织女神话与七夕节俗结合，通过诗文形式展现丰富多彩的精神世界和广泛的社会生活。

一、作为宫廷应制的七夕题材诗

唐代七夕诗文主题多样。初唐时期，宴游之风盛行，产生了许多以“七夕”“秋夕”等为题，记述节日活动和盛况的诗作。创作者大多为帝王或将相，作品也多为应景之作。奉和意为做诗词与别人相唱和。文人雅士经常聚在一起，确定某一主题，创作同名或相似的诗文，既抒发自己的真情实感，又借此机会切磋文宋。以某个节日为题进行创作，也是文人诗歌不可缺少的主题。唐代是诗的国度，文人雅士、帝王将相参与其中，创作了大量的节日诗作。如许敬宗《奉和七夕宴悬圃应制二首》“喜中愁漏促，别后怨天长”，何仲宣《七夕赋咏成篇》“通宵道意终无尽，向晓离愁已复多”。

七夕宴悬圃二首

唐·李治

羽盖飞天汉，凤驾越层峦。俱叹三秋阻，共叙一宵欢。
璜亏夜月落，靥碎晓星残。谁能重操杼，纤手濯清澜。
霓裳转云路，凤驾俨天潢。亏星调夜靥，残月落朝璜。
促欢今夕促，长离别后长。轻梭聊驻织，掩泪独悲伤。

这是一首五言律诗，作为一代君王，唐高宗李治的诗开篇具有恢宏的气势，“羽盖飞天汉，凤驾越层峦”既为七夕诗作，君王也跳不出抒写儿女之情的旧框，“俱叹三秋阻，共叙一宵欢。”“亏星”“残月”营造出一种冷寂的氛围，奠定了诗歌的基调：表达了作者对牛郎织女短暂相聚，长期别离的同情之情。这是对汉魏六朝七夕诗主题的继承，也是大多数奉和应制诗共同的内容。

二、牛女之爱的咏叹

除君臣七夕唱和诗外，唐代不同阶段的文人也都以七夕或牛郎织女为素材，在主题和表现手法上不断创新，另辟蹊径，扩展七夕诗文的主题。主要有咏叹牛郎织女之爱，表现节日习俗，借牛郎织女的遭遇抒发个人的别离之思。

牛郎织女的传说在发展的过程中，增加了许多与现实有关联的情节，尤其是长期分离的内容，容易引发诗人的感慨。自汉魏以来，咏叹牛郎织女之爱一直是文人七夕诗的主题之一。唐代诗人对牛郎织女的关注，不仅仅停留在个人私情层面，而是上升到对普遍人性的观照。借牛郎织女的离愁表达对人间美好情感的渴望和追求体现唐代诗人推己及人的博爱情怀。唐代七夕诗文中有相当一部分作品，以《七夕》《牛女》或《乞巧》为题，表现牛郎与织女的忠贞感情，表达诗人对美好爱情的向往之情。

牛女

唐·宋之问

粉席秋期缓，针楼别怨多。奔龙争渡月，飞鹊乱填河。
失喜先临镜，含羞未解罗。谁能留夜色，来夕倍还梭。

宋之问擅长五律，为律诗在唐代的定型做出了巨大贡献。宋之问《牛女》（“粉席秋期缓”）一诗，诗人先由人间女子写起：女子梳妆打扮，迎接一年一度的七夕佳节。“粉席”指女子的梳妆台；“针楼”是女子穿针乞巧的楼阁。“针楼别怨多”一句，写出了乞巧女难以掩饰的愁怨。接着想象织女渴望与牛郎相见的迫切心情：“龙”为仙者坐骑，“奔龙”意为织女驾龙赴约；“失喜”意为情不自禁，欣喜若狂，生动形象地表现了织女希望与牛郎相会的急切心情。末句“谁能留夜色，来夕倍还梭。”表明了作者对牛郎织女的美好祝愿：希望能够留住夜色，给牛郎织女创造更多互相倾诉的时间。

七夕

唐·沈佺期

秋近雁行稀，天高鹊夜飞。妆成应懒织，今夕渡河归。
月皎宜穿线，风轻得曝衣。来时不可觉，神验有光辉。

沈佺期《七夕》是以七夕和牛郎织女传说为素材创作的一首五言律诗。诗人运用比兴手法，用秋夜、雁行，营造一种冷寂的氛围。“鹊夜飞”引出牛女传说：七夕之夜，乌鹊为牛女搭桥。“妆成应懒织，今夕渡河归。”再现了牛郎织女一年一会的感人场景。月明星稀的夜晚，女子虔诚地穿线乞巧，风平浪静的天气，适合曝晒衣物，这是民间七夕节的重要习俗。

七夕

唐·崔涂

年年七夕渡瑶轩，谁道秋期有泪痕。

自是人间一周岁，何妨天上只黄昏。

崔涂的诗多以漂泊生活为题材，具有悲凉的格调。《七夕》（“年年七夕渡瑶轩”）一改咏叹的基调，采用反问的句式：“谁道秋期有泪痕”，打破牛郎织女因天河阻隔，不能长相守的悲剧色彩。“自是人间一周岁，何妨天上只黄昏。”与宋之问的“莫言相见阔，天上日应殊”有异曲同工之妙。李浩《唐诗美学》中讲到唐诗的时空观念时，以崔涂“自是人间一周岁，何妨天上只黄昏”为例，说明古代诗人擅用时差的特点，天上与人间，幻境与现实，形成鲜明对比，从而达到更好地服务主题的效果。清代张联桂《七夕》中也有“洞里仙人方七日，千年已过几多时”的感慨。这是唐代七夕诗与汉魏六朝七夕诗不同的地方。汉魏六朝动荡的社会现实，造成了许多夫妻分离、家庭解体的人间悲剧。唐代经济繁荣、社会稳定，诗人情绪高昂、积极乐观，诗歌自然多了一份美好的想象和祝愿。

三、别离之思的载体

唐代是诗歌发展到顶峰的历史时期，诗歌形式多样、内容广泛。诗人擅于借题发挥，将诗歌自我行情的特点发挥到了极致。别离是人世间常有的事，却也是最让人伤感的事。不管是夫妻的别离，还是朋友的相别、兄弟的分隔两地，在诗人的笔下都有反映。节日也是最能触动游子心灵的特别日子，因此有大量优秀作品存留后世。王维的“每逢佳节倍思亲”道出了众多游子的共同心声，因此流传千古。唐代有大量的赠别诗、羁旅诗，如李白的《赠汪伦》、贺知章的《回乡偶书》。宋词中也不乏行写离别之情的作品，苏轼的《水调歌头·明月几时有》，李清照的《一剪梅》很有代表性。借七夕节行发对家乡、亲人的思念之情，盛唐孟浩然的《他乡七夕》可谓匠心独运，别出心裁。

他乡七夕

唐·孟浩然

他乡逢七夕，旅馆益羁愁。不见穿针妇，空怀故国楼。

绪风初减热，新月始临秋。谁忍窥河汉，迢迢问牵牛。

孟浩然是盛唐山水田园派的代表诗人。他一生几乎未做过官，诗歌多以羁旅漫游、山水田园为内容，诗风质朴真切，富有生活气息。《他乡七夕》是一首五言诗，起句平平，简单交代自己的处境。正值七夕佳节，诗人漂泊他乡，不免产生浓郁的思乡之情，正所谓“每逢佳节倍思亲”。更何况是七夕这一浪漫的节日，诗人的思绪早已飞回家乡。想象家乡七夕穿针的习俗，思念家中的妻子。通过七夕牛郎织女相会的情景，行写自己旅居他乡的愁苦心情。这首七夕诗是诗人在题材上的创新，借七夕表现别离之思。

四、诗文中节日习俗的表现

节日习俗是文人创作的重要内容。古人重视祭祀活动，祭祀神灵和祖先，祈求好运。许多祭祀活动逐渐约定俗成，成为节日的一部分。唐代繁荣昌盛的社会，为节日活动提供了良好的契机。上行下效，节日场面更加的热闹和盛大。这自然成为文人创作的重要题材。初唐七夕文学更多的是对汉魏六朝七夕文学的继承。

李贺是中唐一位风格独特的诗人，有“诗鬼”之称，其诗好用带有强烈伤感意味的字眼。如《七夕》中的“暗”“愁”，具有烘托气氛、暗示情绪的重要作用。《七夕》(“别浦今朝暗”)是李贺的一首感怀诗。“别浦”指天河。“鹊辞”意为乌鹊填河搭桥成全牛郎织女后悄然而去。这都是传说中的幻境，穿针、曝衣是现实中的七夕风俗。“天上分金镜，人间望玉钩。”天上与人间对应，想象奇特，色彩瑰丽。梦境幻境的描写，暗示了现实与理想的差距，有情人终不能长相聚，表现了诗人内心的感慨。

崔颢《七夕》（“长安城中月如练”）是一首反映宫中女子乞巧的诗作。诗人采用七律的形式，将写景、叙事和行情结合，营造情景交融的意境。首句即交代七夕“月如练”的美好夜景；“家家此夜持针线”写出了唐代穿针乞巧习俗的普遍性。诗人的重点是展示宫中女子的心境——“空”“幽”“愁”，带有强烈的感情色彩，传神地写出宫女们孤寂和落寞的情绪。“数萤流”“看斗牛”可见她们的无奈和无聊。祖咏《七夕》（“闺女求天女”）则以普通女子为描写对象，写出了她们对七夕乞巧习俗的重视，表达了众多普通女性的心声和美好心愿。

崔颢和祖咏的《七夕》，从不同角度表现不同阶层女子的七夕心愿。诗人代女子抒情，采用纪实的手法，分别写出了宫中女子和普通女性的七夕活动，道出了她们共同的心愿：穿针乞巧。不同的是，身居宫中的女子，几乎失去了人身自由，暗地里争风吃醋，内心却孤寂无依。只有得到皇帝的宠幸，才能体现自身的价值，否则她们的结局非常悲惨。七夕佳节之时，与其说宫女们是在穿针乞巧，不如说她们是在释放压抑的神经。“愁无限”道出了班姬一样的宫女的真实心境；普通女子希望像织女一样有双灵巧的手，通过辛勤的劳动获得应有的幸福。她们对穿针乞巧、蜘蛛卜巧的习俗深信不疑，虔诚地履行乞巧中的每一个环节，希望自己成为最巧的一个。

第三节　七夕节节日习俗

中国的七夕节是一个伴随着牛郎织女的传说一同发展起来的传统节日，其滥觞大概是在汉代，当时七夕穿针习俗已经开始流行。随着时代的推移，七夕逐渐发展成为中华民族普遍奉行的一个重要节日，并且受到了广大民众的喜爱。

一、在女性关系主导下的七夕乞巧习俗

在七夕诸多的节俗活动中，“乞巧”是一项最为有趣、最具有典型意义的主题活动，它的主要表现方式，就是通过祭祀、占卜、祈求等各种手段，来证实自己心灵手巧，满足自己渴求聪明伶俐的心理期望。可以说，在中国千百年来的历

史长河中，正是这种“乞巧”的独特形式，成了七夕节中最有生命力的因素，塑造了七夕节中最为光辉灿烂、鲜明独特的文化内涵。

值得注意的是，中国古代的七夕乞巧活动与女性有着极为密切的关系。女性不但是乞巧活动最为虔诚的信奉者与崇拜者，而且也是乞巧活动的主要推行者与承载者。造成这一事实的原因并非出于女性群体对这一习俗的特殊偏爱，而是有着深刻的社会历史原因。正是中国传统社会的道德观念与礼仪制度，造成了女性对于七夕乞巧习俗的特殊心理期待，培养了女性独特的七夕乞巧情结。

中国古代在长期的历史发展中形成了大量的节日，例如春节、元宵、清明、端午、中秋、重阳、冬至，等等。但是在这些节日中处于前台的，几乎都是男性。男性主持着各种节日中的祭祀活动、庆典活动，执掌着各种节日中的礼节往来、游娱玩乐。尤其是节日中的祭祀活动，一般都必须由男子来主持，妇女甚至连参与的资格都没有，唯独七夕节是个例外。到了七夕这一天，妇女们便成了节日活动的主宰，节日活动中方方面面的事务，似乎都与妇女有关。或许也正是在这一意义上，人们常把七夕节叫作“女儿节”“少女节”。

七夕节与女性关系的密切程度，在这一节日的主题活动——“乞巧”方面表现得最为突出。无论是参与对象、时间安排，还是活动的内容形式，七夕乞巧习俗无疑都带有浓浓的“女人味”。

从参与对象来看，七夕乞巧活动的主体为女性，这一点毋庸置疑。在较早记载七夕习俗的《西京杂记》中，就已经明确指出当时参加乞巧穿针活动的是宫廷中的彩女；在《开元天宝遗事》中，也有宫中嫔妃穿针，民间效仿的记载。宫女们长期被幽禁在宫廷中，生活的寂寞、情感的空虚，使她们对七夕穿针之事甚感兴趣。至唐宋时，一些帝王为了讨取她们的欢心，甚至还经常在七夕时搭设彩楼，供宫女们穿针乞巧玩乐。除了嫔妃宫女以外，一个更为庞大的七夕乞巧群体是民间妇女。南朝梁宗懔《荆楚岁时记》记载：“七月七日，为牵牛、织女聚会之夜……是夕，人家妇女结彩缕，穿七孔针，或以金、银、鍮石为针，陈瓜果于庭中以乞巧。有喜子网于瓜上，则以为符应。”这些记载充分反映了古代民间女子在七夕节中穿针引线、祭星乞巧的情景。许多民间女性虽然家境贫寒，但是七夕穿针乞巧之事却仍为她们生活之要务，每至此时，她们便要虔诚地在月光下穿针引线，显示才能。这一上下层女性共同参与的节日习俗活动，构成了一种浓郁的女性文化氛围，展示了中国传统节庆文化与女性生活之间的独特关系。

近年来民俗调查方面的一些资料，为中国古代七夕乞巧活动的参与对象主要为女性的事实找到了更为充分、翔实的依据。例如过去陕南一带的山村，到了七月七日这一天家家户户都要泡豆芽。晚上，全村中年以下的女子都带上自家泡的豆芽聚集在一家院子里。星光下供奉着一尊西天王母娘娘像。妇女们向娘娘像跪拜，诉说一年来的磨难，祈祷来年的幸福、和顺。西天王母娘娘像是用一只木桶和一只葫芦，穿戴上老婆婆的衣饰临时做成的。虽然样子看起来有些滑稽，但却不会影响妇女们的热情，她们照样虔诚地跪拜、祈祷。所有在场的妇女，推选出一位最漂亮、针线活做得最巧，并且没有出嫁的女孩儿作为主持人，由她把大家带来的豆芽分给每个人。这豆芽被称作“巧芽”。特别是有女孩儿的人家，更是小心地将这些“巧芽”带回家，做成菜给女孩子吃。这样，这女孩儿长大后，就会变得和大家推选出来的那位女孩儿一样漂亮、一样手巧、一样可爱。

从时间特点方面来看，七夕乞巧习俗主要是在农历七月七日进行，而这个日子对于女性来说有着十分特殊的意义。《孔雀东南飞》诗云：“初七及下九，嬉戏勿相忘。”这里所谓的“初七”与“下九”，是传统社会中两个独特的妇女节日。其中“下九”是指每月的十九日，而“初七”正是指每年的七月初七这一天。每逢这两个时日，妇女们便可以在月下相聚嬉戏，甚至于“忘寐达曙”，游戏到天亮。

从活动内容与形式方面来看，乞巧习俗也与女性有着密切关系。众所周知，乞巧习俗活动中最为基本的内容是穿针，这一习俗自汉代形成以来，一直延续到现在，始终没有改变，而穿针之举显然与传统女性生活方式有着密切关系。除此以外，诸如送彩线、剪窗花、制巧食、染指甲等，也都是一些与女性生活密切相关的习俗。例如过去江南地区的妇女每至七夕节时，就要将平日刺绣用的红绿丝线扎成一束束丝束，送给自己未出嫁的小姐妹。苏州一带的女性在七夕乞巧时要制作一种特色食品，叫作“巧果”，制法是用面粉和糖拌匀，揉结实，再切成宽二寸左右的条形，扭成苎结的形状，然后放入油锅中汆熟，冷却后食用，据说吃后可以得巧。而鲁西南地区的女性则喜爱把针、钱、枣等物包进饺子里，如果谁能吃到包针的饺子，就象征能得巧，吃到包钱的饺子，就意味着得到财富，吃到包枣的饺子就象征早婚得子。也有一些地方的女性到了七夕节时要捏制一些织女形象的酥糖，俗称做“巧人”“巧酥”，出售时又称为“送巧人”，此风俗在一些地区延续至今。

二、七夕节俗起源于西京长安

七月七日原是岁时性的节日，与牛郎织女神话无涉。这一“良日”古已有之，其节俗包括曝衣、曝书等。“七夕”则依托牛郎、织女的爱情神话而产生，是一个纪念性节日，其节俗主要有守夜乞愿和穿针乞巧等。

《诗经·豳风·七月》：“七月流火，九月授衣。”夏秋之交，正是曝晒旧衣和制作新衣的时节。宋卜子《杨园苑疏》曰：“太液池西有武帝曝衣阁，常至七月七日，宫女出后登楼曝衣。”据此，七月七日曝衣之俗，可溯至西汉武帝时。东汉崔《四民月令》曰：“七月七日作曲，合蓝丸及蜀漆丸，暴经书及衣裳。”则曝书、曝衣以免虫蠹，渐成习俗。此俗至魏晋尤盛。王隐《晋书》曰：“魏武帝辟高祖（司马懿），以汉祚将终，不欲屈节于曹氏，辞以风痹，不能起居。魏武遣亲信令史微服于高祖门下……七月七日高祖方曝书，令史窃知，还具以告。”司马懿假病，仍不废曝书，可见七月七日此俗之盛。《竹林七贤论》曰：“阮咸，字仲容。七月七日，诸阮庭中灿然，莫非锦绨。咸时总角，乃竖长竿，标大布犊鼻裈于庭中，曰‘未能免俗，聊复尔耳’。”卧腹曝书、挂犊鼻裈，是魏晋名士七月七日的滑稽表演。可见，七月七日原有的节俗，“曝书策，晒衣裳”，都是在白昼举行的。晋潘尼《七月七日侍皇太子宴玄圃园诗》曰：“商风初授，辰火微流，朱明送夏，少昊迎秋。嘉木茂园，芳草被畴，于时我后，以豫以游。”这一“良日”里，达官显贵们还要宴游。这里，潘尼也未提及牛郎织女神话。

从西汉初年开始，牵牛、织女的爱情神话逐渐渗透在七月七日这一“良日”，最终形成在七月七日晚上守夜乞愿、穿针乞巧等一些新的节俗。七月七日这一白昼的“良日”，渐渐变成了晚上的乞巧节；原本在白昼举行的曝衣、曝书等节俗淡化了，守夜乞愿、穿针乞巧成为七月七日晚上的民俗景观。《四民月令》和《西京杂记》里保留一些关于七夕节俗起源于西京长安的珍贵记载。

守夜乞愿之俗的最早记载，提及西汉文帝窦后。《初学记》卷七“七月七日”载梁宗懔《荆楚岁时记》注引《五王传》曰：“窦后少小头秃，不为家人所齿。遇七月七日夜，人皆看织女，独不许后出，有光照室，为后之瑞。”《岁华纪丽》卷三“瑞光”注云：“前汉窦皇后传云：后，观津人也。少小头秃，不为家人所齿。遇七夕夜，人皆看织女，独不许后出。乃有神光照室，为后之瑞。”则七夕守夜“看织女”之俗也要溯至西汉初。在牛郎织女欢会之时，百姓向二位星神祈求幸福，守夜乞愿之俗正在形成。苏彦《七月七日咏织女诗》曰：“欢宴未及究，晨晖照扶桑。怅怅一宵促，迟迟别日长。”苏彦最早把牛郎织女七月七日晚上欢会作为诗歌的题材。自南朝宋孝武帝，遂不称“七月七日诗”，而多称“七夕诗”。七夕牛郎织女欢会，百姓守夜乞愿，成为文人诗赋的重要题材，并出现大量的应制诗。据《艺文类聚》卷四“七月七日”载，宋孝武帝刘骏、南平王刘铄、谢惠连、王僧达、颜延之、谢灵运、谢庄等都有《七夕诗》。梁武帝萧衍《七夕诗》曰：“白露月下圆，秋风枝上鲜。瑶台含碧雾，罗幕生紫烟。妙会非绮节，佳期乃良年。玉壶承夜急，兰膏依晓煎。昔悲汉越难，今伤河易旋。怨咽双念断，凄悼两情悬。”一代帝王为诗，竟能情辞恳切，感人至深。隋江总《七夕诗》“此时机杼息，独向红妆羞”，隋张文恭《七夕诗》“含情向华幄，流态入重闱”，都是借牛郎织女七夕相会写世俗的男欢女爱，十分露骨。大唐一统后，京师长安的七夕守夜之俗更加繁盛。白居易《长恨歌》记杨贵妃死后，唐玄宗回忆七夕夜半骊山避暑时的情景：“七月七日长生殿，夜半无人私语时，在天愿做比翼鸟，在地愿为连理枝。”李商隐《马嵬》云：“此日六军同驻马，当年七夕笑牵牛。”可见，七夕此夜，帝王、贵妃也要守夜乞愿。杜牧《七夕》云：“银烛秋光冷画屏，轻罗小扇扑流萤，天阶夜色凉如水，坐看牵牛织女星。”天阶，指唐代长安的宫廷。织女犹有相爱的牛郎，每年还可一度相会，这些宫女却身陷禁宫，虚度青春。此诗借牛郎织女鹊桥相会的欢快，反衬宫女身世的凄凉。显然，从西汉的长安到唐代的长安，从民间到宫廷，已经盛行七夕守夜乞愿的节俗活动。伴随着唐朝在军事和文化上的强盛，七夕守夜乞愿的节俗遍布全国，远播四海。

穿针乞巧之俗也起源于西汉初的长安。西汉初，七月七日长安宫中要穿针以显示针织技巧，这是现存最早的穿针乞巧之俗的记载。显然，汉彩女乞巧正是对织女星的崇拜。东晋偏安，文化南移，穿针乞巧之俗传播江南。梁顾野王《舆地志》曰："齐武帝起层城观，七月七日宫人多登之穿针，世谓之穿针楼。"从开襟楼的汉彩女穿针，到穿针楼的齐宫人穿针，乞巧之俗由此承传。南朝宋孝武帝刘骏《七夕诗》曰："迎风披彩缕，向月贯玄针。"这是最早以穿针为题材的诗歌。梁简文帝萧纲《七夕穿针诗》"针欹疑月暗，缕散恨风来"，则饶有情趣。其后又有穿针题材的应制诗的产生。梁刘孝威《七夕穿针诗》曰："故穿双眼针，时缝合欢扇。"汉代的"七孔针"，发展为南朝的"双眼针"，用来缝制"合欢扇"，说明七夕穿针之寓意，除乞巧外，尚有求爱的要求。崔颢《七夕》"长安城中月如练，家家此时持针线"，描绘了唐代长安城郊穿针乞巧的风俗。显然，西汉长安形成的穿针之俗，经过魏晋南北朝的演进，唐初风靡全国，而京师长安尤其繁盛。唐德宗贞元十四年，长安修织女庙（俗称"石婆庙"）设案供奉。百年来，长安石婆庙香火一直很盛，至今仍保留着七夕祭祀牛郎、织女大规模的民俗活动，而石婆庙庙会（乞巧市的一种样式），成为传统的七夕节俗的生动载体。那时，举国上下千家万户在七夕纷纷乞巧，表达古代人民对织女星神的崇敬之情和妇女们提高技艺、追求幸福的迫切愿望。明清时期，穿针乞巧的仪式改在白天举行，花样更多翻新。古代女性崇尚灵巧的生活理想，在这一节日得到淋漓尽致的表现。

第四节　七夕节的文化内涵

我国的诸多传统节日似乎都和人类的情感有着千丝万缕的联系。七夕节，就以其浪漫的爱情内涵为广大饮食男女所熟悉，可以说，七夕节是伴着牛郎织女的爱情故事生成的。从《诗经·小雅》中"跂彼织女""睆彼牵牛"两位主人公的初次登场，到《古诗十九首》中“迢迢牵牛星，皎皎河汉女，纤纤擢素手，札札弄机杼”的深情互望，我们读懂了这对银河情侣相爱相惜的浪漫温情。后代秦观、林杰、罗隐、李商隐、苏轼、陆游等人也都写过关于七夕的诗篇，以赞美牛郎织女两人执着的等待和坚贞的誓言。七夕节的文化精神被一代代文人雅士所传承。

一、古人心中的七夕节与爱情

（一）天体崇拜中的距离说

七夕节的确定很重要的一个原因是星象上的关系。牵牛星与织女星本是银河两岸的两个星座，天文学上称之为天鹰座和天琴座。天鹰座由相连的三颗星组成，中间一颗稍亮些，人们就以超凡的想象力将其幻想成父子三人，中间的父亲——牛郎用扁担挑着左右两个孩子，这就有了家的味道。天琴座由一组群星组成，其中三颗的布局形成一个梭子的形状，被想象成织女织布用的梭子，由天河中两个星座到牛郎织女的爱情神话，充分表现了上古先民们超凡的想象力，这也是我们祖先留下的宝贵精神财富。

（二）对数字的特殊认识和女性意识的觉醒

我们的祖先对数字格外敏感，出于某些仪式上的需要，他们把正月正、三月三、五月五、七月七、九月九再加上预示成双的二月二和六月六这“七重”均列为吉庆日。同时，“七”与“妻”同音，于是七夕在很大程度上成了与女人相关的节日，这从七夕节众多的民俗活动中可以得到充分证明，如“坐看牵牛织女星”“拜织女乞巧”“漂针验巧”“喜蛛应巧”“穿针赛巧”“月下结盟”等。因传说中的织女是一个心灵手巧、美丽温柔的女子，所以那些未出阁的女孩子便在七夕的夜晚向她乞求灵巧和智慧，求赐美好姻缘。

（三）原始农耕社会朴素的爱情理想

中国早期的社会是建立在自然崇拜与人文精神相结合的基础之上的，所以对自然充满无比丰富的想象。对普通人而言，男耕女织、美满幸福的家庭生活是人生中最大的追求。在这一前提下，牛郎的勤劳善良、织女的聪明灵巧，理所当然地被定义为美满婚姻的典范。然而，天河两岸牵牛星和织女星毕竟离现实生活太远，于是人们将他们又幻化为现实生活中相爱的男女。这和上古时期的很多神话故事几乎异曲同工，由天神到凡人，最终想象变成生活中可以看得见的形象。牛郎织女的传说与民间少女乞巧的习俗找到了恰当的融合点，有着爱情意义的民间七夕节开始流传，并在今天商业化的浪潮中生根发芽，成为中国的情人节。

二、“牵牛”“织女”的命名，反映了古代农业发展的痕迹

“一定意义上讲，民间传说可以说是劳动人民‘口传的历史’，但又不是严格意义上的历史，只不过与历史有更为密切的联系”。“牛郎织女”传说的产生正是这样，它最集中而典型地反映了中华民族社会经济、历史文化的特征，是因为“牛郎”“织女”事实上是我国从史前时代直至近代农业经济社会中男耕女织家庭结构与经济生活的反映；其名称和身份特征据西北师大赵逵夫先生研究：分别来自原始社会末期秦人和周人的祖先，“织女的原型应是秦人的始祖——女修（她善织）”“牵牛的原型来自周先民中发明了牛耕的杰出人物叔均”。因此，牵牛、织女并不是上古时代的“平民神话”和“图腾神话”，而是部族、氏族的始祖或有所发明创造的祖先演变成的。古代人为纪念他（她）们杰出的成就而用“象天法地”的方式把他（她）们留在了天上，并进行祭祀。所以，“牛郎织女”的爱情故事，就本质而言，是对小农经济的理想化和神圣化，深深地打上了小农经济的烙印。

（一）“牵牛”“织女”源于星辰崇拜观念和祈求丰收的意愿

“七夕”最早来源于人们对星神，也就是对自然的崇拜。据历史文献记载，古代人普遍具有崇拜日月星辰等天体的观念。希腊、罗马神话中有太阳神、月神、星神。古波斯、埃及、印度也有太阳神、星神。在我国，这种天体崇拜观念尤其明显。而我国古代星宿名基本上都是部族的始祖和有所发明创造的祖先。“牵牛”“织女”本是银河两岸各置东西的两颗星宿名称。西周时期由于农业的发展，人们需要根据对天象的观测来进行农事活动，以推测作物的丰收，这就促使了原始天文历法的产生，同时也就有了星相学。在先秦典籍《左传》《国语》《尔雅》《诗经》等书中，都有对星宿的记录和丰富的描述。《诗经·小雅·大东》：“东

有启明，西有长庚。"《左传・庄公二十九年》："水昏正而栽。"人们观测星象主要是为了适应原始农业的需求。随着人们对天文的认识和纺织技术的产生，就有了有关牵牛星和织女星的记载。"牵牛""织女"的名称最早出现在《诗经·小雅·大东》中，诗中的织女、牵牛二星已是人间耕织生活的一种反映。司马贞《史记索引》中云："织女，天孙也。"说明织女已具有天界诸神中的特殊身份和地位。古时，人们认为天人之间是相互感应的，天地之间事物都是相互对应的，先民们对牵牛、织女双星的崇拜，与远古人类将自然物体人格化的原始思维有渊源关系。"牛郎织女"的故事，正是在现实社会中男耕女织的基础上，对生活真实的、艺术化的反映。又由于星辰的故事在荒诞中给人以神秘感，再加上在当时的七月黄昏，织女星正好位于一年中的最高点，也在人们的头顶上清晰可见。正值农作物从繁育期到收获期，不难想象古人将此作为带来繁育和丰收的吉星并加以神化，将祈求丰收的人间愿望投影到天河中的二星，于是将天空中的牛郎星和织女星"人化"为农耕社会中的一分子，并且随着"牛郎织女"故事的传播，渗入到中华民族的文化中。

（二）"牵牛"的形成和身份特征，体现了古代农耕技术的发展

牛郎、织女是中国几千年中男女农民的象征。牛郎（牵牛）形象的形成，同我国发展很早的农业有关。而周民族是在农业发展方面做出了重大贡献的民族。《山海经・海内经》中云："后稷始播百谷。稷之孙曰叔均，是始作牛耕。"《山海经・大荒西经》中又说："有西周之国，姬姓，食谷。有人方耕，名曰叔均。帝俊生后稷，稷降以百谷。稷之弟曰台玺，生叔均。叔均是始代其父及稷播百谷，始作牛耕。"由《山海经》中的这些记载看来，叔均因为发明了牛耕，大大节省了人力，提高了耕作速度与质量，在推动当时生产力的发展，改变农业生产形式的方面做出了重大贡献，他的事迹就同牛联系在一起。而牛作为运输工具时是人赶着牛，作为交通工具时是人骑着牛，而作为耕作工具则是一人牵着牛（另有一人在后面扶犁）。牵牛而行于畎亩之中，是牛耕的象征，故周人以这位杰出的氏族首领为星名，名之为"牵牛"。另外，在春秋时期，牛不再完全用于祭祀，已大量用于农事活动。在春秋战国，铁制农具的普及，促使了耕地方式的变化，出

现了牛耕。农业社会时期牛是很重要的财富，是动力，是肥源。春秋时许多人用与牛耕有关的字来命名，如《史记·仲尼弟子列传》记载了孔子弟子的名字，其中，有冉耕，字伯牛；司马耕，字子牛，等等，星宿用“牵牛”来命名也是这个道理。

（三）“织女”的命名和身份特征，体现了古代纺织业的发展

关于织女，在《史记·天官书》中说：“织女，天孙女也。”《史记·秦本纪》中有：“帝颛顼之苗裔孙女修。女修织，玄鸟陨卵，女修吞之，生子大业。”大业为秦人之祖。传说中的秦人始祖女修，就是以织闻名，由于提升了人们穿衣的质量而传于后世。因氏族的始祖又有神话故事一直流传下来，故成为星名。所以“织女的原型应是秦人的始祖女修”。《说文解字》解“织”字曰：“织，作布帛之总称。”《尔雅·广服》曰：“治丝曰织。”由“织”字字形从丝及其原意为治丝的记载，可知织女是古代农耕社会中“织丝的女人”。在古代的农耕社会中，“治丝蚕”是农村妇女的主要生产活动，早在《诗经·豳风·七月》便有记载：“春日载阳，有鸣仓庚，女执懿筐，爰求柔桑。”可见，在古代，纺织工作主要是由女子担任的。王孝廉论述曰：“以织女作为天上的星名的思想渊源当是产生于古代人对桑的信仰（树木崇拜），农耕社会中的古代人把桑树看作是和生殖、不死、再生有关的神木，那么司掌这种神木的自然是和人生纺织治丝有关的女神。”原始时期，在女性墓葬里随葬品中就有纺车。而到了春秋时期，出现了纺织业，无论人们的服饰还是诸侯国之间的互赠之物都要用到丝麻织物。《左传·庄公二十三年》：“禹会诸侯於涂山，执玉帛者万国。”《左传·襄公五年》：“季文子卒，无衣帛之妾，无食粟之马，无藏金玉，无重器备，君子是以知季文子之忠於公室也，相三君矣，而无积，可不谓忠乎。”由此可以看出纺织业在生产和生活中的作用，所以，从织女星的命名可以透视出春秋时代纺织业的发展及其在经济中所占的重要地位。

三、“祭田祖，报田公”反映农事祭祀活动

首先，在古代，“七”在中国人心目中是一个吉祥的数字和符号。北斗七星，

其数为七；七夕供品其数为七；天上彩虹的颜色有七彩；古琴的弦数为七；人的常态有七情；《周易》上有“七政”之说；《说文解字》释“七”时说：“七，阳之正也。”农历七月七日，称为“重七”。这些现象和记载都表明，我国民间有着浓厚的崇“七”心理。西汉《淮南子》记七月七日剪瓜叶；周处《风土记》所引《董勋问礼俗》：“魏时人或问董勋云：‘七月七日为良日，饮食不同于古，何也？’勋云：‘七月黍熟，七日为阳数，故以糜为珍。’”我们从这段话里得到两点认识：第一，七月七日对古人而言，不仅仅是一个时间观念，而是和农事有着密切的关系，即谓农历七月七日是农作物开始成熟的日子；第二，形成这吉庆日子的原因是“黍熟”和“阳数”。“阳数”的含义是美好的，“黍熟”当然也是令人高兴的事。另外，“七夕”风俗活动中，也有祀田公（即田祖）的内容。七夕时至孟秋，收获在望，为了祈求天随人愿，大获丰收，早在周代以前就有以新黄之穗荐田祖之礼。《古今图书集成·岁功典》引山西志书述广灵县风俗说：“七月七日折柳枝，挂楮钱插田中以报田祖。”《毛传》说：“田祖，先啬也。”“啬”借为“穑”，先啬即先农、农神。七月七日而报田公，显然是将田公与牵牛星（由叔均而来）联系在一起。由此看来，七月七日不仅是古人庆贺秋收的吉庆日子，也是古人祭田祖、报田公的日子。《诗经·小雅》的《甫田》《大田》二诗，便是祀田祖的。再者，“七夕”风俗活动中，有些地方还有“庆贺牛生日”的内容。因在农耕社会，农业生产主要靠牛耕，而牛又是为牵牛织女婚姻立下汗马功劳的一员，故在牛女相会的七夕，民间将七夕联想为牛的生日。乾隆三十九年（公元1774年），《永平府志》载，当地妇女儿童在七夕除乞巧外，“又以为牛生命日，折花枝于角，可无灾，以面饼赏牧童”。另《古今图书集成·岁功典》引山东志书《武宣府志》曰：“七月七日牧童采野花插角，谓之贺牛生日。”这种在七夕祭祀田公、贺牛生日的主要目的在于娱神、纪念，是丰收后对田祖、牛的感谢，是对神化了的田祖、牛采取讨好的态度，是对为农耕和牛郎织女婚姻做出贡献的牛的纪念；这种祭祀方式，反映了初民在生产力水平低下的条件下，祈求和酬谢田祖，以期来年农业再获丰收的愿望。

四、“呈瓜果”“种生”体现祈求丰收的愿望

“民以食为本”，农业是人类生存之本。在古代，食物是初民与大自然的根本关涉和系结。七夕乞巧的习俗内隐和深藏着初民追求物质生活资料丰收增产和提高生产技能的世俗态度和价值观念，寄托着初民强烈的耕织祈愿。这在历代古籍上多有体现。《荆楚岁时记》引《日纬书》云：“牵牛星，荆楚呼为河鼓，主关梁，织女星，主瓜果。”《太平御览》九百六十四卷引《春秋元命苞》云：“织女星主果。”《晋书·天文志》：“织女，天女也，主司瓜果、丝帛、珍宝。”从这些古籍记载看，织女是瓜果麦豆等农作物的保护神、丰收神。正因为此，七夕仪式上贡品虽多，但各地几乎都离不开瓜果。这不仅仅是一种时令果品，而且反映了农耕民族一种深层的心理暗示。

参考文献

[1] 阮元.十三经注疏（附校刊记）上册[M].北京：中华书局，1980：119.

[2] 班固.汉书（卷十一）[M].颜师古，注.北京：中华书局，1962：984.

[3] 王聘珍.大戴礼记解诂（卷二）[M].北京：中华书局，1983：42.

[4] 顾禄.清嘉录（道光庚寅刊本）（第1册）[M].北京：中华书局，1830：19.

[5] 陈国印.黄帝内经素问新编[M].北京：中医研究院中医古籍出版社，2006：291.

[6] 赵东玉.中华传统节庆文化研究[M].北京：人民出版社，2003：36.

[7] 周振甫.诗经译注[M].北京：中华书局，2002：330.

[8] 吴小强.秦简日书集释[M].长沙：岳麓书社，2000：108.

[9] 逯钦立.先秦汉魏晋南北朝诗[M].北京：中华书局，1983：331.

[10] 刘安.淮南万毕术[M].孙冯翼，辑.北京：中华书局，1985：2–3.

[11] 葛洪.西京杂记（卷一）[M].北京：中华书局，1985：3.

［12］周到．南阳汉画像石中的几幅星象图［J］．考古，1975（1）．

［13］李昉，等．太平御览（第一卷）［M］．夏剑钦、王巽斋，校．石家庄：河北教育出版社，1994：275.

［14］欧阳询．艺文类聚（卷四）［M］．汪绍楹，校．上海：上海古籍出版社，1965：76.

［15］李林甫，等．唐六典［M］．陈仲夫，点校．北京：中华书局，1992：446.

［16］吴凯．“七夕”话“乞巧”［J］．中州统战，2003（1）．

［17］马俊良．龙威秘书［M］．泰州：大酉山房，清乾隆世德堂重刊本．

［18］王仁裕．四库全书［M］．上海：上海古籍出版社，2003：1035.

［19］李世民，等．钦定全唐书［M］．上海：上海同文书局，光绪丁亥孟冬石印．

［20］杨琳．中国传统节日文化［M］．北京：宗教文化出版社，2000：86.

［21］乌丙安．民俗学原理［M］．沈阳：辽宁教育出版社，2001：143.

［22］李昉，等．太平御览［M］//四部丛刊本．上海：上海书店，1985.

［23］徐坚，等．初学记［M］．北京：中华书局，1962.

［24］欧阳询．艺文类聚［M］．上海：上海古籍出版社，1982.

［25］葛洪．西京杂记［M］．西安：西安三秦出版社，2006.

［26］王仁裕，等．开元天宝遗事十种［M］．上海：上海古籍出版社，1985.

［27］袁珂．中国神话通论［M］．成都：巴蜀书社，1993.

［28］赵逵夫．汉水、天汉、天水——论织女传说的形成［J］．天水师范学院学报，2006（6）：3.

［29］杨峻峰．图腾崇拜文化［M］．北京：大众文艺出版社，2000：29.

［30］赵逵夫．先周历史与〈牛郎织女〉传说的起源［J］．甘肃文史，2007:3.

［31］赵逵夫．论牛郎织女故事的产生与主题［J］．西北师大学报，1990（4）．

［32］王孝廉．中国的神话世界（下册）［M］．长春：时代文艺出版社，1997.

第七章　中元节

中元节，即七月半祭祖节，又称施孤、鬼节、斋孤、地官节，节日习俗主要有祭祖、放河灯、祀亡魂、焚纸锭等。从古至今，不少文学作品将它的神秘庄重表现得淋漓尽致，透过它光怪陆离的表面，也传达着儒家核心的孝道和仁爱思想。关于中元节，人们对它的了解并不是非常多，认为中元节就是简单的“鬼节”，其实跳出神鬼的角度，我们会发现中元节是一个充满人文色彩的节日，它是温暖慈悲的载体，是中国古代重视农业的反映，本章将对中元节的起源、习俗进行介绍，并发掘其中包含的文化内涵。

第一节　中元节的起源

中元节是本土文化的产物。在梁武帝时已有，至宋代定型成熟。清乾隆《普宁县志》言：“俗谓祖考魂归，咸具神衣、酒馔以荐，虽贫无敢缺。”祭品之中，楮衣是不可或缺的。因七月暑尽，须更衣防寒，与人间“七月流火，九月授衣”相契合。

一、中元节开端

（一）道教起源说

道教把一年中的正月十五称为上元节，七月十五为中元节，十月十五为下元节，合称“三元”。汉末道教的重要派别五斗米道崇奉的神为天官、地官、水官。

据《道藏》载:“中元之日，地官勾搜选众人，分别善恶……于其日夜讲诵是经，十方大圣，齐咏灵篇。囚徒饿鬼，当时解脱。”也就是说农历七月十五这一天为“中元二品地官赦罪大帝”之生日，这一天地官大帝会为万鬼祈福赦罪，会释放地狱万鬼囚，让恶鬼们免于疾苦，所以从七月初便大开地狱之门，让众鬼享受一个月的人间香火，以便于激起他们的向道之心，帮助十方恶鬼摆脱轮回之苦。而据道教所述，七月中元日，地官来到凡间，考察核定人们的善恶，道士在这天要诵经做法事，并以三牲五果普遍超度十方孤魂野鬼。民间在这天也有祭拜地官的仪式，各自说辞有些许差异，但大体传达的都是道士诵经，普度魂鬼。这种说法来自道教书籍，无正史印证，因此真实性也有待考究。

（二）佛教目连救母说

在佛教文化中，中元节传说源于《大藏经》中的目连救母的故事。相传佛祖释迦牟尼在世时，收了十位徒儿，其中一位名叫目连的修行者，在得道之前父母已死，目连历经千辛万苦到阴府，见到死去的母亲被一群饿鬼折磨，目连用钵盆装菜饭给母亲，却被饿鬼夺走。目连只好向佛祖求救，佛祖被他的孝心感动，授予《盂兰盆经》，目连按照经中指示，每年七月十五日用盂兰盆盛珍果素斋供奉母亲，饿鬼再也不敢来抢夺了。为纪念目连的孝心，佛教徒每年都举行盛大的“盂兰盆会”。梵语《盂兰盆经》述示:“七月十五日，常以孝慈，忆所生父母，为作盂兰盆，施佛及僧，以报父母之恩。”也就是说以所得福报来解救父母在阴间所受倒悬之苦。北宋孟元老在《东京梦华录》写道:“要闹处亦卖果食、种生、花果之类，及印卖《尊胜目连经》;又以竹竿斫成三脚，高三五尺，上织灯窝之状，谓之‘盂兰盆’，挂搭衣服冥钱在上焚之。”可见，当时目连救母的传说与中元节还是颇有渊源，但神话传说并非史实，有一定的夸张美化色彩，虽然流传甚广，终究也不能当作中元节的真正起源。

（三）秋尝祭祀说

古代由于生产力有限，常将农事寄托于神明，以求丰收。据《管子·幼官》:“修春秋冬夏之常祭。”也就是说农业祭祀活动在春夏秋冬四季都有。但因秋天是丰收的季节，秋祭往往更为重要。“古之大事，在祀与戎。”祭祖是中国古代社会生活中的大事。《春秋繁露·四祭》载："古者岁四祭。四祭者，因时之生熟，而祭其祖先父母也。春曰祠，夏曰礿，秋曰尝，冬曰蒸。尝者，以七月尝黍稷也。"《礼记·月令》："（孟秋）农乃登谷，天子尝新，先荐寝庙。"即指秋尝，又叫"荐新""尝新"，秦汉时有"奉常"一职，属九卿之一，其职官名称即源于"奉命让祖先尝新"之意。汉代的膢祭在立秋日，《后汉·书刘玄传》卷九十一："欲以立秋日，膢时共劫更始。"《风俗通义·祀典》曰："食新日膢。"可见，用新谷祭祖之俗由来已久，起先是天子诸侯的事，然后自上而下影响到民间。但秋尝祭祖日期起初并不确定，只是后来逐渐固定在农历七月十五日，大概因为七月十五日是下半年的第一个望日，秋气新来的阴盛之时，也是立秋后第一个月圆之夜，再加上古代很早就有清明、寒食以及每月的朔望等重要时节祭祀的习俗，后来民间的秋尝祭祀活动大多集中于七月望日。经过历史发展，秋尝祭祀也就逐渐演变成祭祀祖先亡魂的"鬼节"。这种起源说贴近农业生产和生活，且有据可考，相对来说更为让人接受。值得一提的是，我国许多传统节日都跟农业有关，这也是我国是农业大国的缘故之一。

（四）周代祭祀魂鬼说

周代还有祭祀为国战死的战士灵魂之俗。后世各地尚有官府令道人、僧侣作法事超度亡魂之俗。广泛流传的普度、祭祀野鬼之活动与《国殇》所载同出一源。

二、中元节发展

中元节是我国本土的传统节日，从它的产生到进一步发展，经历了漫长的岁月。自梁武帝在南方创设盂兰盆会后，已成为一种习俗。唐代宗李豫每逢七月十五日，都要在宫中举行盛大的盂兰盆会。城中的寺院也要备办供品，陈列于佛像之前，十分虔诚。到了宋、元年间，七月十五这一天家家祭祖亡亲，并且盛行放河灯超度孤魂野鬼的活动。清朝时期，中元节早已是家家户户都熟知的重要节日。到了20世纪20~40年代，中元节也都比七夕、清明热闹，祭祀祖先、普度孤魂的习俗依旧盛行，过节形式除个人外，还有商办官助的大型活动。抗日战争胜利后，各寺庙还做法为阵亡将士超度英灵。然而在“文革”时期，除清明节外，传统节日都被取缔，中元节因被宣扬是封建迷信也在被取缔的范畴。直到现在，随着经济的发展，人民生活水平提高，思想观念进一步开放，改革开放以后传统节日逐渐回归，现如今对于传统节日更加重视，中元节又呈现出独特的色彩。

纵使中元节起源说法多样，但不可否定的是，作为中国重要的传统节日，经过历史的沉淀和多种文化的融合，中元节早已不是单纯的节日，它彰显的是缅怀祖先的孝道，是乐善好施的仁爱。

第二节　中元节文艺感悟

中元节，在农历七月十五日，传说该日地府放出全部鬼魂，民间普遍进行祭祀鬼魂的活动。凡有新丧的人家，都要上新坟，而一般在地方上都要祭孤魂野鬼，所以，它是以祀鬼为中心的节日，成了中国民间最大的鬼节。然而，自有中元节之初，人们想要表达的并不单单是鬼怪传说。

自古以来，诗人多用各种人、事、物来抒发自己的离愁别绪。“寂寂焚香在仙观，知师遥礼玉京山。”唐代诗人令狐楚的《中元日赠张尊师》，表现了对尊师的尊敬。而诗人殷尧藩的《中元观诸道士步虚》中写到“玄都开秘箓，白石礼先生。上界秋光净，中元夜气清。星辰朝帝处，鸾鹤步虚声。玉洞花长发，珠宫月最明。扫坛天地肃，投简鬼神惊。倘赐刀圭药，还留不死名。”传说道士在醮坛上讽诵辞章采用的曲调行腔，其旋律宛如众仙缥缈步行虚空，故得名“步虚声”。诗中赫然是诗人的一颗虔诚之心，寄托了诗人对神仙世界的向往或者对修道生活的追求，同时曲折地反映了作者对现实世界的不满。

李商隐的《中元作》有云：“绛节飘飖宫国来，中元朝拜上清回。羊权须得金条脱，温峤终虚玉镜台。曾省惊眠闻雨过，不知迷路为花开。有娀未抵瀛洲远，青雀如何鸩鸟媒。”羊权得到仙女萼绿华赠送的金条脱，获得爱情；温峤予表妹玉台镜为聘礼，结为佳偶。曾经记得高唐之欢而半夜惊醒，也曾有刘晨、阮肇入天台迷路遇仙女而迷恋忘返。有娀国路远未必有嬴台遥远，青鸟怎能请鸩鸟为媒？诗人在中元节想象众圣朝拜玉清仙境的情景，转写人间爱情的种种悲欢离合。清代庞垲的《长安杂兴效竹枝体》中写到："万树凉生霜气清，中元月上九衢明。小儿竞把清荷叶，万点银花散火城。"小儿持灯月下漫游，路过之处皆生光亮。正值中元节，愿这些许灯火，普度余生，寄送亡魂，照亮回家的路途。放河灯一直是上元节的传统，在中元节人们认为也应该张灯，为亡人庆祝节日。不过人鬼有别，所以中元张灯和上元张灯不一样。

"江南水寺中元夜，金粟栏边见月娥。红烛影回仙态近，翠鬟光动见人多。香飘彩殿凝兰麝，露绕轻衣杂绮罗。湘水夜空巫峡远，不知归路欲如何。"中元夜彩灯如金如粟，红烛光照辉映，竟是如此热闹繁华，只是不知道，今夕归去的路途在哪里？唐代诗人李郢借中元夜抒发自己对人生归途的迷茫和无奈，而宋代诗人徐集孙的《中元》只把中元拟中秋，一解相思愁。"今朝逢令节，依旧客殊乡。禅衲同分席，清斋若过堂。江茶浮水色，野菜带山香。忽忆三秋菊，谁锄小迳荒。"佳节来临，不能回乡团圆，只能独在异乡为异客。禅院中煮茶烧菜，倒也安闲，不过想到秋天来临，菊花怒放时节，谁人带锄于小径之上呢？

古人借中元节诉尽心中郁结，今人也不甘落后，只看余光中的《中元夜》：

月是盗梦的怪精，今夕，回不回去？
彼岸魂挤，此岸魂挤
回去的路上魂魄在游行
而水，在桥下流着，泪，在桥上流

余光中从古代诗歌中攫取怪诞意象，让读者进入到一种朦胧的情景之中，虚虚实实，抒发了人生复杂喟叹，表现了人生求索不息、寂寥无奈的绵绵恨意，透露出了作者对时代和社会的感受。

中元节，透过那些魑魅魍魉，它想传达的是人们面对生死的勇气，是诗人离愁别绪的寄托。

第三节　中元节节日习俗

同其他传统节日一样，中元节的节日习俗也是多种多样的，且有着明显的地域差异。其活动既有与宗教相关的，也有一般人家所行的祭祖之礼，而且通常并行不悖。当然，其纪念形式和内容，则又随着时代环境、生活的转换，和各民族社会、历史、舆论、风俗、习惯的不同而有所变革和发展。但是，儒家的思想影响是深远的，再变也难以离开“孝弟也者，其为人之本与”的基本思想。

一、节日习俗

（一）拜祭祖先

拜祭先祖亡灵，具体内容为白天到祖祠、祖堂摆酒食、斋果祭祖先，这些祖堂或是大厅都有各位先祖的牌位，在牌位下摆四方桌，供白酒、三牲、斋菜，牌位两旁点烛，四方桌上烧香，并在牌位下烧纸钱以供先祖在地下使用，白酒一般洒地。在七月十五日这天，家中的长辈会带领子孙到牌位前依照辈分和长幼次序，给每位先人磕头，祈求先祖平安，并保佑后代兴旺。在午后带着祭品上坟祭祖。祭品也尤为丰盛，有竹子做的盂兰盆、纸做的衣帽和一桌素食等。

（二）普度

普度这种形式主要集中在我国广东与福建等地区，尤其是闽南地区。普度的方式现有三种：在自家大门内面向楼道摆祭，到楼外面烧金；在楼道内自家大门外摆祭，到楼外面烧金；下到一楼露天处摆祭并烧金。这是居民们在新的居住方式与传统祭祀行为之间调节的结果。三种类型做法里，烧金行为都要在楼房外面做。祭祀仪式一般在下午四五点开始。无论城区还是乡村，左邻右舍总要前后呼应式地开始做普度仪式，理由是怕一家一户的酒、菜“供不应求”引得普度公生气对自己家人不利。

（三）放河灯

旧时，中元节为目连救母做盂兰盆会，后来逐渐演变为放河灯，祭祀无主孤魂和意外死亡者。至于河灯的制作，极其简单。用三寸长宽的正方形厚纸做灯底，另用芦柴一根，长约三寸，中间穿一个眼，装竹签，钉在灯底，再用红白纸折成四方形，把灯底四面糊好，中间置放油纸捻，就制作成功了。也有的人用各种颜色的纸，剪成荷花瓣的形状，糊到碗口上，中间用油脂点火，叫作地藏烛。德州的中元河灯场面十分壮观。人们用瓜皮、面碗、纸张制成灯具，并以街巷为单位，制作特大纸船，纸扎目连站在船上，手持九环禅杖。中元之夜，人们把灯具和纸船放入河内，顺流而下，河上顿时灯火通明，摇曳摆动，如同天上点点繁星。胶东沿海地区，由道士乘小船在海中放灯，并奏丝竹乐。德州运河两岸的百姓，纷纷拥到河堤观灯。滕州也有放河灯的习俗，形式与德州大体相同，不同的是，放河灯前，要摆香案，念佛经，佛师一边念经，一边朝台下撒小馍馍，小孩子蜂拥而上，一抢而光，据说吃了能消灾。长岛渔民为了祭祀溺海而亡的亲人，用木板秫秸制成小船，船上供溺海者的牌位和祭品，如糖果、糕点，有的甚至装上棉衣、鞋帽及死者生前喜爱的生活用品，然后点燃蜡烛，由已经结婚的同辈男子将小船放入海中。不过今天的放河灯，已经成为欢乐的活动项目了。

（四）烧纸钱

中元节无论贫富都要备下酒菜、纸钱祭奠亡人，以示对死去的先人的怀念。三年内死的称新亡人，三年前死的称老亡人。迷信说新老亡人这段时间要回家看看，还说新老亡人回来的时间并不相同，新亡人先回，老亡人后回。因此要分别祭奠。烧纸钱的时间选晚上夜深人静之时，先用石灰在院子里洒几个圈儿，说是把纸钱烧在圈儿里孤魂野鬼不敢来抢，然后一堆一堆地烧，烧时嘴里还要不住地念叨："某某来领钱。"最后还要在圈外烧一堆，说是烧给孤魂野鬼的。亡人们回去的这一天，无论贫富都要做一餐好饭菜敬亡人，又叫"送亡人"。

（五）面塑

七月十五节前，民间妇女盛行面塑活动，晋北地区最烈。一家蒸花馍，四邻来帮忙。首先根据家庭实有人数（包括出嫁的女儿及女婿、外孙，另过的儿子及媳妇、孙子，等等），给每个人先捏一个大花馍。羊、虎、牛、鱼、兔各种造型的馍都有。人均一兽的花馍捏完以后，还要再捏许多瓜、果、桃、李、莲、菊、梅等造型的花馍，点缀以花、鸟、蝴蝶、蜻蜓、松鼠。个头较前要小，作为走亲戚、看朋友的礼品。这些面塑蒸熟以后，再经过五色着彩，看上去栩栩如生，每一件都可以称为绝佳的手工艺品。七月十五看面塑，已经成了农家妇女一展灵巧手艺的节目了。

（六）做茄饼

民间认为，茄饼可以成为已故祖先前往盂兰盆会的干粮。每到中元节这天，老南京人家家户户做茄饼，也就是把新鲜茄子切成丝，和上面粉，用油煎炸。常州民俗学研究者史肇美《岁时习俗考释》中这样说："中元节，一般指七月半，须调面作茄饼。"据《马杭乡志》上记载：七月十五日前，江村庵作节，演戏三至五天，庵内"摆祭"，商贾贸易，附近村民过七月半请客。十五日是"中元节"，节前三天，摊茄饼，祭祖宗，至亲往来相聚。十五日晚，户户沿路烧化纸钱称"结鬼缘"，所谓济舍"孤魂野鬼"。有的寺庙做"中元会"，请和尚道士做法事，甚至唱戏，施舍羹饭，晚上放荷灯。如今，茄饼已是一道再寻常不过的家常菜。

二、中元节习俗诗词

几千年来，产生了大量描写中元节的经典诗词，使得中元节文化更有文化底蕴。清代文人王凯泰的诗《中元节有感》，描写出了福建一带过中元节的习俗。"道场普渡妥幽魂，原有盂兰古意存。却怪红笺贴门首，肉山酒海庆中元。"为了使众生免于倒悬之苦，便需要诵经，布绝食物给孤魂野鬼。此举正好和中国的鬼月祭拜不谋而合，也包含了道家做法普度的仁爱。

唐代诗人卢拱的《中元日观法事》，描写出了观中元节中道家做法事的感悟。"四孟逢秋序，三元得气中。云迎碧落步，章奏玉皇宫。坛滴槐花露，香飘柏子风。羽衣凌缥缈，瑶毂辗虚空。久慕餐霞客，常悲习蓼虫。青囊如何授，从此访鸿蒙。"此诗中诗人虽然明写观法事，但是给人的感觉却是描写一副太虚遨游的景象，让人凭空多了一些感悟，对世事看得更加清平。

中元节的习俗多是围绕祭祀亡魂的主题，无论是自家祖先还是"孤魂野鬼"，在中元节都享受着在世人们的缅怀和祭奠，中元节的习俗不尽相同，但其中包含的都是当地人民对幸福的追求，对弱势群体的关怀。当我们跳出神鬼的角度，会发现中元节终究是与人类生活紧密相连的，这也就是节日习俗之与节日的意义，通过人类活动，传达节日思想，凝聚群体力量。

第四节　中元节的文化内涵

中元节，根植于中国古代农耕文化，是中华民族历史与文明的产物和象征，自产生以来它不仅是人们追求信仰的心灵寄托，也是传统精神的载体，它将佛家普度众生的慈悲、道家乐善好施的仁爱以及几千年来缅怀祖先的孝道融为一体。在长期的流传过程中形成了自身独特的文化内涵，体现了强大的文化凝聚力与生命力，与文化精神、民族精神相联系，在社会发展进程中具有非常重要的作用。中元节的精神内涵即中华传统文化中的积极成分，正因为它浓厚的精神内涵，使得中元节经过历史的洗涤，仍旧影响着大家的生活，满足了民众生活的安抚和情感需求。中元节的各种节日习俗，如放河灯、烧纸祭祖、祭祀土地庄稼、面塑等，无不将中元节的精神内涵展现得淋漓尽致，虽然神鬼说充斥着中元节，但终究也是通过人类活动连接着神秘的传说，营造出盛大而又庄重的节日氛围，这也是传统文化的魅力所在，中元节文化最终也从虚拟神秘的世界归于生活。借助节日文化弘扬优秀传统文化，首先要提炼出节日的精神内涵，所以我们有必要对中元节的精神内涵进行探究，以展示它的文化价值，唤醒人民对传统节日的重视。

一、中元节文化内涵

（一）孝道

中国孝文化源远流长，自先秦时期形成确立，我国第一部诗歌总集《诗经》中有“率见昭考，以孝以享”之语，充分说明了孝之原始意义，即人们在生产劳动，与大自然的不断斗争中，为乞求平安而进行的一种尊祖敬宗的活动。春秋战国时期，儒家文化开创者孔子在其思想理论中丰富和发展了孝文化的内涵，在《论语·学而》中提出了"孝弟也者，其为仁之本与"的观点。孟子也在《孟子·离娄上》中提出"人人亲其亲、长其长，而其天下太平"，还进一步强调"事，孰为大？事亲为大"。认为尊亲、事亲是人生最大的事情。"孝"也从此成为协调亲子关系的伦理规范，并成为古代社会宗法道德的基础。而中元节最重要的孝道精神主要体现在两个方面，一是缅怀祖先祈望庇佑的孝，二是佛家言所得福报解救父母阴间之苦的孝。长期以来的祭祖文化是人们对祖先的一种思念，它体现着对祖先业绩的回忆；是一种崇敬，它体现着人们希望求得祖先庇佑的愿望。人们对中元节的祭祖是相当重视的，而在焚烧冥银的过程中也要在路边或野地焚烧一些给无主的孤魂野鬼，以防它们抢夺祖先的财物，在单纯的孝道之外，也体现着善，也就是对别人的孝，这是十分难得却又与中国传统儒学思想相符的，表面上祭祀活动具有浓厚的宗教色彩，实际上与生活十分贴切，也是对弱势群体关怀的体现。而对父母的孝则来源于佛教目连救母的传说，与祭祀祖先不同，这是以所得福报来解救父母在阴间所受倒悬之苦，这是一种舍己为人的孝，是更为高尚的孝。透过中元节的节日传承和风俗活动，中华传统的孝文化也得到发扬。

（二）仁爱

仁爱是儒家的核心思想，不仅仅是一种伦理道德，更是对天、地、人的思考体悟而达到的人生境界和生命体验，在中国几千年的悠久历史中，有着极为重要的地位。从孔孟到程朱的历代大儒，都把仁作为一种最高的道德准则，成为中国古代伦理道德的宗旨和根本，是人们立身处世、为政治国的指南和规范，是中华人文精神的集中体现。《论语·颜渊篇》中"樊迟问仁。子曰：'爱人'"。后来，孟子进一步阐发和充实其内涵，合成"仁者爱人"。"仁者爱人"是儒家"仁爱"思想最直接的表述，不仅强调要爱自己、爱亲人，也强调"泛爱众，而亲仁"。程颢《识仁篇》中说："仁者浑然与物同体，义礼知信皆仁也。"由此而知，仁是一种至诚无妄、与物无对的思想境界。据说农历七月十五这一天为"中元二品地官赦罪大帝"之生日，这一天道士也会为恶鬼做法，普度众鬼。可见中元节也是一个充满仁爱之心的节日，活着的人不仅惦念自家祖先，也对其他鬼魂有着慈悲怜悯，即便是恶鬼，也能享受香火祈福，摆脱轮回之苦，都说人性本善，在中元节这天，人们相信恶鬼也是能被感化，善心向道的，足以见得仁爱之心早已植根其中。这种“成于中，形于外”的仁爱情怀恰如温暖阳光普照大地，照亮人心。

（三）平等

在汉语语言的词汇里，平等是随着佛教在中国的传播而出现的概念，类似于汉语言文字中“齐”或者“同”等概念。中国历史上的平等观念从最初古代思想家们所提出的“人性相同”，到农民阶级从自身利益出发而提出的“等贵贱、均贫富”，逐步发展成为近代民族资产阶级所提出的社会学或者政治学意义上的以“权利”为中心的平等观念。中国儒家认为人可以为神、上帝。儒家相信人有体现至善、上通神明、天人合一的可能。孟子认为：“人人皆可以为尧舜；人之趋善，如水之就下。人有天生的善端，本此善端，便可成德、成圣。”荀子认为：“途之人可以为禹。”程朱理学修身齐家治国平天下的内圣外王之路，也是把国家、组织的管理权柄最终交给圣人。到陆王心学的“宇宙即是吾心，吾心就是宇宙”“心即理，心外无物”，也是这样。佛教传入中国后，在中国传统文化的熏陶下，佛教吸收儒家的有教无类，也发展出众生平等这个具有中国特色的说法。中元节作为中国最重要的祭祀节日之一，也深刻体现着平等的思想，虽然中国自古以来等级森严，宗法观念强烈，但是中元节的祭祀活动却摒弃这一传统思想，中元夜放河灯在江河湖海之中，任其漂泛，为的是普度水中的落水鬼和其他孤魂野鬼；在人们眼中，自家祖先同其他孤魂野鬼一样收到祭礼，除了担心它们会抢夺祖先财物，更重要的是因为它们发自内心的平等观念；而道教为恶鬼做法，以及佛教普度众生的理念，也是至高的平等观的体现，这种平等不拘泥于我们通常理解的人格平等、政治平等，以及权力平等，在他们眼中，没有思想的草木石虫同样不可随意扼杀，恶鬼也享有改过向道的机会，这也是中元节的精神内涵所在。

（四）对美好生活的追求

同大多数传统节日一样，中元节也饱含着人们对美好生活的追求。不论是中元节祭祖时，人们向先人汇报并请先人审视自己这一年的言行，保佑自己平安幸福，还是祭祀土地和庄稼以求来年丰收，都体现了人们对幸福的追求、对温饱的渴望，也正由于中国是农业大国，秋尝祭祀由来已久，让人们在追求美好生活的同时，内心有所依托，更加勤劳付出。因为人们相信，有了自己的努力加上神明祖先庇佑，未来将会更好。

二、中元节的现实意义

今天，我们国家正在大力建设和谐文化、构建和谐社会，但这并不意味着我们可以割裂传统，事实上，只有充分挖掘传统文化、传统节日的积极意义，弘扬人道与伦理精神，才能在符合民族文化心理的基础上，推动社会经济的发展，推动慈善事业在民间的进一步拓展，构建我们今天的和谐社会。而中元节正是可以利用的民族传统节日，其中的仁爱孝道精神是教育的重点，而平等也是治理社会的基本原则，对美好生活的追求则是我们生活永远的动力。中元节有缅怀先人、追思功果的作用，同时，也有关怀贫困人群的现实意义，它已超越了宗教信仰的范畴，不少地方在这一天开展关注社会弱势群体、和谐村社关系、推动慈善事业、倡导社会和谐的活动，这正是中元节文化在今天要进一步挖掘的积极意义之所在。

中元节的文化内涵是丰富深厚的，但它传达的思想始终植根于我们几千年来优秀的传统文化中，随着社会历史的不断发展，中元节也将被赋予新的时代内涵，影响着我们的生活和观念。比起那些灵异传说，人们更在意的是其中的仁善之心和行孝之意，并且从其中推己及人、乐善好施的传统中获取力量，投身于关爱弱势群体的活动中。但随着精神文化活动的日益丰富，传统节日充满了挑战，如何传承和发展传统节日是个不容忽视的问题。

参考文献

[1] 明正统道藏 [M]. 上海：上海书店，1988.

[2] 董仲舒. 春秋繁露 [M]. 北京：中华书局，2012.

[3] 广东普宁市地方志编委会. 普宁县志 [M]. 广州：广东人民出版社，1995.

[4] 李少林 . 中华民俗文化 [M]. 呼和浩特：内蒙古人民出版社，2006.

[5] 朱洪斌 . 中国节令趣闻大观 [M]. 武汉：长江文艺出版社，1994.

[6] 孟元老. 东京梦华录 [M]. 北京：中国画报出版社，2013.

[7] 马福贞 . 中国传统文化专题研究 [M]. 北京：线装书局，2009 年 .

[8] 郑玄笺 . 诗经 [M]. 北京：中华书局，2015.

[9] 孔子 . 论语 [M]. 北京：中华书局，2006.

[10] 孟子 . 孟子 . 离娄上 [M]. 太原：山西古籍出版社，2004.

[11] 程颢 . 二程遗书 [M]. 上海：上海古籍出版社，2000.

[12] 马知遥 . 中元节传统中的文化情怀和心理治疗 [J] . 艺苑，2012（4）.

[13] 傅功振，樊列武 . 浅析中元节及其现实意义 [J] . 寻根，2008（2）.

[14] 宋进 . 古今之变：中国平等思想的历史局限与现实超越 [J] . 探索与争鸣，201（11）.

第八章　中秋节

农历八月十五日，是我国传统的中秋佳节。“十二度圆皆好看，其中圆极是中秋。”这句诗中说的“中秋”，指的就是妇孺皆知的中秋节。中秋节与春节、端午节、清明节并称为中国的四大传统节日，是我国汉族和大部分少数民族共同的节日，也流行于朝鲜、韩国、日本、马来西亚、菲律宾等邻国。

中国的农历，一年分四季，称为春夏秋冬；一季三月，称为孟、仲、季。农历八月是秋季的第二个月，所以叫作仲秋。古人仲秋与中秋通用，所以也叫中秋。《尚书·尧典》中首次提到了仲秋：“宵中，星虚，以殷中秋。”之后，在《周礼》中有“中秋，献良裘，王乃行羽物”“中秋夜迎寒亦如之”等关于中秋的记载，但这里的仲秋与中秋，并不是指今天的中秋节，而是指农历八月。

第一节　中秋节的起源

一、中秋节之起源

（一）拜月说

“中秋”一词最早出现在《周礼》中。直到唐朝初年，中秋节才成为固定的节日，中秋节的盛行始于宋朝，至明清时，已成为我国仅次于春节的第二大传统节日。每逢中秋夜都要迎寒和祭月，举行隆重的仪式：选择空旷的地方，朝着月亮升起的方向设上香案，案上摆满祭奉贡品，然后对月亮行跪拜礼。整个仪式由主祭带领，有固定程式，全体成员虔诚恭谨。那时仪式虽然没有封建社会成熟时期的繁文缛节，但也庄严肃穆，后来的月坛、中秋拜月等皆滥觞于此。那时的活动是拜神，还没有形成世俗意义的民间节日。

我国上古时期就有拜月的习俗。我国古代先民有极其强烈的自然神崇拜情节，拜月神就是典型的崇拜天神活动。《大戴礼记·保傅》中记载："秋暮夕月。"秋即为仲秋时节，暮即为夜晚，夕月就是祭拜月神的活动了。

祭月活动是在月出升起之时开始的，中国传统的祭月，除了皇家祭月的国礼形式，一般是在家族中进行的。我国封建社会的家族很庞大，成员众多，祭月活动相当隆重。在参加祭月活动的众人中要有一名主祭、一名赞礼、若干执事。经常是由家族中年长的女性长辈来担任主祭；按照传统，"男子不拜月"，所以男子一般只担任赞礼、执事协助祭月。中秋祭月是向月神示敬，天气因素并不是关键，中秋当夜无月，甚至下雨，都可以祭月，只要向着月亮方位摆上祭桌进行祭祀便好；如果是月明星繁的夜晚，凡是月光可以照到的地方，都可以进行祭祀。《论语》载"祭如在，祭神如神在"，就是说祭祀祖先时就如同祖先真的在自己面前一样，祭祀神灵也好像神灵真的在自己面前一般。所以，祭月活动的关键是虔诚。祭祀之后便开始分享摆放在祭案上供月神享用的美食，之后，宴饮正式开始，全家人围坐在一起，一边吃饭，一边赏月，一边吟诗作对。

中秋节晚上，当月亮升起来之后，妇女们便在院子里、阳台上设案，桌上还摆满月饼、水果等作为祭礼，当空祷拜。少数民族拜月，则有本民族的传说。云南傣族，传说月亮是天皇第三个儿子岩尖变的。岩尖曾率领傣族人民打败过敌人，被视为英雄。岩尖死后变成了月亮，继续给傣族人民带来光明。每当中秋节那天，他们就设案拜月，把糯米圆饼放在供桌的四个桌角上，每个饼上插一炷香。等月亮升起就点燃香，全家一起"拜月"，然后，对空鸣放火药枪，表达对英雄岩尖的敬意。祭拜活动一般只是妇女和小孩参与，有"男不祭月，女不祭灶"的俗语。

在我们现代社会中，传统的祭月、拜月习俗已经基本不复存在，只是有些少数民族的部族中，还保存着这种古老的习俗。不过，随着人们对中华民族传统文化的重视程度不断加深，有些地方也会搞一些吸引旅游的祭月、拜月活动。

（二）农业说

另一种说法是中秋节的起源和农业生产有关，古籍中记载了春天祭日、秋天祭月的礼制。古代中国是一个以农业为主的大国，季节对农业有很大影响。因此古人往往敬拜土地神以求风调雨顺、年年好景。播种时拜土地神来祈求丰收，这是春祈；秋天是收获的季节，八月中秋，农作物和各种果品陆续成熟，农民为了庆祝丰收，表达喜悦的心情，同时也为了答谢土地神的保佑而举行一系列仪式和庆祝活动称为“秋报”。围绕着秋报的一系列活动逐渐就演变成了现在的中秋节风俗。

二、中秋节之传说

（一）中秋传说之一——嫦娥奔月

相传，远古时候天上有十日同时出现，晒得庄稼枯死，民不聊生，一个名叫后羿的英雄，力大无穷，他同情受苦的百姓，登上昆仑山顶，运足神力，拉开神弓，一气射下九个太阳，并严令最后一个太阳按时起落，为民造福。后羿因此受到百姓的尊敬和爱戴。后羿娶了个美丽善良的妻子，名叫嫦娥。后羿除传艺狩猎外，终日和妻子在一起，人们都羡慕这对郎才女貌的恩爱夫妻。

此后，不少志士慕名前来投师学艺，心术不正的蓬蒙也混了进来。一天，后羿到昆仑山访友求道，巧遇由此经过的王母娘娘，便向王母求得一包不死药。据说，服下此药，能即刻升天成仙。然而，后羿舍不得撇下妻子，只好暂时把不死药交给嫦娥珍藏。嫦娥将药藏进梳妆台的百宝匣里，不料被小人蓬蒙看见了，他想偷吃不死药自己成仙。三天后，后羿率众徒外出狩猎，心怀鬼胎的蓬蒙假装生病，留了下来。待后羿率众人走后不久，蓬蒙手持宝剑闯入内宅后院，威逼嫦娥交出不死药。嫦娥知道自己不是蓬蒙的对手，危急之时她当机立断，转身打开百宝匣，拿出不死药一口吞了下去。嫦娥吞下药，身子立时飘离地面、冲出窗口，向天上飞去。由于嫦娥牵挂着丈夫，便飞落到离人间最近的月亮上成了仙。

傍晚，后羿回到家，侍女们哭诉了白天发生的事。后羿既惊又怒，抽剑去杀恶徒，蓬蒙早逃走了，后羿气得捶胸顿足，悲痛欲绝，仰望着夜空呼唤爱妻的名字，这时他惊奇地发现，今天的月亮格外皎洁明亮，而且有个晃动的身影酷似嫦娥。他拼命朝月亮追去，可是他追三步，月亮退三步，他退三步，月亮进三步，无论怎样也追不到跟前。

后羿无可奈何，又思念妻子，只好派人到嫦娥喜爱的后花园里，摆上香案，放上她平时最爱吃的蜜食鲜果，遥祭在月宫里眷恋着自己的嫦娥。百姓们闻知嫦娥奔月成仙的消息后，纷纷在月下摆设香案，向善良的嫦娥祈求吉祥平安。

从此，中秋节拜月的风俗在民间传开了。

（二）中秋传说之二——吴刚伐桂

传说很久以前，咸宁这个地方发生了一场瘟疫，人差不多死去了三分之一，人们用各种偏方都不见效。挂榜山下，有一个勇敢、忠厚、孝顺的小伙子，叫吴刚，他母亲也病得卧床不起了，小伙子每天上山采药救母。一天，观音东游归来，正赶回西天过中秋佳节，这天路过，见小伙子在峭壁上采药，深受感动。晚上托梦给他，说月宫中有一种叫木樨的树，也叫桂花，开着一种金黄色的小花，用它泡水喝，可以治这种瘟疫。桂榜山上每到八月十五有天梯可以到月宫摘桂花。这天晚上正好是八月十二，还有三天就八月十五中秋节了。可要上到桂榜山顶要过七道深涧，上七处绝壁悬岩。吴刚费尽千辛万苦，终于在八月十五晚上登上了桂榜山顶，赶上了通向月宫的天梯。八月正是桂花飘香的时节，天香云外飘。吴刚顺着香气来到桂花树下，看着金灿灿的桂花，见着这天外之物，好开心呀，他就拼命地摘呀摘，总想多摘一点回去救母亲、救乡亲。可摘多了他抱不了，于是他想了一个办法，他摇动着桂花树，让桂花纷纷飘落，掉到了挂榜山下的河中。顿时，河面清香扑鼻，河水被染成了金黄色。人们喝着这河水，疫病全都好了，于是人们都说，这哪是河水呀，这分明就是一河比金子还贵的救命水，于是人们就给这条河取名为金水。后来，又在金字旁边加上三点水，取名“淦河”。这天晚上正是天宫的神仙们八月十五大集会，会上还要赏月吃月饼。这时桂花的香气冲到天上，惊动了神仙们，于是派差官调查。差官到月宫一看，见月宫神树、定宫之宝桂花树上的桂花全部没有了，都落到了人间的“淦河”里，就报告给了玉帝，玉帝一听大怒，于是就派天兵天将将吴刚抓来。

吴刚被抓来后，把当晚发生的事一五一十地对玉帝说了。玉帝听完也不好再说什么，打心眼里敬佩这个年轻人。可吴刚毕竟是犯了天规，如果不惩罚他就不能树立玉帝的威信。玉帝问吴刚有什么要求，吴刚说他想把桂花树带到人间去救苦救难。于是玉帝想了一个主意，既可惩罚吴刚，又可答应吴刚的要求，他说，只要你把桂花砍倒，你就拿去吧。于是吴刚找来大斧大砍起来，想快速砍倒大树，谁知，玉帝施了法术，砍一刀长一刀，这样吴刚长年累月地砍，砍了几千年。吴刚见砍树不倒，思乡思母心切，他在每年的中秋之夜都丢下一支桂花到桂榜山上，以寄托思乡之情。年复一年，桂榜山上长满了桂花，乡亲们就用这桂花泡茶喝，咸宁再也没有了灾难。

（三）中秋传说之三——朱元璋与月饼起义

中秋节吃月饼相传始于元代。当时，中原广大人民不堪忍受元朝统治阶级的残酷统治，纷纷起义抗元。朱元璋联合各路反抗力量准备起义。但朝廷官兵搜查得十分严密，传递消息十分困难。军师刘伯温便想出一计策，命令属下把藏有“八月十五夜起义”的纸条藏入饼子里面，再派人分头传送到各地起义军中，通知他们在八月十五日晚上起义响应。到了起义的那天，各路义军一齐响应，起义军如星火燎原。很快，徐达就攻下元大都，起义成功了。消息传来，朱元璋高兴得连忙传下口谕，在即将来临的中秋节，让全体将士与民同乐，并将当年起兵时用来秘密传递信息的“月饼”，作为节令糕点赏赐群臣。此后，“月饼”制作得越发精细，品种更多，大者如圆盘，成为馈赠的佳品。以后中秋节吃月饼的习俗便在民间流传开来。

关于中秋节还有一个小故事，这是历史上的一个“生题死对”。相传，金圣叹到金山寺闲游，寺庙长老出对子难他：“半夜二更半。”金圣叹一时没有对上来，因此不欢而去。后来，他因哭庙案被杀，临刑时正是中秋佳节，他猛然想起长老的对子，对出了下联：“中秋八月中。”于是在生死关头，他了却了终生的遗憾。

三、中秋节之发展

汉代也有中秋节，但时间并不是现在的农历八月十五，而是在立秋之日。在这一天皇帝会带领皇亲贵族出郊打猎，所捕获的猎物用做宗庙祭祀之物。这似乎是皇家的纪念活动，也不是民间的节日。魏晋时，有“谕尚书镇牛淆，中秋夕与左右微服泛江”的记载，说的是东晋时，在隶属南京的牛渚（今采石矶），高士谢尚、袁宏于中秋之夜泛舟江上吟诗赏月，故而有了“牛渚玩月”这一佳话典故，可见这时中秋已具雏形。

中秋之夜，明月当空，清辉洒满大地，这一天上至朝廷，下至黎民百姓，普天同庆。宋代的中秋节，上至豪绅富贾，下至平民百姓，都把中秋节作为一个隆重的节日看待，就连最穷苦的市民也要“解衣市酒，勉强迎欢”。自汉至唐，骚人墨客纷纷吟咏月亮及月中之事，八月十五月圆时成为抒发感情的极佳时刻。南宋人吴自牧在他的《梦梁录》一书中第一次对中秋节做出清晰的记载，他在书中写道：“八月十五日中秋节，此日三秋临半，故谓之‘中秋’，此夜月色倍明于常时，又谓之‘月夕’。”书里详细描写了南宋京都临安城里赏月逛夜市的盛况。自此以来，类似记载屡见不鲜，可见中秋节是在宋代逐渐演变成一个十分重要的节日。

明清时，中秋节已与元旦齐名，成为我国的重要节日。中秋之夜，月色皎洁，古人把圆月视为团圆的象征，因此，又称八月十五日为“团圆节”，或者简称为“八月节”。在通俗质朴的民间情感交流中，过“八月节”，就是祈盼团圆和美满。与此相应，人们常用“月圆”“月缺”来形容人生离合，寓意际遇悲欢。诗人凭诗咏月，画家以画抒情，民间百姓，则采取喜庆祥和的活动来寄托他们祈盼团圆的心愿，于是就产生了各种各样的纪念形式，并在绵延相传中不断丰富和发展，逐渐演变成今天这样各民族、各地域形式不尽相同，却一脉相承的多姿多彩的中秋节纪念活动。

随着时间的推移，中秋节如今早已成为妇孺皆知的传统节日之一。中秋节不仅仅是作为节庆或假日存在于我们的日常生活中，更重要的是中秋节成为民族或国家历史文化长期的积淀和凝聚。中秋节是从上古时期发展而来的传统节日，清晰地记录着中华民族丰富而多彩的社会文化。“文化新旧能相宜，民俗古今一脉传”，传统的民俗节日也是中华民族的文化基因和重要内容。

第二节　中秋节文艺感悟

古代中国就有春天祭日、秋天祭月的传统。一年之计在于春，所以春天拜一拜太阳，祈求一年都能风调雨顺；月亮代表夜晚，而秋天又是收获的季节，所以拜拜月亮则是祈求自己和神明一起庆祝丰收，顺便希望神明来年继续关照，所以秋天和月亮就有了联系，但赏月的习俗到唐朝才有。

唐朝的时候国泰民安，文人多喜欢对月吟诗，逐渐形成了各种中秋的文会、赏月的文会等，所以就有了中秋节的由来。客居他乡的游子，更是以月来寄托深情，向往团圆，借月表达思念之情的咏月诗层出不穷。唐代诗人李白的“举头望明月，低头思故乡”，杜甫的“露从今夜白，月是故乡明”，宋代王安石的“春风又绿江南岸，明月何时照我还”等诗句，都是千古绝唱。古往今来，类似的诗词歌赋、书画篇章连篇累牍，不胜枚举。可是唐朝的中秋节只是上层人士和文人的狂欢，与普通人民关系不大。直到北宋时期，普通百姓才慢慢接触到这种节日文会，可惜后来北宋被金国灭亡，以至于许多人在山河破碎、妻离子散的悲剧情绪下每夜抬头望着月亮，期盼着早日能阖家团圆。南宋时期宋宁宗赵扩下圣旨，中秋节给全国人民放一天假，于是，中秋节得到了皇家的认可，也就是这时候，中秋节才和“团圆”有了联系。

早在人们一开始祭月的时候就有拿饼做祭品的传统，但当时就是普通的饼，而且形状不一定是圆的，后来是隋朝时期的一位将军受到了圆月的启发，才发明了一种圆圆的饼，解决了紧缺的军粮问题，这种圆饼就是月饼的雏形。随着时间的发展，月饼的各种口味也随之出现，外形也越来越精美，被人们称为小饼或宫饼，但还没开始叫作月饼。直到中秋节有了团圆的意义，这种圆饼也才被附加了象征团圆的高贵属性。

南宋时期，《西湖游览志余》把这种饼称作“月饼”，并且说月饼就代表着团圆，但月饼和中秋联系起来还得等到明朝。相传明朝开朝皇帝朱元璋规定，每逢中秋节必须吃月饼。这个习惯也从朝廷慢慢传到了民间，中秋节吃月饼的习惯也慢慢保留了下来。

第三节　中秋节节日习俗

随着社会的发展和进步，人们的认识能力和实际活动能力也在发展，对于传统文化部分也更加重视。节日、风俗、纪念日是民族文化的体现，它体现了政治、经济、伦理、道德、宗教、技艺等方面的内容。中秋节的习俗很多，形式也不尽相同，但都寄托着人们祈盼团圆幸福的愿望，以及对生活无限的热爱和对美好生活的向往。

一、中秋节吃月饼习俗

（一）月饼起源之传说

1. 唐高祖与月饼

相传唐高祖年间，大将军李靖英勇善战，率领部下成功征讨了匈奴，高祖十分高兴，在八月十五这天为他大摆庆功宴。宴席上有一种饼是一个吐鲁番的商人进贡的，众人都夸赞很好吃，唐高祖看着手中的饼和天上圆圆的月亮很像，就说“应将胡饼邀蟾蜍”。从此以后，这种好吃的饼就在京城流传开来，每到八月十五人们都会边吃胡饼边赏月，后来胡饼又改名叫作“月饼”。

2. 杨贵妃与月饼

据史料记载，早在三千多年前的殷周时代，江浙地区就有纪念太师闻仲的“太师饼”，有人认为这是我国月饼的原型。汉代张骞出使西域时，带回了芝麻和胡桃，于是人们就用胡（核）桃仁做馅，做成了一种圆形饼，叫作胡饼。唐代民间已有专门的糕饼铺，据说有一年的八月十五，唐玄宗和杨贵妃一边赏月一边吃胡饼，唐玄宗觉得胡饼这个名字不好听，就让杨贵妃起个好听的名字，杨贵妃看着天上皎洁的明月，顺口说道："这个饼圆圆的很像天上的月亮，不如就叫月饼怎样？"唐玄宗连连赞好，从此胡饼就改名叫月饼了。

（二）月饼的发展

"月饼"作为一个专用名称，最早见于宋代吴自牧的《梦粱录》和周密的《武林旧事》。到明代，各类书籍中出现了大量有关于中秋节吃月饼的描述。田汝成的《西湖游览志》中说："八月十五谓之中秋，民间以月饼相遗，取团圆之意。"明沈榜的《宛署杂记·民风》中"八月馈月饼"条下注说："士庶家俱以是月造面饼相遗，大小不等，呼为月饼。"《熙朝乐事》里也说，八月十五日称为中秋，民间以月饼作为礼品互相赠送，取团圆之义。这一天晚上，家家举行赏月的家宴，或者带上装月饼的食盒和酒壶到湖边去通宵游赏。在西湖苏堤上，人们成群结队、载歌载舞，同白天没有两样。

中秋吃月饼的习俗唐代就有了。《洛中见闻》中记载，唐僖宗在中秋节吃月饼，味极美。他听说新科进士们在曲江开宴，便命御膳房用红绫包裹月饼赏赐给新科进士。

到了宋代，月饼又有"荷叶""金花""芙蓉"等雅称，宋以后，制作月饼不仅讲究味道，而且在饼面上设计了各种各样与月宫传说有关的图案。满月形的月饼也跟十五的圆月一样象征着大团圆，人们把它当作节日食品，用它祭月，赠送好友。

中秋节食月饼的习俗在明代盛行。《宛署杂记》中描述北京中秋卖月饼盛况时写道："造面饼相馈，大小不等。饼中以果为馅，巧名异状，有一饼值数百钱者。"清代，月饼的制作工艺有了较大的提高，品种也不断增加，祭月月饼到处都有。清代诗人袁景澜有一首较长的《咏月饼诗》，其中"入厨光夺霜，蒸釜气流液。揉搓细面尘，点缀胭脂迹。戚里相馈遗，节物无容忽……儿女坐团圆，杯盘散狼藉"等句，将月饼的制作、亲友间相互赠月饼到设家宴及赏月，叙述得生动翔实。北京皇宫中祭月用的月饼，"从下至上直径尺余，重有两斤"。后来随着历代演变，月饼的品种及花样越来越丰富，制作工艺更新，口味更多，八月十五吃月饼已经成为中华民族一种古老而又非常有意义的传统。

二、中秋节祭月拜月和赏月习俗

（一）祭月、拜月的起源

人们初始的时候对月亮的崇拜只停留在月亮本身，没有把月亮偶像化；崇拜的方式也很简单，直接对月亮跪拜，并不讲究固定的时间和地点。自然崇拜发展到一定程度，人类就开始把自然界人格化，把自己所生存的世界万物想象成是和自己一样有生命的事物，这时万物有灵的观念就产生了。同时，人们还把自己的理想寄托在这些事物上，于是神话就产生了，像嫦娥奔月、后羿射日等。发展到后来，人们开始把嫦娥、玉兔看作月宫中的神灵，当成供奉膜拜的偶像，对月亮的祭拜也开始有了固定的时间地点和特定的方式。最初祭月的日子在“秋分”这一天，“秋分”这个节气在八月内每年不同，所以秋分这一天不一定有月亮，祭月时无月是大煞风景的，后来逐渐约定俗成，祭月的日子固定在了八月十五日。

时至今日，在我国许多地区还流行“祭祀土地神”的习俗，有些地方还有“舞草龙”“尝新米”等庆祝活动。自古以来，人们便在这个季节饮酒舞蹈，喜气洋洋地庆祝丰收，我国最早的诗歌总集《诗经》中就有描绘。

（二）祭月、拜月的发展

祭月的时间固定在八月十五，但当时八月十五并不叫“中秋节”。据史料记载中秋节形成于唐代，直到北宋太宗年间，才正式将每年农历的八月十五定为“中秋节”。所以说在唐代中秋节形成之前对月亮的崇拜还不能算作中秋节的习俗，只有中秋节形成之后，才把祭拜月神的礼俗纳入了中秋节的内容。

关于古人祭祀月亮的地点和程序，较为确切的记载出现在周代，模仿日出和月出的方位来定，拜日要在东方，祭月要在西方。祭月和拜日的场所有所不同，《礼记·祭义》说：“祭日于坛，祭月于坎。”坛是用土堆砌成的高出地面的台子，坎是在地上挖出的大平坑，也就是《礼记》所说的“封土为坛，掘地为坎”。为了表示郑重，也可以在坎上再筑坛，坛高为阳，坎低为阴，分别体现了日为阳、月为阴的观念。

汉代以前，祭祀月亮基本为皇家垄断，普通民众不能参加皇家的祭祀典礼，所以一直到唐朝，极少见普通民众拜月的记录。为区别于统治者的月神祭祀，民间祭月也常称为“拜月”。方式大同小异，设大香案，摆上月饼、西瓜、苹果、葡萄等时令水果，其中月饼和西瓜是绝对不能少的，西瓜还要切成莲花状。在月下，将月亮神像放在月亮的方向，红烛高燃，全家依次拜祭月亮，然后由当家主妇切开团圆月饼。切的人预先算好全家共有多少人，在家的、在外地的，都要算在一起，不能切多也不能切少，大小要一样。

到了明朝，祭月之风盛行。明世宗还派官员大兴土木修建了夕月坛，即现在的北京月坛公园，这是皇宫朝廷专门祭月的地方。皇帝每三年必亲自去祭一次“夜明之神”，余年遣文武百官主祭。同时，中秋还在宫中举行祭月活动。

一年十二月，月月皆有明月，为何偏要在中秋来赏月呢？对于这个问题，欧阳詹在《玩月》的诗序说：“月之为玩，冬则繁霜太寒，夏则蒸云太热，云蔽月，霜侵人，蔽和侵俱害乎玩。秋之于时，后夏先冬，八月于秋，季始孟终，十五于夜，又月之中。稽之天道，则寒暑均；取之月数，则蟾兔圆。”中秋之夜，秋高气爽、夜空如洗、月朗星稀，从天气角度来讲，是赏月的绝佳时期，也正因为如此，在中秋赏月便成了中秋节一项必不可少的活动。

唐代，中秋赏月、玩月颇为盛行。在北宋京师。八月十五夜，满城人家，不论贫富老小，都要穿上成人的衣服，焚香拜月说出心愿，祈求月亮神的保佑。南宋，民间以月饼相赠，取团圆之义。有些地方还有舞草龙、砌宝塔等活动。明清以来，中秋节的风俗更加盛行，许多地方形成了烧斗香、树中秋、点塔灯、放天灯、走月亮、舞火龙等特殊风俗。中秋是丰收的时节，人们利用中秋节俗表达对丰收的庆祝。祭祀月亮时的时令果品，既是对月亮的献祭，更是对劳动果实的享用。

拜月祈福是明清时期中秋节最隆重的内容，因此“民间拜月”成为人们渴望团聚、康乐和幸福的一种方式。到现在，拜月的习俗，已远没有旧时盛行，但设宴赏月仍很盛行，人们把酒问月，庆贺美好的生活，或祝远方的亲人健康快乐，和家人“千里共婵娟”。

三、中秋节玩兔儿爷的习俗

（一）兔儿爷的传说

一年，北京城里忽然起了瘟疫，几乎每家都有人得了病救治不好。嫦娥看到此情景，心里十分难过，就派身边的玉兔去为百姓们治病，玉兔变成了一个少女，她挨家挨户地走，治好了很多人。人们为了感谢玉兔，纷纷送东西给她；可玉兔什么也不要，只是向别人借衣服穿，每到一处就换一身装扮，有时候打扮得像个卖油的，有时候像个算命的……一会儿男人装束，一会又是女人打扮。为了给更多的人治病，玉兔就骑上马、鹿或狮子、老虎，走遍了京城内外。消除了京城的瘟疫之后，玉兔就回月宫中去了。于是，人们用泥塑造了玉兔的形象，有骑鹿的，有乘风的，有披着铠甲的，也有不同形象的，千姿百态，非常可爱。每到农历八月十五这一天，家家都要供奉她，给她摆上好吃的瓜果菜豆，用来酬谢她给人间带来的吉祥和幸福，还亲切地称她为“兔儿爷”“兔奶奶”。

（二）兔儿爷的起源

关于兔儿爷，《燕京岁时记》也有记载：“每届中秋，市人之巧者，用黄土抟成蟾兔之像以出售，谓之兔儿爷。”旧时北京东四牌楼一带，常有兔儿爷摊子，专售中秋祭月用的兔儿爷。兔儿爷是旧京中秋应节应令的儿童玩具。人们按照月宫里有嫦娥玉兔的说法，把玉兔进一步艺术化、人格化，乃至神化，之后，用泥巴塑造成各种不同形式的兔儿爷。

兔儿爷的起源约在明末。明人纪坤的《花王阁剩稿》云：“京中秋节多以泥抟兔形，衣冠踞坐如人状，儿女祀而拜之。”到了清代，兔儿爷的功能已由祭月转变为儿童的中秋节玩具，制作也日趋精致，有扮成武将头戴盔甲、身披战袍的，也有背插纸旗或纸伞，或坐或立的，也有扮成兔首人身之商贩，或是剃头师父，或是缝鞋，卖馄饨、茶汤的，不一而足。

清代诗人栎翁《燕台新咏》也有一首关于“兔儿节”的诗：“团圆佳节庆家家，笑语中庭荐果瓜。药窃羿妻偏称寡，金涂狡兔竟呼爷。秋风月窟营天上，凉夜蟾光映水涯。惯与儿童为戏具，印泥糊纸又抟沙。”这兔儿爷，经过民间艺人的大胆创造，已经人格化了。它是兔首人身，手持玉杵。后来有人仿照戏曲人物，把兔儿爷雕造成金盔金甲的武士，有的骑着狮、象等猛兽，有的骑着孔雀、仙鹤等飞禽。特别是兔儿爷骑虎，虽属怪事，但却是民间艺人的大胆创造。兔儿爷虽为祭品，但也是孩子们喜爱的绝妙玩具。

（三）兔儿爷的制作方法

兔儿爷是用模子翻塑出来的。先把黏土和纸浆拌匀，填入分成正面和背面的两个模子里，等干燥后倒出来，把前后两片粘在一起，配上耳朵，在身体上刷层胶水，再上色描金。兔儿爷大的有三尺多高，小的只有三寸，均是粉白面孔，头戴金盔，身披甲胄，背插令旗或伞盖。它的坐骑有狮、虎、鹿、象等。兔儿爷左手托臼，右手执杵，做捣药状。兔儿爷种类繁多，不一而足。旧京，有以此为业者，每到旧历八月，便设摊于街头，适成节日点景。20 世纪 50 年代初，北京的兔儿爷还很多见，尤其是中秋节前，街巷到处都设有“兔儿爷摊子”。即使在日寇侵华期间，兔儿爷依然盛行。

四、中秋其他习俗

（一）月光马儿习俗

明清时期，月神形象发生了重要变化，由早期纯道教色彩的以嫦娥为主的月空图变为佛道交融的月光菩萨与捣药玉兔并存的形象。到了清末，每逢中秋，人们又开始供奉一种绘有月光菩萨的月光纸，叫“月光马儿”。据《燕京岁时记》记载：“月光马者，以纸为之，上绘太阴星君，如菩萨像，下绘月宫及捣药之兔，人立而执杵。藻彩精致，金碧辉煌，市肆间多卖之者。长着七八尺，短着二三尺，顶有二旗，作红绿色，或黄色，向月而供之。焚香行礼，祭毕与千张、元宝等一并焚之。”

（二）中秋宴俗

古时的中秋宴俗，以宫廷最为精雅。如明代宫廷中兴吃螃蟹。螃蟹用蒲包蒸熟后，众人围坐品尝，佐以酒醋。食毕饮苏叶汤，并用之洗手。宴桌四周，摆满鲜花、大石榴及其他时鲜，演出中秋的神话戏曲。清宫多在某一院内向东放一架屏风，屏风两侧搁置鸡冠花、毛豆枝、芋头、萝卜、鲜藕。屏风前设一张八仙桌，上置一个特大的月饼，四周缀满糕点和瓜果。祭月完毕，按皇家人口将月饼切成若干块，每人象征性地尝一口，名曰“吃团圆饼”。清宫月饼之大，令人难以想象。像末代皇帝溥仪赏给总管内务大臣绍英的一个月饼，便是“径约二尺许，重约二十斤”。

（三）少数民族中秋习俗

我国有许多少数民族也过中秋节，但节俗各异。例如，壮族习惯在河中的竹排房上用米饼拜月，少女在水面放花灯，以测一生幸福，并演唱优美的《请月姑》民歌；朝鲜族则用木杆和松枝高搭“望月架”，先请老人上架探月，然后点燃望月架，敲长鼓，吹洞箫，一起合跳《农家乐舞》；仡佬族在节前的“虎日”，全寨合宰一头公牛，将牛心留到中秋夜祭祖灵，迎新谷，他们称为“八月节”；侗族则在过节时让青年人郊游、欢会，称为“赶坪节”，第一天是芦笙会，第二天举行对歌，小伙子都要化妆，向心上人表达情意；傣族是对空鸣放火枪，然后围坐饮酒，品尝狗肉汤锅、猪肉干、腌蛋和干黄鳝，谈笑望月；黎族称中秋节为“八月会”或“调声节”，届时各集镇举行歌舞聚会，每村由一“调声头”（即领队）率领男女青年参加。人员汇齐后，大家互赠月饼、香糕、甜粑、花巾、彩扇和背心，成群结队，川流不息。入夜便聚集在火旁，烤食野味，痛饮米酒，开展盛大的调声对歌演唱，未婚青年趁机挑寻未来的伴侣。

（四）中秋节玩花灯习俗

中秋节有很多游戏活动，首先是玩花灯。中秋节是我国三大灯节之一。当然，中秋节没有像元宵节那样的大型灯会，玩灯只是在家庭、儿童之间进行的。北宋《武林旧事》中就记载中秋节，有将“一点红”灯放入江中漂流玩要的活动。中秋节玩花灯，多集中在南方。如佛山秋色会上就有各式各样的彩灯：芝麻灯、蛋壳灯、刨花灯、稻草灯、鱼鳞灯、谷壳灯、瓜子灯及鸟兽花树灯等，令人赞叹。

（五）钱塘观潮

在宋代，浙江一带，除中秋赏月外，观潮可说是中秋的一件盛事，也是充满地域特色的特殊景观。由于钱塘江口地形类似一漏斗，每当海潮涌至，受到渐进渐狭的地形影响，波浪便重重叠叠堆积成一道水墙，声势极为壮观。苏东坡在杭州任知府时，曾作过一首《中秋夜观潮》，描述观潮人数之众多，潮水汹涌之气势："定知玉兔十分圆，已作霜风九月寒。寄语重门休上钥，夜潮留向月中看。"

中秋观潮的风俗由来已久，早在汉代枚乘的《七发》大赋中就有了相当详细的记述："客曰：将以八月之望，与诸侯远方交游兄弟，并往观涛乎广陵之曲江。"汉以后，中秋观潮之风更盛。明朱廷焕《增补武林旧事》和南宋吴自牧《梦粱录》也有观潮记载。这些文献所记述的观潮盛况，说明宋代的中秋观潮之风俗景观、祭月的习俗，或许是今天中秋钱塘观潮风俗的由来。

第四节　中秋节的文化内涵

作为我国古老的传统节日，经过漫长的历史演变，中秋节在人们心目中的地位已经越来越重要。中秋节是华夏民族岁时节日系统中仅次于春节的第二大民俗节日。中秋节有着独特的文化内涵，各地游子与家人团聚一起欣赏皎洁的月亮、吃圆圆的月饼、喝美味爽口的甜酒，在人们心中产生情感共鸣，释放出浓浓的中华韵味，给人以甜美至纯的心灵感受。中国地大物博，中秋节的过法也多种多样，带有浓厚的地方文化特色，经过历史长河与岁月的熏陶，中秋节不仅仅是一个节日而已，它也有了自己的魅力，也蕴含了中国传统节日的文化内涵。

一、中秋节的几个要素

（一）团圆

中秋节对于中国人来讲，不是一个普通的节日。从中秋节的食品到中秋节的娱乐活动，几乎每一样都具有浓郁的文化气息。团圆是中秋节永恒不变的主题，中秋节这天，人们要对着天上的圆月诚心祭拜，上供要选择圆圆的果品；家人要围坐圆桌旁欢聚一堂，分食圆圆的月饼；天涯游子不能归乡，也可以仰望天上满月遥寄思乡之苦。简而言之，人们所做的一切都是表达一种期望：天上人间，人月两团圆。

（二）中秋节赏月

《中国风俗》中说，中秋节的起源可能与古代对月的原始信仰有联系，我国古代神话中有女娲捧月的故事和嫦娥奔月的故事，《礼记》中有祭月的记载。秦汉之前的礼仪中，就已经有在秋分之夜天子到国都西郊月坛祭月的规定。北京的月坛，就是明清皇帝祭月的场所，从唐诗写中秋的诗中，可看到当时已经把嫦娥奔月神话故事与中秋赏月联系在一起了。

二、节日内涵

中秋，是家人团圆的节日。而中秋的重头戏是在晚上，自然少不了月亮，文人们借着这半明半暗、半遮半掩的月光，抒发一番情怀。寄情于月亮，是所有文人的偏爱，没有明月的中秋不叫中秋，正是因为对月亮不了解，它才更令人向往，引发人们的遐想。古人看着月亮，总想知道它的背面是什么样子，越发对它充满了无限想象，这才有了琼楼玉宇，有了嫦娥奔月，有了寄情于月的诗词情感。

北京地区明清两代摆放的拟人化的泥塑兔儿爷，既是祭拜的神，又是时间性很强的儿童玩偶，反映了轻松欢乐的庆祝丰收的气氛。“花好月圆”代表着中国人对美好生活的向往与追求，“满月”“圆月”是人们的情感和自然现象结合得最紧密的心理渴望与诉求。可以说中秋节是民俗性展现最丰富的传统节日之一。彝族舞蹈《阿细跳月》和蒙古族歌曲《敖包相会》就是带有狂欢和男女相会性质的典型歌舞。

三、人文价值

满月作为团圆和美满的象征，使人们在阖家品尝月饼的同时，也品尝到生活的甜蜜、家庭的温馨。任何民族的民俗节庆活动，都是这个民族生活形态物化的表现、精神追求借代的展示和人文诉求回归的呼唤。“家”的概念和认同，在这一天显得如此美好、如此重要。当然，家庭作为社会最小的细胞和群体最小的组织，也并非总是花前月下，有时也会遭受突如其来的意外。诚如苏东坡在那首流传千古的词中所写："人有悲欢离合，月有阴晴圆缺，此事古难全。"当我们享受中秋节的诗意时，应当感恩生活、感恩大爱、感恩"家国"。"家国"是我们生生不息的生命场和生存源。综观中秋节的流风史绪，可见清晰的家国理念的贯穿和演绎——从初于周、兴于唐、定于宋到盛于明清，正是国家意识对民间风俗的认同和参与，是以文明传播为内驱力，以文化的构建为外推力。如果说家要团圆美满，那么国更要统一强盛。家国意识是我们民族赖以生存的社会基础。"但愿人长久，千里共婵娟"，实现这个祈愿的前提就是国家的长治久安、兴旺强盛。

中秋节是我们中华民族最具有美学意义的一个传统节日，它不仅在我们的日常生活中发挥着重要作用，而且在我们的精神世界占有一个特殊的地位。月也是人们心中的信仰，中秋节家人团圆，吃着美味的月饼，阖家欢乐，有着我们的中国气派、中华韵味、华夏历史和民族范儿，而月能够在人们心中产生情感共鸣，使得中秋节与人们的现代生活之间有了一根维系的纽带。中秋节的家国意识和人文精神，将在当代人的实践中进一步发扬光大。

参考文献

[1] 黄涛. 中国民俗文化丛书 [M]. 北京：中国社会出版社，2011.

[2] 戴圣. 礼记 [M]. 西安：西安交通大学出版社，1997.

[3] 首都互联网协会. 民俗往事 [M]. 北京：北京出版社，2013.

[4] 张亮采. 中国风俗史 [M]. 北京：三联书店，1988.

[5] 田汝成. 西湖游览志余 [M]. 上海：上海古籍出版社，1998.

[6] 孟元老. 东京梦华录 [M]. 北京：中华书局，1985.

[7] 马琳琳. 中国优秀传统文化丛书 [M]. 长春：吉林出版社，2013.

[8] 游国恩，季镇淮，等. 中国文学史 [M]. 北京：人民文学出版社，1963

[9] 乌丙安. 中国名俗学 [M]. 沈阳：辽宁大学出版社，1999.

[10] 中国大百科全书总编辑委员会《地质学》编辑委员会，中国大百科全书出版社编辑部. 中国大百科全书 [M]. 北京：中国大百科全书出版社，1993.

［11］高天星．中国节日民俗文化［M］．郑州：中原农民出版社，2009.
［12］吴自牧．梦粱录［M］．杭州：浙江人民出版社，1984.
［13］赵杏根．中华节日风俗全书［M］．合肥：黄山书社，1995.
［14］张书菊．中华传统节日［M］．长春：东北师范大学出版社，2011.
［15］张亮采．中国风俗史［M］．上海：上海三联书店影印本，1986.
［16］史仲文，胡晓林．新编中国习俗史［M］．北京：人民出版社，1995.
［17］王文章．非物质文化遗产概论［M］．北京：文化艺术出版社，2006
［18］任百尊．中国食经［M］．上海：上海文化出版社，1999.
［19］拓晓堂．中国旧俗［M］．北京：中国书店，1997.
［20］中华书局编辑部．二十四史［M］．北京：中华书局，1987.
［21］司马迁．史记［M］．北京：中华书局，1959.
［22］西安市地方志办公室．咸宁县志［M］．西安：三秦出版社，2014.

第九章　重阳节

我国每年的农历九月初九是重阳节，是中华民族的一个重要传统节日。重阳节是我国古代一个历史悠久的传统节日，一个十分隆重的节日，也是社会普及性较高的一个节日。在这个节日的背后有着多彩的民俗风情、深厚的文化内涵。重阳节经过了历代的发展，其节日内涵不断丰富，庆祝方式越来越多样，重阳节也形成了自己独特的节日文化。发展到现代，相比较春节、中秋节、清明节等传统节日，重阳节逐渐式微，不再受到现代人的特别关注，其发展也遇到了困境。如何再现古人诗书里的重阳节盛况，如何寻回现代中国人记忆里的重阳节，如何深入发掘重阳节文化的内涵并让其在现代社会里发挥积极作用，是本章节关注的一个问题。

第一节　重阳节的起源

在我国古代，上到统治阶级的王公贵族们，下到社会底层的平民百姓，都对重阳节十分关注、重视。重阳节在中国有着两千多年的历史，起始于远古时期，在春秋时期初步成型，在唐朝时被正式被定为节日，宋朝时开始鼎盛。而关于重阳节的起源，存在着多种说法。尽管各种说法不尽相同，但是每一种说法都包含着古代人民对美好生活的向往，对生活乐观积极的态度。

一、重阳节的起源

（一）重阳节名称及时间的由来

“重阳”这个词最早见于《楚辞·远游》中“集重阳入帝宫兮，造旬始而观清都”一语。在《周易》的卦辞体系中，“九”就是阳的代称，占卜时“九”为“老阳”。而重阳节的时间是每年农历的九月初九，日与月皆为九，故曰“重九”，“九”又为阳，“重阳”之名由此得来。宋洪兴祖《楚辞补注》在解释此处的“重阳”时便说：“积阳为天，天有九重，故曰‘重阳’。”这个解释大抵符合学术界目前的认识。

（二）重阳节的源头

1. 原型之丰收祭祀

重阳节的源头，可以追溯到远古时期。关于重阳节习俗活动的现存文字记载最早见于《吕氏春秋·季秋纪》。从“命冢宰，农事备收，举五种之要。藏帝籍之收於神仓，祗敬必饬（命令太宰，在农作物全部收成之后，建立登记五谷的账簿，把天子籍田中收获的谷物藏入专门储藏供祭祀上帝神祇所用谷物的谷仓，必须恭敬严正）”“是月也，大飨帝，尝牺牲，告备于天子（这个月，天子要遍祭五帝，并命主管官吏用牲畜祭祀群神）”等内容中，我们可以知道，远古时期的人们就有在秋季农作物丰收时节里举行祭祀活动，以感谢祖先、神灵、天地的恩德的传统，这种祭祀活动可以看作是重阳节的一个原型。

在这个时期里，农业就已经占据了统治地位，并一直延续到近代。此后的历代统治者都很重视农业，推行以农为本、抑制商业和手工业的政策。在先秦时期，中国的农业还不是很发达，基本上是靠天吃饭，因此人们对天地神灵、祖宗先人都很尊敬、崇拜，经常举行祭祀活动，来祈求风调雨顺、作物丰收，或者感谢天地神灵、祖宗先人的庇护让人们得以丰收，能够吃饱穿暖。在举办祭祀活动的时候，也充满了隆重、庄严和神圣的氛围。

2. 原型之古代祭祀大火仪式

在我国最早的天文历法、物候学著作《大戴礼记·夏小正》中记载：“九月内火”就是指大火星移位退伏，大火星即心星。《诗经》中“七月流火”也是指大火星逐渐西行。九月时大火星隐退，阳气衰减，阴气增加，进入最寒冷的季节，草木凋零，昆虫隐匿，动物们或迁徙或冬眠，而人类没有足够的保暖条件，甚至缺少食物，漫长而寒冷的冬天无疑是人们最难熬的一段时间。在这个时候，人类和各种飞禽走兽都感受到了慌乱和恐惧。于是人类便举办祭祀大火的仪式，以祈福求康。随着社会的发展，人类对天文地理的认识逐渐加深，耕种技术、纺织技术有了很大的提高，祭祀大火的传统仪式也逐渐衰落，最后发展为民间的祭灶活动。

二、重阳节的传说

（一）桓景的故事

较早有关重阳节的传说，见于梁朝吴均的《续齐谐记》，书中记载：“汝南桓景，随费长房游学累年。长房谓曰：‘九月九日，汝家中当有灾，宜急去。令家人各作绛囊，盛茱萸，以系臂，登高饮菊花酒，此祸可除。’景如言举家登山。夕还，见鸡犬牛羊一时暴死。长房闻之曰，‘此可代也’。今世人九日登高饮酒，妇人带茱萸囊，盖始于此。”如今人们每年九月初九登高饮酒、妇人佩戴茱萸香囊的习俗，大概就是由此开始的。

（二）重阳公主的故事

重阳公主的故事，虽然史书上并无记载，但在民间却广为流传。相传东汉安帝年间，后妃李氏受闫皇后迫害，被迫怀孕出逃，逃至重阳店产下一女，取名重阳女。李娘娘历尽艰辛，慢慢把重阳女养大成人。谁知一年秋天，此地发生了一场大瘟疫，村里的百姓和李娘娘都未能幸免。李娘娘临终前，把身世告诉了重阳女，并把安帝赠送的玉佩传给女儿，让她找机会状告闫氏，为她讨回公道。

李娘娘死后，重阳女到处拜师学艺，立志斩除瘟魔，为母报仇。一位道人被她的精神所感动，精心传授剑法，并密告瘟魔的四个弱点：一怕红色，二怕酒气，三怕刺激气味，四怕高声，让重阳女来年九月九日瘟魔重现时见机行事，为民除害。第二年九月九日这天，重阳女组织附近的百姓登上云彩山，女的头上插红茱萸，茱萸果为红色，叶子散发出一种怪味，男的喝菊花酒，瘟魔一出现就齐声高喊：“铲除瘟魔，天下太平。”瘟魔见到红色，闻到酒气和怪味，听到喊声，缩成一团，重阳女一剑将瘟魔刺死。从此重阳店一带百姓安居乐业，健康长寿。

此事传至京城，安帝派宦官前来视察，见到了重阳女和玉佩，报知安帝。安帝召重阳女进京相见，父女拥抱大哭一场。后安帝贬黜闫氏，专门为李娘娘修了娘娘庙，封重阳女为重阳公主。安帝要留重阳女在宫中，重阳公主以母亲葬在重阳、逢节要去祭奠为由，执意回到重阳店生活。但每年九月九日前后，都要带上菊花、茱萸和菊花酒、茱萸酒回京城一次，孝敬父王，还把当地登高、赏菊、喝菊花酒、插茱萸等民俗传入宫中。

重阳公主生在重阳，长在重阳，又在重阳结婚、生子，百岁而亡。当地群众为重阳公主修了重阳道观，年年重阳节前来朝拜。

（三）骊山传说

据说很早以前，有个庄户人家住在骊山下，全家人都很勤快，日子过得也不错。有一天，这家主人从地里回来，半路上碰上个算卦先生，因为天快黑了，这先生还没找上歇处。由于家里很窄，只有个草棚子房，于是庄户人就在灶房里打了个草铺，让妻子儿女都在草铺上睡，自己陪着算卦先生睡在炕上，凑合着过。

第二天天刚亮，算卦先生要走，庄户人叫醒妻子给先生做了一顿好吃喝，又给先生装了一袋白蒸馍。算卦先生出了门，看了看庄户人住的地方，叮咛他说：“到九月九，全家高处走。”

到了九月九，庄户人就带着妻子儿女，背上花糕香酒，登上骊山高峰去游玩。等他们上山后，半山腰突然出一股泉水直冲他家，把他家的草棚子一下子就冲垮了。不大功夫，整个一条山沟都被泡了。庄户人家这才明白算卦先生为什么让他全家九月九登高。这事传开后，人们就每逢九月九，扶老携幼去登高，相沿成俗，一直流传到今。

三、重阳节的发展

（一）萌芽

远古时期，是重阳节的萌芽时期。如前文所说，远古时期，就已经有了九月里庆祝丰收和祭祀大火的活动，他们都是重阳节的原始形式。在这个时期，重阳节的内涵还只是庆祝丰收、祈福感恩。

（二）成型

春秋战国时期，重阳节基本定型。春秋战国时期，“重阳”一词最早出现在《楚辞》之中，虽然此时“重阳”一词的意思还是代指“天”，指重阳日，还没有被称为重阳节。而根据《周易》记载，人们认为重阳日是一个至阳的、值得庆祝的吉利的日子。在人们的心中“九九”谐音“久久”，有着长长久久的含义。

（三）普及

西汉时期，重阳节得到了普及。在三国时期，“重阳节”见于记载。魏文帝曹丕在《九日与钟繇书》说：“岁往月来，忽复九月九日。九为阳数，而日月并应，俗嘉其名，以为宜于长久，故以享宴高会。”可见当时重阳节登高习俗基本成型，并且添加了求长寿、求长久的内涵。晋代文人陶渊明在《九日闲居》序中写道：“余闲居，爱重九之名。秋菊盈园，而持醪靡由，空服九华，寄怀于言。”赏菊、饮酒，也成了重阳节的重要习俗之一。而根据传说，趋吉避祸，也成了重阳节的文化内涵之一。

（四）鼎盛

从唐代重阳节被正式定为节日到近代，一直是重阳节的鼎盛发展时期。既然重阳节已经是一个被官方承认的节日，那么势必会出现从宫廷到民间全员参与、活动多样的情况。唐朝时重阳节得到了很大的重视，王维、孟浩然、李白等许多诗人都为重阳节留下了诗歌。发展到宋代，重阳节也更加热闹了。《东京梦华录》中分别记载了北宋时期重阳节的习俗和庆祝重阳节的盛况。明代时，宫廷更加重视重阳节，宫中人们不仅从九月初一就开始吃重阳糕，皇帝还会亲自出门登高。清代时，沿袭了明代的旧俗，重阳节依然十分盛行。在这个时期内，重阳节增加了珍惜亲情、爱情、友情的内涵。

（五）困境

1989年，农历九月九日被国家定为“敬老节”，倡导全社会树立尊老、敬老、爱老、助老的风气。敬老爱老这一主题，同以往的求长寿、求健康很好地联系到了一起，这是传统文化同现代文化的融会与结合。重阳节虽然增添了敬爱老人的新内涵，发展到现代，由于受到西方文化冲击和其他一些原因，重阳节逐渐式微。相比较春节、中秋节等活动，重阳节逐渐不那么被人们所重视，在重阳节举办的活动也越来越少，传统的登高赏菊佩茱萸的习俗被遗忘，重阳节的发展遇到了困境。

重阳节的魅力在于，它是一个矛盾又包容的节日，也是一个能够体现人们的生活态度的节日。他们既能够在这个日子里，祭祀神灵、祭祀先祖，也能够在进行登高、佩茱萸等辟邪避祸的活动时，将赏花吃糕、饮酒谈笑等雅事趣事融入，将重阳节又变成一个欢乐的节日。重阳节的文化中，有太多的优秀文化值得人们去传承、去发扬。并且，这些古人的思想也能给当代人带来深深的启发。在这个强调文化自强和文化自信的时代，人们有义务去发扬我们的优秀传统节日，重新拾起我们的优秀传统文化，让它们在新的时代里，散发出它们的魅力。

第二节　重阳节文艺感悟

作为一个重要的中华传统节日，历代有许多文人墨客在作品中提到重阳节，尤其是唐宋这两个诗词繁荣发展、重阳节广泛普及时代，关于重阳的佳作更是繁多。

在盛唐时期，经济繁荣、政治开明、社会文化氛围浓厚。在这样的社会环境里，涌现了许多杰出诗人。而这个时期，也是重阳节开始鼎盛的一个时期。若说到唐朝重阳节，人们脑海中多半想起的应该就是耳熟能详的《九月九日忆山东兄弟》：“独在异乡为异客，每逢佳节倍思亲。遥知兄弟登高处，遍插茱萸少一人。”

年少的诗人王维独自一人离开家乡，成为他乡的“异乡人”。虽然诗人心中也时时会想起远在家乡的亲人，但是当九月九日重阳佳节来临之时，这思念之情尤为浓烈。诗人虽身在异乡，但心中却能想象出亲人们登高饮酒共插茱萸的画面，顿时一种失落、一种遗憾降临了。别人都在团聚作乐，偏偏他却无法团聚也无心作乐，只有满心满身的落寞。

而与王维同为盛唐山水田园诗派代表诗人的孟浩然，也在其诗作中描写了自己重阳节的一番经历。

过故人庄

唐·孟浩然

故人具鸡黍，邀我至田家。

绿树村边合，青山郭外斜。

开轩面场圃，把酒话桑麻。

待到重阳日，还来就菊花。

此诗正是孟浩然早年在鹿门山隐居时所作。重阳到来之日，老朋友准备了丰盛的饭食，邀请诗人前往自己农舍里一聚。诗人前往途中，看到村边翠绿浓密的树林、苍青秀美的山岚，不觉心旷神怡、心情大好。二人窗边置席，举杯饮酒，闲谈一些庄稼、田地、收成的事情。放眼望去，窗外是谷场菜园，还有篱笆旁一簇簇明艳亮丽的菊花，一切都是那么的怡然自得。二人酒足饭饱，已然有了隐隐醉意，又意犹未尽，便互相承诺道“待明年重阳时候，仍在此地，你我二人把酒言欢，共赏菊花”，这是一种平淡、质朴，又真挚自然的友情。

王维同孟浩然是处于同一个时期的杰出诗人，被世人合称“王孟”，这两首诗也都是二人早年的作品，两首诗表达的感情却截然不同。王维诗中尽显落寞遗憾，孟浩然诗中却洋溢着愉快和悠然自得。王维作此诗时，正是在远离家乡，前往繁华的长安，求取功名之时。重阳佳节，孤身一人，异地漂泊，倍感伤怀。反观孟浩然，此时并未踏入仕途，而是选择隐居，闲云野鹤，安然度日，他感受到了真正的快乐。与王维孟浩然形成对比的，还有诗人李白：

九月十日即事

唐·李白

昨日登高罢，今朝更举觞。

菊花何太苦，遭此两重阳。

昨日重阳节已然登高宴饮，今日小重阳（唐宋时期九月十日被称作“小重阳”）又在这里举杯饮酒。可怜山上秋菊，惨遭两番采折之罪啊！太白为菊花而叹息，又何尝不是为自己叹息呢？诗人一身傲骨、满腹才华，却仕途失意，不由得和这菊花惺惺相惜。虽然古人认为重阳是一个吉祥的日子。秋高气爽的时节里，祭神祭祖，登高祈福，饮佳酿、赏美景，簪菊花、佩茱萸，从王公贵族到平民百姓，都如此热闹、如此开怀。这热闹与开怀，却不属于被放逐的李白，也不属于求取功名的王维。

到了北宋时期，重阳节的庆祝活动更加隆重了。在北宋词人晏几道《阮郎归·天边》中，不仅描写了重阳时节的景色，还描写了人们在重阳节的欢乐。

阮郎归·天边金掌露成霜

宋·晏几道

天边金掌露成霜，云随雁字长。

绿杯红袖趁重阳，人情似故乡。

兰佩紫，菊簪黄，殷勤理旧狂。

欲将沉醉换悲凉，清歌莫断肠。

天边是楼阁高耸，流云悠长，席前是玉盏琼浆，美人持酒，劝诗人趁着佳节忘掉不快尽情狂饮。这里的人情事物，使诗人感觉仿佛在家乡。诗人开始调整自己低沉的心态，佩戴着紫茎的兰花，在头上簪几朵黄菊，想与好友一起饮酒作乐忘却忧愁与悲伤，不负重阳佳节，不负好友的盛情。

在诸多吟咏重阳节的宋词中，李清照的《醉花阴·重阳》更是脍炙人口，传诵千古。

醉花阴·薄雾浓云愁永昼

宋·李清照

薄雾浓云愁永昼，瑞脑销金兽。

佳节又重阳，玉枕纱橱，半夜凉初透。

莫道不消魂，帘卷西风，人比黄花瘦。

词人与丈夫新婚宴尔，却不得不暂别。虽然是重阳佳节，词人却心事重重，辗转难眠。西风卷帘，凉意阵阵，词人竟已日渐憔悴，比庭前菊花还要消瘦。这首词写伤别兼悲秋，别离而黯然神伤，把菊花人格化，篱笆间菊花散发的阵阵幽香没能给词人带来任何安慰，反而增添了心中凄清之感，当西风卷动珠帘时，词人不免惜花自怜，写出了"人比黄花瘦"的千古名句，末尾三句塑造出一个多愁善感、弱不禁风的闺阁美人形象，还与词人的精神有相通之处，时至重阳，黄昏黄花，人比黄花瘦，思念丈夫，更形憔悴。层层渲染，通过对秋景和生活环境的描绘，委婉地表达出对丈夫的相思之情和与丈夫分离的深切痛楚。夸张和比喻手法的运用，更把一个因相思而憔悴的妇女形象描绘得栩栩如生，结尾含蓄深沉，言有尽而意无穷。

唐宋时期，是经济繁荣、文化昌盛的一个时期，也是重阳节文化鼎盛发展的时期。在当时人们的诗词文章中，我们能够了解到当时的节日习俗，感受到不同的心情，引起我们关于古人生活的一些遐想，以及对重阳节中所寄托的民族情感、民族精神的思考。

第三节 重阳节节日习俗

重阳节的民俗主题是祈福、辟邪、避疫、求康等，表现了人们对自然、对神明的崇敬和感恩。随着历史的推移和发展，重阳节的习俗也在逐渐形成并演变，最终确定了下来。在许多的诗歌中，诗人们都写到了重阳节登高、宴饮、佩茱萸等等习俗。在《西京杂记》中记西汉时的宫人贾佩兰称："九月九日，佩茱萸，食蓬饵，饮菊华酒，云令人长寿。"而在《东京梦华录》中也记载了"九月重阳，都下赏菊有数种……酒家皆以菊花缚成洞户。都人多出郊外登高，如仓王庙、四里桥、愁台、梁王城、砚台、毛驼冈、独月冈等处宴聚。前一二日，各以粉面蒸糕遗送，上插剪彩小旗，掺饤果实，如石榴子、栗子黄、银杏、松子肉之类。又以粉作狮子蛮王之状，置于糕上，谓之'狮蛮'。诸禅寺各有斋会，惟开宝寺、仁王寺有狮子会。诸僧皆坐狮子上，作法事讲说，游人最盛"的北宋重阳节盛况。

一、祭祖

重阳节是我国四大祭祖传统节日之一，民间有"三月小清明，重九大清明"之说。重阳节祭祖的习俗，可以追溯到前文所述的远古时期秋季丰收祭祀的习俗。天地信仰和祖先信仰，是人类最原始的两种信仰。随着历史的发展，受"家天下"和"君权神授"思想的影响，祭祀天地的权力由最高统治者独享，并且每年都会举行祭天大典，而民间主要以祭祀祖先、灶神为主。重阳祭祀祖先一般是同族人相约来到祖先的坟茔去举行祭祖仪式。由于祖先坟茔大多在郊外或者山野，重阳祭祖也可以看作是一场秋游。祭祀灶神则主要是在人们的家中举行，祈求灶神保佑全家平安。除此祭祖和祭灶神之外，还有祭祀中华民族的共同始祖——炎黄二帝的活动。虽然由于种种原因，祭祀炎黄二帝的活动一度中断，但是黄帝陵所在地陕西黄陵县已在1988年恢复了中断多年的黄帝祭祀活动，炎帝陵所在地湖南炎陵县也于1993年恢复了祭祀炎帝的活动。正是这些祭祀活动，使中华儿女可以缅怀先祖、展望未来，在强大的文化自信和文化自觉里，汲取继往开来的勇气和精神支柱。

二、登高与宴饮

（一）登高

登高是重阳节的一个重要习俗，指在农历九月初九这一天登高山、高楼或高台。这一习俗在许多的古诗之中都能够得到体现。如“遥知兄弟登高处，遍插茱萸少一人”（唐·王维《九月九日忆山东兄弟》）“昨日登高罢，今朝更举觞”（唐·李白《九月十日即事》）“归来问得茱萸女，今日登高醉几人”（唐·张谔《九日宴》）等。古人登高一般有如下几个目的：

1. 辟邪

在古代，人们认为在重阳节这一天“清气上扬，浊气下沉”，为了躲避“浊气”，也就是邪气，人们选择登高，去接触清气。在关于重阳节的一些传说中，如汝南桓景、重阳公主和骊山传说等，很多都写到了九月九日瘟疫蔓延、洪水来袭等，而刚好是因为登高，使一些人避开了这些祸事，也便有了登高辟邪避祸的说法。

2. 祈福

登高祈福是由于远古时期人们对天地山川的崇拜而来的。《礼记·祭法》记载：“山林川谷丘陵，能出云，为风雨，见怪物，皆曰神。”而登临高处，人们就能与神灵更加接近，更容易得到神灵的庇护和福佑。因此在重阳节这一天，人们会结伴登高，亲近神灵，向神灵祈福，以求健康长寿。

3. 辞青

重阳时的秋游称为“辞青”，与清明节时的踏青相对应。清明时节正是万物萌生、生机勃勃之时，人们通过踏青来“迎青”；而重阳时节正是万物凋零，百草开始枯黄之时，人们又举行了相应的“辞青”仪式。

4. 赏秋

随着时代的发展，人们的耕种技术、医疗技术都得到了很大的提升，登高最初的辟邪消灾的活动逐渐变成了一项娱乐活动。云淡天长、秋高气爽、层林尽染、秋色怡人，登高赏秋景成了重阳登高的一个重要目的。

（二）宴饮

重阳节的大型宴饮活动，是由先秦时期的庆丰收之宴饮发展而来的。据三国时曹丕的《九日与钟繇书》可知重阳节宴饮之习古来有之。《荆楚岁时记》云：“九月九日，四民并籍野饮宴。”隋杜公瞻注云：“九月九日宴会，未知起于何代，然自驻至宋未改。”求长寿及饮宴，构成了重阳节的基础。《晋书·孟嘉传》中记载的“孟嘉落帽”的典故，就是发生在重阳节，孟嘉参加龙山宴饮之时。唐代诗人王勃在其诗作《九日登高》中写道“九月九日望乡台，他席他乡送客杯”就是写诗人在重阳节时登高，并与朋友们宴饮的情景。只不过此时诗人的心情并不是愉悦的，反而乐景之中顿生哀情，与王维“独在异乡为异客”异曲同工。

三、菊花与茱萸

（一）菊花

重阳之时，已是深秋，百花凋零，恰菊花于此时开得正盛，花期正与节日相合。在晋代文人陶渊明一生爱菊、惜菊，以菊花自喻，菊花也因此从他那里借得一场东风，成了重阳节不可或缺的元素。菊花在重阳节，既是观赏之物，又是装饰之物，还能融入人们的饮食之中。

1. 赏菊花

菊花秋季里盛开，是秋天的一道独特风景，赏菊也是人们经常做的一件雅事。重阳赏菊的习俗形成于唐宋时期。农家小院里栽种的家菊有人欣赏，在山间怒放的野菊也有人欣赏。而根据《东京梦华录》中的记载，北宋时期已有专门种植的赏菊，于重阳节时供人们观赏。

2. 簪菊花

菊花在古人眼中是吉祥花，雅号“延寿客”，簪菊即将菊花簪于发髻之上以求延年益寿、辟邪消灾。唐代杜牧有一首诗《九日齐山登高》中写道“江涵秋影雁初飞，与客携壶上翠微。尘世难逢开口笑，菊花须插满头归”，就是写的重阳登高、簪菊的行为。簪菊又称“簪黄”，体现了古人的情趣。

3. 食菊花

据《西京杂记》载称“菊华舒时，并采茎叶，杂黍米酿之，至来年九月九日，始熟，就饮焉，故谓之菊华酒”。“菊华酒”也就是菊花酒，由此可知当时重阳节饮菊花酒已是重阳节习俗。而人们饮菊花酒的目的，同样也是求健康长寿。

除了菊花酒之外，人们还制作菊花糕食用。

（二）茱萸

重阳节有佩茱萸的风俗。茱萸雅号“辟邪翁”，颜色鲜艳、香味浓烈，并具有很高的药用价值。

1. 佩茱萸

《续齐谐记》中所写的“作绛囊盛茱萸以系臂上”，就是用茱萸制作成香囊（布袋），系在手臂上。茱萸香囊香气馥郁、沁人心脾，人们也认为其有预防疾病、辟邪去灾的功能。

2. 插茱萸

除前面多次提到的王维《九月九日忆山东兄弟》中描写了“遍插茱萸”的风俗外，早在西晋时期，就有了插茱萸的风俗记载。西晋周处所编的《风土记》中记载“九月九日，律中无射而数九，俗尚此日，折茱萸房以插头，言辟除恶气而御初寒”。说明西晋时期就有了插茱萸的习俗，而其目的则是“避除恶气”“御初寒”。

3. 食茱萸

同菊花一样，茱萸也被人们用来制作茱萸酒，在重阳节饮用，以求辟邪消灾。南宋吴自牧在其所著《梦梁录》中写道“日月梭飞，转盼重九。盖九为阳数，其日与月并应，故号曰‘重阳’。是日孟嘉登龙山落帽，渊明向东篱赏菊，正是故事。今世人以菊花、茱萸，浮于酒饮之，盖茱萸名‘辟邪翁’，菊花为‘延寿客’，故假此两物服之，以消阳九之厄。”除了茱萸酒以外，还有用茱萸制汤饼（面条）、饼、馍和佐料食用的。

4. 赏茱萸

茱萸同菊花一样，也具有观赏的价值。杜甫在《九日蓝田崔氏庄》中写道：“明年此会知谁健？醉把茱萸仔细看。”此时诗人年事已高，头发稀疏，无法像年轻人那样插茱萸，只能边饮酒边欣赏茱萸。这种看茱萸的习俗，先是流行于老年人之间，到后来在各个年龄阶段都有看茱萸的风俗，直到明清时期，这种习俗都还在传承着。

四、重阳糕

重阳糕，又名花糕，是一种传统的重阳节食品，流行于全国大部分地区。“糕”与“高”谐音，重阳食糕有求“步步高升”之意。宋人邵博在《邵氏闻见后录》就记载有刘禹锡重阳节时同人食糕，想用“糕”字来做诗，却因“五经”遍寻不得“糕”字，只得作罢的故事。这也就是后来“刘郎题糕”的典故。《东京梦华录》中也记载了重阳糕品种繁多，多用粉面制作，中间掺入各种果实，糕上插剪彩小旗，可以当作礼品送与他人。清朝杨静亭《都门杂咏·花糕》中写道：“中秋才过又重阳，又见花糕各处忙。面夹双层多枣栗，当筵题句傲刘郎。”引用了“刘郎题糕”的典故，描绘了清朝重阳节时人们做糕食糕的场景。在“民以食为天”的中国，重阳糕受到人们的喜爱，在漫长的历史中被一代一代传承着，成了中国人“舌尖上的节日”中的一员。

关于重阳糕的来源有两个不同的说法：其一是《南齐书》卷九上说，南朝宋武帝刘裕称帝之前，有一年在彭城过重阳，一时兴起，便骑马登上了项羽戏台骑马射箭，给战士发放一种糕点作为干粮，刘裕登上大位之后，便规定每年九月初九为骑马射箭、校阅军队的日子，在那天发放作为干粮的糕点便成了重阳糕。

其二则是流传于陕西附近的一个传说。传说明朝的状元康海是陕西武功人。他参加八月中的乡试后，卧病长安，八月下旨放榜后，报喜的报子兼程将此喜讯送到武功，但此时康海尚未抵家。家里没人打发赏钱，报子就不肯走，一定要等到康海回来。等康海病好回家时，已经是重阳节了。这时他才打发报子，给了他赏钱，并蒸了一锅糕给他回程作干粮，又多蒸了一些糕分给左邻右舍。因为这糕是用来庆祝康海中状元，所以后来有子弟上学的人家，也在重阳节蒸糕分发，讨一个好兆头。重阳节吃糕的习俗就这样传开来了。

五、敬老

重阳节本就有求健康长寿的风俗，而健康长寿也正是人们对于老年人的最佳祝福。唐代诗人白居易在《重阳席上赋白菊》中有：“满园花菊郁金黄，中有孤从色似霜。还似今朝歌酒席，白头翁入少年场。”诗人虽然已经年老但依旧拥有少年情怀，体现了诗人乐观积极的人生态度，但是，又何尝不是每一位认认真真地过重阳节的老人的人生态度呢？虽然年岁已高，但是却从未失去对生活的热情，对生命的热爱也从未退减。

六、其他

除了以上习俗外，由于地域的不同，重阳节在一些地区还有其他的特色习俗，如放纸鸢、做重阳粽、喝萝卜汤等。其主题也大致不变，多为辟邪、祈福等，也是体现了人们亲近自然、热爱生活、珍爱生命的态度。

重阳节作为我国的一个重要传统节日，有着丰富的文化内涵，和多彩的节日习俗，承载了人们深厚的精神寄托。重阳节习俗中蕴含的文化，是值得人们去思考、去感悟、去传承的。

第四节　重阳节的文化内涵

民族节日是民族文化的集中展示和民族情感的集中表达，每一个民族节日都是经历了数千年的历史积淀所保留下来的民族文化瑰宝，我们能够从中窥见一个民族的精神、品格和气度。而从民族节日中发掘出节日中所蕴含的文化内涵，对于这个民族汲取精神养分，生生不息、发展壮大具有重要意义。重阳节就是一个具有丰厚文化内涵的民族节日，它展现了古代中国人内心的精神世界，也是古人留给我们的宝贵精神财富。

一、敬畏自然

在数千年前，我们的祖先，便已懂得感恩自然、敬畏自然，前文提到的关于重阳节起源的两种说法，都能够体现这一点。当然，古人们并非是唯物主义者，他们认为天地之间，万物有灵，山有山神，河有河神，他们在享用大自然所给予的一切时，将其都归结于各路神灵的帮助。假如丰收了，有好事发生了，就是神灵的眷顾，便要用举行祭祀仪式感谢神灵，反之，则是神灵的怪罪、惩罚，也要用举行祭祀反思自己的过错，祈求神灵的原谅。尊重大自然的规律，也是古人的智慧，就如《孟子·梁惠王上》中所说的“不违农时，谷不可胜食也。数罟不入洿池，鱼鳖不可胜食也。斧斤以时入山林，材木不可胜用也”，就体现了这种智慧。而祭祀大火星的仪式，是在大火星移位退伏时举行的送别仪式，与之相应，在大火星回归时，也要举行迎接仪式。现代人绝对很难想象，那个时候，人类与星星，仿佛故交，人与自然，如此和谐。古人们对于大自然的这种崇敬之心，和大自然的相处之道，对于当代人探究在与自然相处时，如何尊重大自然的规律，具有重要的借鉴意义。

二、祖先信仰

古代中国人除了信仰各路神灵外，还信仰自己的祖先。祖先信仰也是古人们的原始信仰之一，中国人的祖先信仰在祭祖、扫墓、祠堂、族谱和家训等方面都有体现。中国自古就有祭祖的习惯，除夕、中元节、清明节和重阳节是中国的四大祭祖传统节日。在祭祖扫墓时，人们会回顾家族历史，追思先祖先辈，缅怀他们的优良品德，表达自己的感恩与尊重。祠堂，是人们祭祀祖先的主要场地之一。“祠堂”一词最开始出现于汉代，又称“祠庙”或者“家庙”，多修筑在坟墓附近。宋代以后，民间立祠堂风气盛行，开始人们是在宅内设立祠堂，成为“家祠”，后来家族逐渐壮大，便在家族聚居地专门修建祠堂。在一个家族中，祠堂往往是一个神圣的地方，除了在祠堂中供奉祖先的牌位、存放族谱和举行祭祖仪式之外，家族中有重大事件发生或要做出重大决定时，人们会选择将祠堂作为议事场所，意在告知列祖列宗。在祠堂内进行的祭祖仪式，称为“家祭”或者“庙祭”，重阳节的祭祖活动，称为“墓祭”，是指在坟墓前祭祀，也称“祭扫”。清明节和重阳节都要举行墓祭，即春秋二祭。从重阳节的起源和习俗中，我们能够从中感受到中国人自古以来就存在着的祖先信仰。在这种信仰下，人们追溯家族起源，不忘自身来处；追思祖先的高尚品德，约束自身言行；崇尚祖先的光辉事迹，激励自身前行；传承优良家风，明了自身去处。

参考文献

[1] 吕不韦 . 吕氏春秋 [M]. 张双棣，等，译注 . 北京：中华书局 .2007.

[2] 何新 . 夏小正 [M]. 沈阳：万卷出版公司，2014.

[3] 刘歆 . 西京杂记 [M]. 上海：上海古籍出版社 .2012.

[4] 屈原 . 楚辞 [M]. 北京：中国和平出版社 .2004.

[5] 孔丘 . 诗经 [M]. 北京：北京出版社，2006.

[6] 孟元老 . 东京梦华录 [M]. 北京：中国商业出版社 .1982.

[7] 宗懔 . 荆楚岁时记 [M]. 太原：山西人民出版社，1987.

[8] 陶渊明 . 陶渊明集 [M]. 北京：中华书局，2007.

[9] 吴自牧 . 梦粱录 [M]. 杭州：浙江人民出版社，1984.

[10] 邵博 . 邵氏闻见后录 [M]. 北京：中华书局，1983.

[11] 萧子显 . 南齐书 [M]. 北京：中华书局，1927.

[12] 戴圣 . 礼记 [M]. 上海：上海古籍出版社，1987.

[13] 辛鑫 . 重阳文化历史变迁与价值重建——以河南重阳乡重阳节俗活动为例 [L]. 广西民族大学，2009.

[14] 李晖 . 九九重阳情茱萸吉祥俗 [J]. 淮南师范学院学报，2004.

[15] 陈艳 . 重阳节的起源及风俗文化 [J]. 内蒙古民族大学学报，2011.

[16] 张瑞 . 从登高谈重阳节的文化内涵 [J]. 大舞台，2011.

[17] 程裕祯 . 中国文化要略 [M]. 北京：外语教学与研究出版社，2017.

[18] 郭云涛 . 传统社会中的宗教与重阳节 [J]. 青海民族研究，2007.

[19] 萧爱民 . 辽代的重阳节——兼谈菊花酒的酿造 [J]. 昭乌达蒙族师专学报：汉文哲学社会版，1999.

[20] 陈艳 . 重阳节的起源及风俗文化 [J]. 内蒙古民族大学学报，2011.

第十章　腊八节

腊八节是中国独特的传统节日，起源于上古时期，那时，祖先们在这一天除了用粥来祭祖敬神外，还要击鼓逐除病魔。至今，不少地方仍保持着这个习俗。

第一节　腊八节的起源

腊八节是用来祭祀祖先和神灵，祈求丰收和吉祥的节日，因相传这一天是佛教创始人释迦牟尼在菩提树下成道并创立佛教的日子即农历十二月初八，故又被称为“佛成道节”。在中国，有腊八节喝腊八粥、泡腊八蒜的习俗，在河南等地，腊八粥又称“大家饭”，是纪念岳飞的一种节日食俗。

一、腊八节的介绍

腊八节是腊月最重大的节日，是十二月初八，古代称为“腊日”，俗称“腊八节”。从先秦起，腊八节都是用来祭祀祖先和神灵，祈求丰收和吉祥。

“腊八节”吃“腊八粥”的风俗，由来已久，自从人类进入农业社会后就开始兴起。古时的“腊”是祭祀的意思，远在商周时代，我国就有连天地、神灵、祖先一起祭祀的习惯，这种综合祭祀，叫作“合祭”。这种祭祀，表达了古代人一种朴素的、善良的心理活动：一年到头了，能得到丰衣足食，该感谢神灵啊！于是就选择腊月初八这一天，煮上一锅“腊八粥”，借以祭奠神灵、庆祝丰收，预祝来年的更人丰收，这就形成了腊八节吃腊八粥的风俗。

宋代，每逢腊八这一天，不论是朝廷、官府、寺院还是黎民百姓家都要做腊八粥。到了清朝，喝腊八粥的风俗更是盛行。在宫廷，皇帝、皇后、皇子等都要给文武大臣、侍从宫女赐腊八粥，并向各个寺院发放米、果等食品供僧侣食用。在民间，家家户户也要做腊八粥，祭祀祖先；同时，合家团聚在一起食用，馈赠亲朋好友。

中国各地腊八粥的花样，争奇竞巧、品种繁多。其中以北方最为讲究，搀在白米中的物品较多，如红枣、莲子、核桃、栗子、杏仁、松仁、桂圆、榛子、葡萄、白果、菱角、青丝、玫瑰、红豆、花生……总计不下二十余种。人们在腊月初七的晚上，就开始忙碌起来，洗米、泡果、剥皮、去核、精拣然后在半夜时分开始煮，再用微火炖，一直炖到第二天清晨，腊八粥才算熬好了。

更为讲究的人家，还要先将果子雕刻成人形、动物、花样，再放在锅中煮。比较有特色的就是在腊八粥中放上“果狮”。果狮是用几种果子做成的狮形物，用剔去枣核烤干的脆枣作为狮身，半个核桃仁作为狮头，桃仁作为狮脚，甜杏仁用来作狮子尾巴。然后用糖粘在一起，放在粥碗里，活像一头小狮子。如果碗较大，可以摆上双狮或是四头小狮子。更讲究的，就用枣泥、豆沙、山药、山楂糕等具备各种颜色的食物，捏成八仙人、老寿星、罗汉像。这种装饰的腊八粥，只有在以前的大寺庙的供桌上才可以见到。

腊八粥熬好之后，要先敬神祭祖，之后要赠送亲友，一定要在中午之前送出去，最后才是全家人食用。吃剩的腊八粥，却是好兆头，取其“年年有余”的意义。如果把粥送给穷苦的人吃，那更是为自己积德。

腊八粥在民间还有巫术的作用。假如院子里种着花卉和果树，也要在枝干上涂抹一些腊八粥，相信来年多结果实。

“腊八粥，吃不完，吃了腊八粥便丰收”。关中一带到了这一天，家家户户都要煮上一锅“腊八粥”，美餐一顿。不光大人、娃娃吃，还要给牲口、鸡狗喂一些，在门上、墙上、树上抹一些，图个吉利。

“腊八粥”确实能体现出农业大丰收，因为它是用各种米（江米、黄米、白米、高粱米等），各种豆（大豆、芸豆、豇豆等），各种干果（大枣、栗子、杏仁、花生、核桃、桂圆肉等）和豆腐、肉类混合煮成的一种粥，这种粥集中地反映出了农业大丰收的成果。关中一带及附近一些地区的群众，都十分重视“腊八节”。但县与县、乡与乡、村与村之间，又各有不同的讲究。富平县的农家，这一天喜欢酿酒，名曰“腊脚”；长安县的古风俗，这一天要煮肉糜，抛洒在花木之上，谓之“不歇枝”；乾县、礼泉一带，讲究腊八节要给老人送粥，女儿家要请新女婿吃粥；凤翔一带则是用黄米和八种豆子，加上油盐做一顿腊八焖饭；铜川地区的农村，在这天还流传着为幼男幼女剃头理发的习惯。凡此种种，自有不同情趣。

“腊八”是佛教的盛大节日。解放以前各地佛寺作浴佛会，举行诵经，并效仿释迦牟尼成道前，牧女献乳糜的传说故事，用香谷、果实等煮粥供佛，称“腊八粥”，并将腊八粥赠送给门徒及善男信女们，以后便在民间相沿成俗。

二、腊八节来源的传说

（一）传说一

腊八节是农历腊月（十二月）初八，据说当年朱元璋落难在牢监里受苦时，当时正值寒天，又冷又饿的朱元璋竟然从监牢的老鼠洞找出一些红豆、大米、红枣等七八种五谷杂粮。朱元璋便把这些东西熬成了粥，因那天正是腊月初八，朱元璋便美其名曰腊八粥，美美地享受了一顿。后来朱元璋平定天下，坐北朝南做了皇帝，为了纪念在监牢中那个特殊的日子，于是他把这一天定为腊八节，把自己那天吃的杂粮粥正式命名为腊八粥。

（二）传说二

佛教的创始者释迦牟尼本是古印度北部迦毗罗卫国（今尼泊尔境内）净饭王的儿子，他见众生受生老病死等痛苦折磨，又不满当时婆罗门的神权统治，舍弃王位，出家修道。初无收获，后经六年苦行，于腊月八日，在菩提树下悟道成佛。在这六年苦行中，每日仅食一麻一米。后人不忘他所受的苦难，于每年腊月初八吃粥以做纪念。“腊八”就成了“佛祖成道纪念日”。据说有的寺院于腊月初八以前由僧人手持钵盂，沿街化缘，将收集来的米、栗、枣、果仁等材料煮成腊八粥散发给穷人。传说吃了以后可以得到佛祖的保佑，所以穷人把它叫作“佛粥”。

（三）传说三

腊八节来自“赤豆打鬼”的风俗。传说上古五帝之一的颛顼，三个儿子死后变成恶鬼，专门出来惊吓孩子。古代人们普遍相信迷信，害怕鬼神，认为大人小孩中风得病、身体不好都是由于疫鬼作祟。这些恶鬼天不怕地不怕，单怕赤红豆，故有“赤豆打鬼”的说法。所以，在腊月初八这一天以红小豆、赤小豆熬粥，以祛疫迎祥。

（四）传说四

腊八节出于人们对忠臣岳飞的怀念。当年，岳飞率部抗金于朱仙镇，正值数九严冬，岳家军衣食不济、挨饿受冻，众百姓相继送粥，岳家军饱餐了一顿百姓送的“千家粥”，结果大胜而归，这天正是十二月初八。岳飞死后，人民为了纪念他，每到腊月初八，便以杂粮豆果煮粥，终于成俗。

（五）传说五

秦始皇修建长城，天下民工奉命而来，长年不能回家，吃粮靠家里人送。有些民工，家隔千山万水，粮食送不到，致使不少民工饿死于长城工地。有一年腊月初八，无粮吃的民工们合伙积了几把五谷杂粮，放在锅里熬成稀粥，每人喝了一碗，最后还是饿死在长城下。为了悼念饿死在长城工地的民工，人们每年腊月初八吃“腊八粥”，以资纪念。

（六）传说六

相传有老两口吃苦耐劳、持家节俭，省下一笔大家业，可是儿子却不争气，娶个媳妇也不贤惠，很快就败了家业，到了腊月初八这一天，小两口冻饿交加，幸好有村人、邻居接济，煮了一锅大米、面块、豆子、蔬菜等混在一起的“杂合粥”。“吃顿杂合粥，教训记心头”，这顿粥让小两口改掉了恶习，走上正道，靠勤恳的劳动持家，日子一天天也好起来。民间流行腊八吃粥的风俗，就是人们为了以此教训警告后人而相沿的。

关于腊八节的起源，源于“腊祭”的说法比较流行。据百度百科“腊祭”条目：腊八节起源于古代的“腊祭”，到南北朝时期才成为固定的节日。“腊”是古代的一种祭祀仪式，“腊祭”早在先秦以前便已存在，那时的人们在一年的最后一个月去野外猎取各种野兽，用于祭祀百神。

据《风俗通》记载：“腊者，猎也。因猎取兽祭先祖或者腊接也，新故交接，狎猎大祭以报功也。”由此可以看出，“腊”与“猎”相通，“腊祭”就是用打来的野兽进行祭祀，祭祖先，祭百神。直到现在人们还习惯把腊月腌制的猪肉称为“腊肉”。从以上文字可知，腊八节起源于“腊祭”，与猎取野兽密切相关。

“腊祭”应该存在于渔猎社会,《周易·系辞下》中有伏羲氏“作结绳而为罔罟，以佃以渔”的说法，说明从伏羲氏时代开始，早期原始人类的经济活动以渔猎经济为主。后来到了农业社会形态，还要祭祀神灵，但不再使用猎取的野兽，而使用富有农业特色的“七宝五味粥”。

再从文字学的角度来讲，“腊”字的“月”字旁是形旁，表示“肉”，“腊祭”实际上是用打猎得来的野兽的“肉”来祭祀神灵。可见，“腊月”是渔猎社会的产物，而“腊八节”绝对应该是农业社会的产物。

第二节　腊八节文艺感悟

《说文》腊八节记载：“冬至后三戍日腊祭百神。”可见，冬至后第三个戍日曾是腊日。从先秦起，腊八节都是用来祭祀祖先和神灵，祈求丰收和吉祥。腊八节除祭祖敬神的活动外，人们还要逐疫。这项活动来源于古代的傩（古代驱鬼避疫的仪式）。作为巫术活动的腊月击鼓驱疫之俗，今在湖南新化等地区仍有留存。

《风俗通》记载：“夏曰嘉平，殷曰清祀，周曰大腊，汉改曰腊。腊者，猎也，田猎取兽祭先祖也。”各种禽兽经过一年的生长，膘肥毛美，歇冬的农人猎之用于祭祀，用之当时。但当时腊祭的日期并不固定，规定在每年冬至后的第三个戍日举行，并将这个日子称为“腊日”。将“腊日”定为每年的“腊月初八”始于南北朝时期。南朝梁代的宗懔在《荆楚岁时记》中明确记载说：“十二月八日为腊日。”于是，腊八这天便成为腊月里重要的一个节日了。后由于佛教介入，腊日改在十二月初八，自此相沿成俗。

清代，雍和宫的腊八盛典极为隆重。雍和宫内有一口直径为二米，深一米五的古铜大锅，重约四吨，专用熬腊八粥。腊月初一起，皇宫总管内务府派司员把粥料和干柴运到雍和宫。粥料品种繁多，有上等奶油、羊肉丁和五谷杂粮以及各种干果等，到初五晚准备就绪，初六皇帝派大臣会同内务府总管大臣，率领三品以上官员及民夫到庙里监督称粮、运柴。初七清晨，皇帝派来的监粥大臣下令生火，并一直监视到初八凌晨，粥全部熬好为止。这时皇帝派来的供粥大臣率领官员开始在佛前供粥，宫灯照耀、香烟袅袅、古乐齐鸣、众喇嘛进殿念经，随后把粥献给宫廷，同时装罐密封，用快马送往承德行宫和全国各地。直到天亮以后舍粥完毕，盛典才告结束。据史料记载，每一锅粥用小米 12 石，杂粮、干果各 50 公斤，干柴 5000 公斤，共熬 6 锅。第一锅供佛，第二锅献给皇帝及宫内，第三锅给王公大臣和大喇嘛，第四锅给文武官员和封在各省的大官吏，第五锅分给雍和宫的众喇嘛，第六锅作为施舍。

从古到今，文人墨客描写腊八节的诗句也有很多，最有名的应该是唐代大诗人杜甫的《腊日》："腊日常年暖尚遥，今年腊日冻全消。侵凌雪色还萱草，漏泄春光有柳条。纵酒欲谋良夜醉，还家初散紫宸朝。口脂面药随恩泽，翠管银罂下九霄。"从诗句中可以看出，往年的腊日天气还很冷，温暖离人还很遥远。而当年腊日气候温和，冰冻全消。诗人高兴之余准备辞朝还家，纵酒狂饮欢度良宵，但此时此刻，他又因感念皇帝对他的恩泽，不能随便走开。清代夏仁虎的《腊八》中写道："腊八家家煮粥多，大臣特派到雍和。对慈亦是当今佛，进奉熬成第二锅。"腊八一到，民间家家户户都要煮腊八粥吃，而朝廷乃当世活佛，他也要到雍和宫煮粥奉佛并赐大臣、诸王、宫妃等。

第三节　腊八节节日习俗

腊八节的节目习俗丰富多彩，本节从民间习俗和地方习俗两个方面予以介绍。

一、腊八节民间习俗

（一）吃腊八粥

腊八这一天有吃腊八粥的习俗，腊八粥也叫七宝五味粥。不同地区腊八粥的用料虽有不同，但基本上都包括大米、小米、糯米、高粱米、紫米、薏米等谷类，黄豆、红豆、绿豆、芸豆、豇豆等豆类，红枣、花生、莲子、枸杞子、栗子、核桃仁、杏仁、桂圆、葡萄干、白果等干果。腊八粥不仅是时令美食，更是养生佳品，尤其适合在寒冷的天气里保养脾胃。

（二）祭祀活动

东汉应劭《风俗通》云："《礼传》：腊者，猎也，言田猎取禽兽，以祭祀其祖也。或曰：腊者，接也，新故交接，故大祭以报功也。"其起源甚早，《礼记·郊特牲》记载："伊耆氏始为蜡。蜡也者，索也，岁十二月，合聚万物而索飨之也。"《史记·补三皇本纪》也说："炎帝神农氏以其初为田事，故为蜡祭，以报天地。"

先秦的腊祭日在冬至后第三个戌日，南北朝以后逐渐固定在腊月初八。到了唐宋，此节又被蒙上神佛色彩。到了明清，敬神供佛更是取代祭祀祖灵、欢庆丰收和驱疫禳灾，而成为腊八节的主旋律。其节俗主要是熬煮、赠送、品尝腊八粥。同时许多人家自此拉开春节的序幕，忙于杀年猪、打豆腐、制作腊鱼腊肉，采购年货，"年"的气氛逐渐浓厚。

（三）吃冰

腊八前一天，人们一般用钢盆舀水结冰，等到了腊八节就脱盆冰并把冰敲成碎块。据说这天的冰很神奇，吃了它在以后一年不会肚子疼。

（四）泡制腊八蒜

华北大部分地区还有在这天泡制腊八蒜的习俗，腊八蒜即是用醋泡的蒜，用紫皮蒜和米醋，把蒜瓣的老皮去掉，浸入米醋中，装入小坛封上口放到一个冷的地方，直到蒜变成绿色。

旧时商号在腊八这天拢账，把这一年的账目盘点出来，算清楚这一年的收支盈亏。债主还会在腊八这天提醒欠钱人家准备还钱。腊月里人们讲究忌讳，所以就用与“算”字同音的“蒜”，来代替算账的“算”。也因此，腊八蒜虽然好吃，市面上却没有卖的，都是家家户户自己动手泡腊八蒜，并且也给自家算算账，看看这一年的开支，有多少积余，盘算该花多少钱置办年货等。

（五）制腊八豆腐

安徽黔县民间习俗，将自制豆腐晒干可留日后吃，是当地的风味特产。具体制作过程如下：用上等小黄豆做成豆腐，把豆腐抹以盐水，在温和的太阳下慢慢烤晒而成。“腊八豆腐”平时用草绳悬挂在通风处晾着，吃时摘取，一般可晾放三个月不变质、变味。

成品色泽黄润如玉、入口松软、咸中透甜、又香又鲜，如在晒制时加入虾米等辅料，则更加美味。它既可以单独成菜，也可与肉类搭配，或炒或炖，都是美味。招待贵宾时，黟县人还将其雕刻成动物、花卉的模样，淋上麻油，拌上葱姜蒜等佐料，配成冷盘，成为酒宴佳肴。

（六）吃腊八面

除了甜口或咸口的腊八粥，以及腊八蒜、腊八豆腐之外，当然也少不了陕西的腊八面。在每年农历腊月初八早上太阳出来之前，陕西人家家户户都要吃碗热气腾腾、四溢飘香的腊八面。

腊八面是在腊八粥的基础上发展而来的。过去在陕西大荔和临潼、凤翔一带，腊八节这日人们煮面敬神，因之叫“腊八面”。起初关中农村的腊八面是用小米、黄豆煮粥下面条，而后用八种蔬菜和肉做成臊子下面条。如今随着生活水准的提高，人们将豆类与菜系相结合，用核桃仁、芝麻、花生米、莲子、青菜、菠菜、黄花、木耳等同面条同煮，调成汤面，营养丰富，十分好吃。走进腊月，乡下就有了年的味儿。这味儿是从喷香的“腊八菜”“腊八面”里溢出来、飘出来的。

二、腊八节各地习俗

（一）北京

北京的腊八粥可以说是最为讲究的。掺在白米中的东西较多，如红枣、莲子、核桃、栗子、杏仁、松仁、桂圆、葡萄、白果、青丝、玫瑰、红豆、花生……不下二十种。人们在腊月初七晚上就开始洗米、泡果、剥皮、去核，半夜时分开始用微火炖，直到第二天清晨，腊八粥才算熬好了。

（二）天津

天津人煮腊八粥，同北京近似，讲究些的还要加莲子、百合、珍珠米、薏仁米、大麦仁、黏秫米、黏黄米、芸豆、绿豆、桂圆肉、龙眼肉、白果、红枣及桂花等，色、香、味俱佳，还有加入黑米的。这种腊八粥可供食疗，有健脾、开胃、补气、安神、清心、养血等功效。

（三）山西

山西的腊八粥，别称八宝粥，以小米为主，附加豇豆、小豆、绿豆、小枣，还有黏黄米、大米、江米等煮之。晋东南地区，腊月初五即用小豆、红豆、豇豆、红薯、花生、江米、柿饼，合水煮粥，又叫甜饭，亦是食俗之一。

（四）陕北

陕北高原在腊八之日，熬粥除了用多种米、豆之外，还得加入各种干果、豆腐和肉混合煮成。通常是早晨就煮，或甜或咸，依个人口味自选酌定。倘是午间吃，还要在粥内煮上些面条，全家人团聚共餐。吃完以后，还要将粥抹在门上、灶台上及门外树上，以驱邪避灾，迎接来年的农业大丰收。民间相传，腊八这天忌吃菜，说吃了菜庄稼地里杂草多。陕南人腊八要吃杂合粥，分“五味”和“八味”两种。前者用大米、糯米、花生、白果、豆子煮成。后者用上述五种原料外加大肉丁、豆腐、萝卜，另外还要加调味品。腊八这天人们除了吃腊八粥，还得用粥供奉祖先和粮仓。

（五）甘肃

甘肃人传统煮腊八粥用五谷、蔬菜，煮熟后除家人吃，还分送给邻里，还要用来喂家畜。在兰州、白银等地区，腊八粥煮得很讲究，用大米、豆、红枣、白果、莲子、葡萄干、杏干、瓜干、核桃仁、青红丝、白糖、肉丁等煮成。煮熟后先用来敬门神、灶神、土神、财神，祈求来年风调雨顺、五谷丰登；再分给亲邻，最后一家人享用。甘肃武威地区讲究过“素腊八”，吃大米稠饭、扁豆饭或是稠饭，煮熟后配炸馓子、麻花同吃，民俗叫它“扁豆粥泡散”。

（六）宁夏

宁夏人做腊八饭一般用扁豆、黄豆、红豆、蚕豆、黑豆、大米、土豆煮粥，再加上用麦面或荞麦面切成菱形柳叶片的“麦穗子”，或者是做成小圆蛋的“雀儿头”，出锅之前再入葱花油。

（七）青海

青海的西宁人，虽是汉族人居多，可是腊八不吃粥，而是吃麦仁饭。将新碾的麦仁，与牛羊肉同煮，加上青盐、姜皮、花椒、草果、苗香等佐料，经一夜文火煮熬，肉、麦交融成乳糜状，清晨揭锅，异香扑鼻，食之可口。

（八）山东

在山东“孔府食制”中，规定“腊八粥”分两种，一种是用薏米仁、桂圆、莲子、百合、栗子、红枣、粳米等熬成的，盛入碗里还要加些“粥果”，主要是雕刻成各种形状的水果，是为点缀。这种粥专供孔府主人及十二府主人食用。另一种是用大米、肉片、白菜、豆腐等煮成的，是给孔府里当差们喝的。

（九）河南

河南人吃腊八饭，是小米、绿豆、豇豆、麦仁、花生、红枣、玉米等八种原料配合煮成，煮熟后加些红糖、核桃仁，粥稠味香，寓意来年五谷丰登。

（十）江苏

江苏地区吃腊八粥分甜咸两种，煮法一样。只是咸粥是加青菜和油。苏州人煮腊八粥要放入茨菇、荸荠、胡桃仁、松子仁、芡实、红枣、栗子、木耳、青菜、金针菇等。清代苏州文人李福曾有诗云：“腊月八日粥，传自梵王国。七宝美调和，五味香掺入。”

（十一）浙江

浙江人煮腊八粥一般都用胡桃仁、松子仁、芡实、莲子、红枣、桂圆肉、荔枝肉等，香甜味美，食之祈求长命百岁。据说，这种煮粥方法是从南京流传过来的，其中内含若干传说。

（十二）四川

四川地广人多，腊八粥做法五花八门，甜咸麻辣，而农村人吃咸味的比较多，主要是用黄豆、花生、肉丁、白萝卜、胡萝卜熬成的。异乡人来此品尝，虽入乡随俗，但很难习惯，现如今城市人吃甜粥的也不少，堪称风味各异。腊八与粥可谓密切相关，而粥喝在腊八，也算是喝出了花样，喝出了水平。

国人如此钟情腊八粥，除食俗之外，也确有科学道理。清代营养学家曹燕山撰《粥谱》，对腊八粥的健身营养功能讲得详尽、清楚，说其调理营养，易于吸收，是"食疗"佳品，有和胃、补脾、养心、清肺、益肾、利肝、消渴、明目、通便、安神的作用。这些已都被现代医学所证实。对于老年人说来，腊八粥同样也是有益的美食，但也应注意不宜多喝。其实，何止是腊八，平素喝粥，对老年人也大有裨益。粥的品种也相当多，可因人而异，按需选择，酌情食用。

第四节　腊八节的文化内涵

腊八节植根于中国古老的农业文明，经过数千年的历史积淀，蕴含着丰富的农耕文化意义。

一、表达祈求丰收吉祥的美好愿望

腊八节借"腊祭"之名，表达的却是农事劳作一年的人们对来年的一种美好祝愿。从表面来看，人们是用收获的各种农作物礼敬百神，祭祀祖先，感谢神灵赐给他们的农业果实，感谢祖先对他们生产生活的保佑，同时祈求来年风调雨顺、五谷丰登、六畜兴旺、事业发达，具有深重的迷信色彩。

但仔细考察，这种信仰崇拜活动在迷信外衣下有其实用性，虚幻的功利性背后都有其直接的物质功利性。在生产力低下的年代，迷信的方式具有精神安慰和心灵净化的作用，用这种方式表达对美好生活的热切向往之情，是无可厚非的，要从迷信的外衣下看到那颗赤诚的心。

二、展示庆祝农业丰收的喜悦心情

腊八节的标志性习俗腊八粥，其实是农业丰收成果的一次大展示。正如老舍在《北京的春节》一文中所说："在腊八那天，人家里，寺观里，都熬腊八粥。这种特制的粥是祭祖祭神的，可是细一想，它倒是农业社会的一种自傲的表现——这种粥是用各种米，各种豆，与各种干果（杏仁、核桃仁、瓜子、荔枝肉、莲子、花生米、葡萄干、菱角米……）熬成的。这不是粥而是小型的农业展览会。"

这种集中反映农家粮食丰盛、应有尽有的腊八粥，确实能体现出农业大丰收的喜人景象，能体现出人们创造美好生活的满怀喜悦，能表现出人们享受幸福生活的特殊情趣。

三、营造和谐人际关系的有效手段

中国的传统节日总是内敛而含蓄的，圈子一般局限在家人之间，但是，腊八节似乎走出了家人的小圈子，人们通过腊八粥的馈赠与接受，建立了更广泛的情感联系。

在民间，家家户户要用腊八粥祭祀祖先，同时，合家团聚在一起食用，并且馈赠亲朋好友。腊八节借助土地出产的农业成果有力促进了人与人之间的交往和人际关系的和谐。

四、蕴含追求身体健康的养生之道

农事劳作需要健硕的身体，而腊八粥正具有保健的诸多作用。其实，腊八喝粥，只是一种象征，起的是提倡作用，平素喝粥同样有益健康。正如春天适宜植树人们就定个植树节的道理一样。腊八节时举国钟情腊八粥，喝粥有益健康可以说是其中一个重要原因。

五、开启新一年农忙的时间窗口

时间如流，岁月不居，“立冬”过后，农村就转入了“冬闲”时期。从立冬到大寒之间的两个多月时间里是农民养精蓄锐的好时段。因为小寒一过，家家户户就要开始为“过年”做准备，同时也开始为新的一年做准备。

除磨面碾米、杀猪宰羊、磨豆腐、蒸馒头等年事活动之外，还要提早进行沤制肥料、清点种子等活计。“载腊八冰便是沤水沤肥的一个信号”，还有“谁家早载冰柱早吃饭，来年的庄稼早熟早收”的谚语为戒。

俗话说:“庄户靠早起。”人们“半夜起来吃饭就是新一轮早起晚睡的总动员，而吃腊八粥就是借展示粮、豆、果、蔬丰富多彩生活的动员令的实质内容”。可以说腊八节既是由“冬闲”转入“冬忙”的关节点，更是从上一年农忙转入下一年农忙的动员令。

我国渔、猎业的发展历史虽然十分久远，但农业自远古时代起就长期居于百业之冠。腊八节被我们祖先赋予了丰富多样的农耕文化意义，充分体现了我们祖先的生活智慧与生活情趣。

六、腊八节的现实意义

腊八节的故事和传说都给人很深的启迪和教育，其中所蕴含的积极意义放到如今仍然十分重要。勤俭节约、艰苦奋斗是我们中华民族的传统美德。小到一个人、一个家庭，大到一个国家、整个人类，要想生存，要想发展，都离不开勤俭节约、艰苦奋斗这八个字。如果我们能保持艰苦奋斗、勤俭节约这样一种精神状态，就能够起到砥砺意志、陶冶情操的重要作用，从而形成凝聚人心、战胜困难的强大力量。如今的社会，是个竞争十分激烈的社会，所以不管什么时候，我们都要保持勤俭节约、艰苦奋斗的优良传统，并把它们发扬光大，只有这样，才能使自己在激烈的竞争中坚强而自信，始终保持昂扬向上、奋发进取的精神状态，不畏艰难，不懈奋斗。也只有这样，才能使我们的社会、我们的国家、我们的人民在世界之林永远立于不败之地！

参考文献

［1］司马迁．史记・补三皇本纪［M］．北京：中华书局，2014.

［2］戴德，戴圣．礼记・郊特牲［M］．上海：上海古籍出版社，2016.

［3］许慎．说文解字［M］．北京：中华书局，2014.

［4］应劭．风俗通义［M］．上海：上海商务出版社，1956.

［5］宗懔．荆楚岁时记［M］．北京：中华书局，2018.

［6］僧昙，费长房，刘平，等．佛本行集经［M］．阇那崛多，译．北京：团结出版社，2007.

［7］魏徵，长孙无忌，等．隋书・礼仪志［M］．北京：中华书局，1973.

［8］佚名．赤松子章历［M］．《正统道藏》洞玄部表奏类，明代．

［9］张君房．云笈七签［M］．北京：中央编译出版社，2017.

［10］吴自牧．梦梁录［M］．西安：三秦出版社，2004.

［11］姚广孝，解缙．永乐大典［M］．北京：北京图书馆出版社，2002.

［12］周家楣．光绪顺天府志［M］．北京：北京古籍出版社 2001 年版。

［13］富察敦崇．燕京岁时记［M］．北京：北京出版社，1961.

［14］罗竹风．汉语大词典［M］．上海：汉语大词典出版社，1986.

［15］中国社会科学院语言研究所词典编辑室．现代汉语词典［M］．北京：商务印书馆，1978.

［16］《现代汉语辞海》编辑委员会．现代汉语辞海［M］．北京：中国书籍出版社，2003.

后　记

中华传统节日是中华民族的文化宝藏，承载着我们民族宝贵的精神记忆。在高静教授的引导下，武汉商学院国学班的同学们本着发掘和弘扬传统节日文化的初心，经过数月的努力，编纂完成了《中华传统节日溯源》这本书。武汉商学院国学班是我校通识教育的先行小分队，同学们来自不同的学科，却因热爱传统文化而报名参与到本书的编写工作中来。因此，本书的字里行间常常流露出青年学生们的文化激情，这也正是本书不同于其他传统节日之书的地方。我们相信，本书作为关于传统节日的通识性著作，将带给读者不一样的感受。

本书的编写开始于 2018 年年底，共分十个章节，分别论述了春节、元宵节、中和节、清明节、端午节、七夕节、中元节、中秋节、重阳节、腊八节十个重要传统节日。前五个节日为上编，由刘程杰组织编写；后五个节日为下编，由杨康组织编写，全书最后由高静教授整理改定。本书编写具体分工如下：

第一章　春节（刘程杰）

第二章　元宵节（黎德、孙旭辉、王倩）

第三章　中和节（郭培奇、叶倩）

第四章　清明节（陈玉潇、郑堰虎）

第五章　端午节（孙佳慧、陈秉梅）

第六章　七夕节（杨康、夏昆）

第七章　中元节（罗晓燕、许佳丽）

第八章　中秋节（沈盼盼、朱佳佳、韦柳先）

第九章　重阳节（宋颖、焦意涵）

第十章　腊八节（周晓康、石良）

最后，我作为组织本书编写工作的组长，衷心感谢大家的付出，感谢高静老师的细心指导，感谢武汉商学院校领导对于国学班的支持。参与本书编写的朱佳佳在总结会上说：“有付出就有回报！这次的编写工作不仅丰富了我的知识，而且让我看问题的方法也更加客观了一些。”我相信，这种自我探索和自觉学习的方法，正是发展通识教育的妙方。当然，由于编写者的能力有限，本书不免有错漏之处，请专家和读者朋友们不吝赐教，我们愿积极修订。

刘程杰
2020 年 4 月于湖北十堰